Spirituelle Astrologie

Ekkirala Krishnamacharya

Spirituelle Astrologie

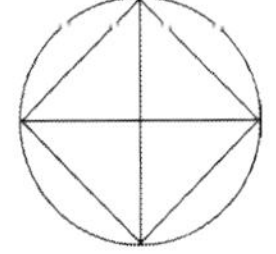

Edition Kulapati

Vierte Auflage 2023

Bibliografische Information Der Deutschen Bibliothek

Die Deutsche Bibliothek verzeichnet diese Publikation in der Deutschen Nationalbibliografie; detaillierte bibliografische Daten sind im Internet über http://dnb.ddb.de abrufbar.

SPIRITUELLE ASTROLOGIE / Ekkirala Krishnamacharya

– 4. Auflage – Münster : Edition Kulapati, 2023

Einheitssachtitel: Spiritual Astrology <dt.>

ISBN 978-3-930637-86-7

Übersetzung, Lektorat, und Produktion dieses Buches wurden durch ein gemeinsames Bemühen von Personen realisiert, die sich dem Werk von Dr. Ekkirala Krishnamacharya verbunden fühlen.

Druck und Bindung: FontFront GmbH, Roßdorf

Printed in Germany

Invokation*

***Namaskarams* Master …**	*Namaskarams* Meister …
Dip Deep	Tauche tief ein
Axis Arranged Hours	Stunden um die Achse geordnet
Higher Bridge Beginning	Anfang der höheren Brücke
Truth Levels	Ebenen der Wahrheit
Nil None Naught Levels	Keine-Motive-, Niemand-, keine-Gedanken-Ebenen
Normal Temperament	Normales Temperament
Time Expand	Zeitausdehnung
Electric Hint	Elektrisches Signal
Ether Work Out	Ätherausarbeitung
Equator Equal	Äquator-gleich
Pituitary Hint	Hypophysensignal
Hidden Circumference	Verborgener Kreisumfang
Side Ways	Seitwärts
Miller Form Centre	Form-Zentrum des Müllers
Vertical Levels	Vertikale Ebenen
Meet Centres	Treffen der Zentren
… *Namaskarams* Master	… *Namaskarams* Meister

---

* Diese Invokation von Meister *CVV* führt in das Innere der Dinge. Sie sollte in Englisch gesprochen werden. Nähere Erläuterungen sind im Buch von Ekkirala Krishnamacharya MYSTISCHE MANTREN UND MEISTER CVV, Herausgeber: Edition Kulapati.

Meinem *Guru* gewidmet,
dem der Inhalt dieses Buches gehört.

Inhalt *

---

* Hinweis des Herausgebers:
Einzelne Buchtitel sind in Kapitälchen geschrieben.
Die Sanskrit-Begriffe sind kursiv geschrieben und im Anhang II mit den jeweiligen Seitenangaben alphabetisch aufgelistet.

Vorwort

Mein spiritueller Kollege, Herr Albert Sassi, war der Auslöser für die Entstehung dieses Buches. Als ich auf seine herzliche Einladung hin in Kotagiri war, bat er mich um eine Kopie der spirituellen Unterweisungen, die ich bis dahin von meinem *Guru* erhalten hatte. Ich kehrte nach Hause zurück und versuchte das Material nach Themen zu ordnen und mit passenden Überschriften zu versehen. Bei diesem Bemühen erkannte ich, dass ich dabei war, ein Buch zu schreiben. Bald darauf lud ich meinen spirituellen Schüler Y. V. Raghava Rao ein, das Material mit der Schreibmaschine zu schreiben, und ich begann den Inhalt dieses Buches direkt in die Maschine zu diktieren. Wir fingen mit der Arbeit am 7. August 1965 an und beendeten sie am 23. August 1965.

Die Lehren, die in diesem Buch übermittelt werden, stammen 'aus höheren Kreisen. Sie sind von jenen, denen ICH folge, für jene, die MIR folgen.' Der Zweck, dem das Buch dienen soll, wird seinen Platz bestimmen.

Soweit ich weiß, führt dieses Buch einige Punkte näher aus, die die Meister früher schon in allgemeinerer Form an H. P. Blavatsky gegeben haben. Wenn herausgearbeitete Einzelheiten, die hier nach dem Gesetz der Entsprechungen dargelegt werden, dem Leser helfen, besser zwischen den Zeilen der GEHEIMLEHRE zu lesen, so hat die SPIRITUELLE ASTROLOGIE ihren Zweck erfüllt.

Dem Leser wird empfohlen, vorher folgende Bücher zu lesen, um aus der Lektüre des vorliegenden Buches größeren Nutzen zu ziehen:

1. DIE GEHEIMLEHRE von H. P. Blavatsky
2. DIE MEISTER UND DER PFAD von C. W. Leadbeater
3. DIE *CHAKRAS* von C. W. Leadbeater

4. DIE URALTE WEISHEIT von Annie Besant
5. ECHOS AUS DEM ORIENT von W. Q. Judge
6. INITIATION – MENSCHLICHE UND SOLARE EINWEIHUNG von Alice A. Bailey
7. ESOTERISCHE ASTROLOGIE von Alice A. Bailey
8. DIE KUNST DER SYNTHESE von Alan Leo
9. PROGRESSIVES HOROSKOP von Alan Leo

Auch wenn jemand dieses Buch liest, ohne die oben genannten Werke vorher studiert zu haben, wird er alles genau verstehen, aber entsprechend seiner eigenen Vorstellung. Es war eines der Hauptziele von H. P. Blavatsky, jene Geschichten zu entschlüsseln, welche die Geheimnisse der ewigen Weisheit enthalten. Das vorliegende Werk bringt diese Absicht zu einem rechtmäßigen Abschluss. Der astrologische Schlüssel ist unumgänglich, wenn man die Schriften der Welt lesen und sie richtig verstehen will. Die vorliegende Arbeit ist ein Versuch in dieser Richtung.

Mein Dank gebührt Herrn Albert Sassi. Ich möchte hiermit auch meine Dankbarkeit gegenüber Herrn Y. V. Raghava Rao ausdrücken.

Visakhapatnam, August 1983

E. Krishnamacharya

Die SPIRITUELLE ASTROLOGIE kam durch Meister EK aus höheren Kreisen für die Wahrheitssucher überall auf dem Planeten. Sie wurde ihm von jenen gegeben, denen er folgte, für die, die ihm folgen, und sie zeigt einen klaren, praktischen Weg zur Erleuchtung. Wer schon seit Jahren mit ihr arbeitet, betrachtet dieses großartige Werk von Meister EK als Synthese der östlichen und westlichen astrologischen Weisheit. Es ist eine unabhängige Schrift, und sie wird von Meister EK mit dem Hinweis überreicht, dass sie aus höheren Kreisen stammt.

Die SPIRITUELLE ASTROLOGIE enthüllt viele esoterische Geheimnisse im Zusammenhang mit dem Menschen und dem Kosmos. Sie umfasst die Anthropogenese, Kosmogenese und gibt viele Schlüssel zu der tiefgründigen Weisheit, die von der großen Eingeweihten HPB offenbart wurde. Dieses Buch ist eine Hilfe zum Verstehen der GEHEIMLEHRE. Umgekehrt hilft die GEHEIMLEHRE, die in der SPIRITUELLEN ASTROLOGIE beschriebenen Geheimnisse zu verstehen. Beide Werke sind miteinander verbunden und unterstützen wechselseitig die richtige Auffassung des anderen.

Die SPIRITUELLE ASTROLOGIE eröffnet weite Ausblicke in die Weisheit der Himmel. Sie spricht von den himmlischen Prinzipien, die durch die planetarischen Körper und Konstellationen um die Erde in der Schöpfung wirken. Dem Leser wird der Einblick in ein universales Verstehen gewährt. Weisheitskonzepte des Ostens und Westens wurden sehr gut thematisiert, so dass sie zu einem klaren Verständnis des Lesers führen. Zum Inhalt des Buches gehört auch die Symbolik der Schriften des Ostens und Westens. Es vermittelt nicht nur eine Teilansicht, sondern einen umfassenden Ausblick auf die Weisheit.

Die SPIRITUELLE ASTROLOGIE sieht einen speziellen Weg der Disziplin vor, dem der Wahrheitssucher folgen sollte, wenn er sich auf die Planeten und den Tierkreis einstimmen möchte. Sofern er diesem Weg folgt, wird er schrittweise zur inneren

Bewusstseinsentfaltung geführt. Dies erfordert die Hingabe des Suchenden.

Das Werk beschreibt viele Übungen im Zusammenhang mit Symbolen, Farben, Klängen, Zahlen und geometrischen Figuren. Es gibt auch einen Einblick in *Prânâyâma,* einer Technik des *Râja Yoga*. Detaillierte Meditationen werden angeführt, mit deren Hilfe man die Energien der Planeten und des Tierkreises innerhalb der menschlichen Form erfassen kann. Hinweise zur Heilung von Krankheiten und zur Neutralisierung übler planetarischer Auswirkungen werden ebenfalls gegeben. Das Buch bietet Lösungen zur Abrundung persönlicher Standpunkte durch die Wahl richtiger Verbindungen. Meditationen über der Mond, den persönlichen Mond und den Aszendenten werden gegeben, so dass der Leser sich selbst in seiner Natur verbessern kann und dadurch in der Lage ist, in die Gegenwart eines Meisters der Weisheit zu gelangen.

Die SPIRITUELLE ASTROLOGIE ist wirklich eine Schrift mit tausend Dimensionen, die einem Wahrheitssucher in mehr als tausenderlei Weise Hilfe bietet.

Möge der Leser zur klaren Erkenntnis gelangen und seinen Weg zur Weisheit und Wahrheit finden.

Visakhapatnam, 18-11-2003

K. Parvathi Kumar
Vorsitzender
Kulapathi Book Trust

Einführung

Die Seher aller Zeiten glauben, dass Weisheit ewig und nicht persönlich ist. Intensität und Unermesslichkeit der Weisheit hängen von der Vision ab, die ein Betrachter unseres Universums hat. Der Standpunkt des Betrachters entscheidet über die Eigenart des Horizonts, der ihn als *Mâyâ* umgibt. Dieses Universum ist nur eines in einer Reihe von Universen. Ein Universum wird als Einheit der Weisheit definiert, in der es eine Vielfalt von Ebenen gibt. Wir sehen uns von einem riesigen Raumglobus umgeben, in dem wir als Betrachter das geometrische Zentrum bilden. Das Bewusstseinszentrum des Betrachters ist der Schlüssel zu den Geheimnissen der Weisheit. Indem er diese Geheimnisse entschlüsselt, durchdringt er das gesamte Universum. Nur wenn jemand sein objektiviertes Selbst als Universum vor sich hat, entfaltet er sich in die Weisheit. Deshalb sagt man, dass der Mensch und das Universum sich gegenseitig ergänzende Hälften eines Ganzen sind. Diese Doppeleinheit wird Weisheit genannt.

Wenn wir den Horizont um uns wahrnehmen, erkennen wir, dass er vom Betrachter abhängig ist. An sich gibt es keinen Horizont. Himmel und Erde scheinen sich am Horizontkreis zu treffen. In Wirklichkeit berühren sie sich nicht, aber sie treffen sich auf der Ebene der Wahrheit, um ein Symbol zu bilden, durch das der Mensch seine Weisheit erhalten kann. Der Raum verkörpert den feinstofflichen und die Erde den dichten Materiezustand. Durch ihr scheinbares Zusammentreffen entsteht der sichtbare Zustand des Menschen. Hier wird die Symbolik geboren, und ein Vorgang beginnt, in dessen Verlauf sich der Mensch in die Weisheit entfaltet. Man sagt, dass dieser Entfaltungsprozess sechs Methoden umfasst, die zu sechs Schlüsseln der Weisheit werden. Einer von ihnen ist die Astrologie. Sie bietet uns den wahren Schlüssel. Es gibt zwei Arten der Astrologie: die esoterische und die exoterische. Die wahre spirituelle Weisheit des Menschen befasst sich mit dem esoterischen Zweig der Astrologie, den wir spirituelle Astrologie nennen. Diese Wissenschaft beschreibt die Erscheinungsform des Menschen als dreifältige Existenz: Materie, Denkvermögen und Geist. Diese Prinzipien bilden seinen Körper, sein Denken und seinen Geist, von dem sein Bewusstsein ausstrahlt.

Wenn wir den Nachthimmel beobachten, sehen wir unzählig viele Sterne, die scheinbar keine Ordnung haben. Jeder dieser Sterne ist eine Sonne, so wie die Sonne unseres Sonnensystems, und jede Sonne ist die Ausstrahlung der inneren geistigen Sonne, die zwar unsichtbar, aber die wirkliche Sonne ist. Diese wahre Sonne entspricht dem strahlenden Bewusstseinszentrum im Menschen. Auf der dichten Existenzebene treten die Sonnenstrahlen lediglich als Widerspiegelungen in Erscheinung. Das Prinzip der Widerspiegelung ist das Symbol des universalen Denkvermögens. Man nennt es das Mond-Prinzip. Unser sichtbarer Mond am Himmel ist nur ein Körper, der das Mond-Prinzip für diese Erde enthält, weil er die Strahlen der Sonne auf unsere Erde reflektiert. Im Menschen entspricht das Mond-Prinzip seiner Reflexion, seinem Denken, und daher bezeichnet man dieses Prinzip als Denkvermögen. Außer den genannten Eigenschaften hat die Sonne eine Form und eine Farbe. Dieser Aspekt wird Materie genannt und entspricht unserem physischen Körper. Für die Menschen auf unserer Erde bilden die drei Prinzipien drei große Symbole: das solare, lunare und materielle Prinzip, symbolisiert durch Sonne, Mond und Erde. Jedes Sonnensystem hat neben anderen Planeten seine eigene Erde, und jede Erde hat ihren Mond.

TEIL 1

Abschnitt A

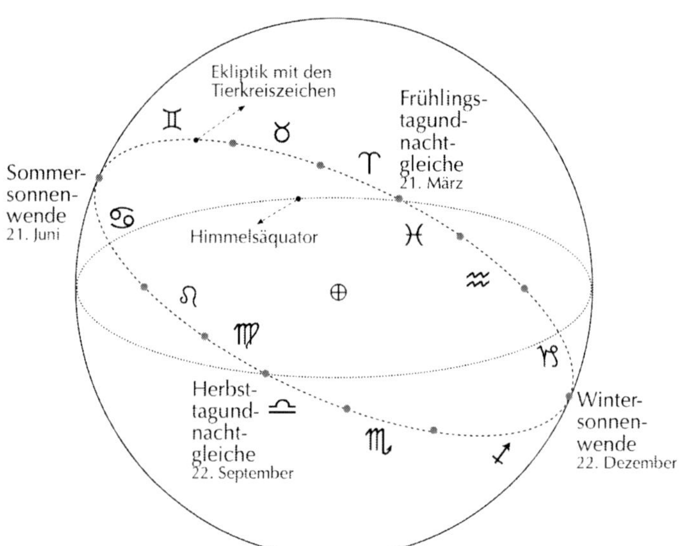
Ekliptik mit den
Tierkreiszeichen
Frühlings-
tagund-
nacht-
gleiche
21. März
Sommer-
sonnen-
wende
21. Juni
Himmelsäquator
Herbst-
tagund-
nacht-
gleiche
22. September
Winter-
sonnen-
wende
22. Dezember

A.1 Die Bildung der solaren Systeme

Die Sonne unseres Sonnensystems ist eine unter Millionen von Sonnen. Sie bilden die Samen jener Frucht, die wir unser Weltall nennen. Innerhalb der festgesetzten Lebensspanne dieses Raumglobus treten die Sonnen durch eine Kettenreaktion nacheinander aus dem Raum hervor. Dies ist eine Entwicklung auf der kosmischen Stufe. Die Sonnen erfahren ihre Lebenszeit und verschmelzen wieder mit denselben Tiefen des Raumes, indem sie sich auflösen, zerstreuen und in die 'Sporen der Sonne' zerlegen. Jene Sporen aus Sonnenstaub werden unsichtbar und leben als Eigenschaften im Raum, bis sie erneut an der Reihe sind, um einem anderen Sonnenglobus zu dienen.

Im Verlauf ihrer Entwicklung bringt jede Sonne ihre eigenen Strahlen hervor. Es sind die Ebenen ihres Bewusstseins. Die Strahlen kommen als planetarische Bewusstseinsebenen hervor, und sie manifestieren sich schrittweise in den objektiven Planetenkörpern. Eine Zeitlang umschweben die Planeten die Sonne wie Gedanken, Emotionen und Handlungen. Danach entschwinden sie in die Sonne oder in den Hintergrund und machen einer neuen Planetengruppe Platz. Dies vollzieht sich in unregelmäßigen und fortschreitenden Zeitabständen.

Jeder planetarische Globus wird auf Grund seiner Erfahrung mit der Sonnenpersönlichkeit durch einen besseren Planeten seiner Art ersetzt. In jedem Stadium stellt ein Planet das Zentrum für jene Lebensformen dar, die auf ihm existieren. Außerdem enthält jeder Planet in seinen Atomen alle planetarischen Prinzipien, obwohl sein eigenes Prinzip als Hauptprinzip oder mathematischer Index wirkt. Das Gleiche gilt für die Sonne jedes Sonnensystems. Sie hat ihren Platz in einer Gruppe von zwölf Sonnensystemen, die wiederum um eine noch größere Sonne kreisen, von der sie ihr Licht erhalten – nicht als Reflexion, sondern als Induktion, so wie es auch bei einem fortgeschrittenen Jünger und seinem *Guru* der Fall ist. Genauso erhält die Sonne unseres Sonnensystems ihr Licht durch eine Induktion des Willens von einer größeren Sonne, und sie verteilt das Licht an alle anderen Planeten, auch an unsere Erde. Die hohe Lichtschwingung, welche die Sonne empfängt, wird auf ihre persönliche Schwingung herabgesetzt und durch ihre Natur geprägt, bevor wir sie erhalten. Erst dann wird das Licht von den verschiedenen Planeten in den jeweiligen Dimensionen empfangen, und jeder Planet reagiert und reflektiert es anders. Auch die Erde reagiert in ihrer eigenen Art auf das Licht unserer Sonne. Jede materielle Ebene unserer Erde absorbiert jene Strahlen, die ihr oder ihrer Schwingungsfrequenz entsprechen. Jeder Mensch empfängt diese Strahlen auf seiner Bewusstseinsebene und bleibt allen anderen gegenüber blind.

Mit Hilfe der Verstandeskraft kann kein Mensch diesen großartigen Plan verstehen, denn der Verstand ist ein Instrument der Persönlichkeit und allein auf der begrenzten Ebene der Objektivität von Nutzen. Die Persönlichkeit gehört zu jener Bewusstseinsebene, die nur durch Objektivität lernen kann. Es gibt noch eine weitere Seite im Menschen, die in der undurchdringlichen Dunkelheit unserer Objektivität verborgen ist. Wer fest in der Persönlichkeit verankert ist, wird diese Seite nie entdecken, obwohl er sich direkt unter ihr befindet. Doch wenn er seine Persönlichkeit auf dem Altar des höheren Plans opfert, wenn seine Handlungen Seinen Handlungen weichen, wenn seine Vorlieben und Abneigungen, Ansichten und Motive Seinem Plan Platz machen, wenn sein Wille zu Seinem Willen wird – dann wird sein Bewusstsein in jenem Bewusstsein, das wir Seelenbewusstsein nennen, aufgehen. Dann sieht und erkennt der Mensch in sich selbst alle Planeten, Sonnensysteme und den kosmischen Plan. Durch sein Erkennen erweitert er sein objektives Dasein in die Subjektivität, und daher ist dies kein Wissen oder Verstehen, sondern ein Sehen. Diese Umwandlung aus der Dunkelheit objektiver Existenz ins Licht subjektiver Erfahrung kann nur durch einen individuellen Vorgang erreicht werden, der seinen Zeit- und Lehrplan im planetarischen und kosmischen Ablauf hat. Man sollte sich den Plan der Planeten und Elemente als Vorbild nehmen und nachvollziehen. Eine solche Nachahmung bezeichnet man als Drama oder *Yagna*.

Der erste Schritt im Nachvollziehen ihres Plans ist bedingungsloser Dienst, der frei von Motiven ist. Dadurch stellt sich jeder Zweig der Weisheit für den Menschen als wahr heraus. Ohne solchen Dienst bleibt jedes Thema bloße Theorie, auch wenn man fleißig lernt und sich um genaues Verstehen oder feinsinnigste Anschauungen bemüht. Genauso wie Sonne, Mond, Luft, Feuer und die Jahreszeiten aktiv sind, sollte auch der Mensch seine Rolle spielen, indem er der Schöpfung dient, ohne dabei ein Motiv zu haben.

Die planetarische, solare und kosmische Weisheit offenbart sich nur einem Menschen, der auf dieser Seelenebene lebt, anderen nicht. Aber auch wer diese Weisheit voll empfangen hat, kann sie anderen nicht mitteilen, weil die Begrenztheit der Sprache seinen Mund versiegelt und so für seine Verschwiegenheit bürgt. Vielleicht drückt sich die Weisheit in literarischer Form durch ihn aus, doch auch dies wird nur die Aufmerksamkeit jener anziehen, die sich durch Tugendhaftigkeit und Dienst, aber nicht durch den Intellekt dafür bereit gemacht haben.

Aus diesem Grund ist auch die Astrologie für jene, die sich darauf beschränken, Planeten zu berechnen, Tendenzen abzuschätzen und Reaktionen zu erwägen, weder ein eigenständiges Fachgebiet noch eine exakte Wissenschaft. Man sollte nicht vergessen, dass die Astrologie nur einer der sechs Schlüssel zur Weisheit ist, von denen jeder wiederum einen siebenfachen Schlüssel hat. Der astrologische Schlüssel ist in dem Gesetz der

Entsprechungen und Analogien zwischen Mensch und Natur verborgen. Jedes winzige Detail des Atoms hat sein vergrößertes Abbild im Sonnensystem. Das riesige Gemälde, das die Geschichte eines Sonnensystems darstellt, ist in Miniaturform im Atom enthalten. Dazwischen steht der Mensch, um sich selbst auf diese beiden Bildschirme zu projizieren und aus dem Ablauf seiner embryonalen Entwicklung seine eigene Geschichte zu erkennen. Die Analogie zwischen Entstehungsgeschichte und Entwicklungsgeschichte gestattet ihm, die Geschichte des Menschen von der ersten biologischen Mikrobe bis zum menschlichen Dasein in zehn Abschnitten göttlicher Jahre zu lesen. Man kann diese Geschichte erkennen, wenn man seine Vision auf die Ereignisse der zehnmonatigen Entwicklung eines Embryos richtet.

A.2 Die Reichweite des Themas

Die spirituelle Astrologie befasst sich mit der geistigen Entwicklung des Menschen. Das erfordert eine präzise Vorstellung von der spirituellen Ordnung des Universums und des Sonnensystems. Wie wir schon gesehen haben, geht es in der Beziehung zwischen Universum und Mensch um Entsprechungen. Ein Mensch wird sich durch bestimmte, natürliche Entwicklungsschritte seiner selbst bewusst. Zuerst unterscheidet er zwischen sich und den anderen Lebewesen, und diese Individualisierung lässt ihn in einer Welt leben, die etwas höher ist als die Tierwelt. Aus dem individuellen Bewusstsein entwickelt sich der Mensch zum Persönlichkeitsbewusstsein. Dies geschieht durch seine Sinneserfahrungen und Empfindungen. In diesem Stadium lebt er unterhalb der Ebenen seines Solarplexus: Das Verlangen nach Nahrung und Schutz motiviert ihn zum Handeln. Solange er auf der Persönlichkeitsebene lebt, wird sein Mentalkörper durch Wünsche und Erfahrungen angeregt. In diesem Stadium befindet sich sein Bewusstsein zwischen Solarplexus und Kehlzentrum und geht über das Herzzentrum. Die Gedanken des Menschen sind in diesem Zeitraum mit Gefühlen vermischt, und er bringt sich durch die Erfahrung emotionaler und mentaler Beziehungen zu anderen zum Ausdruck. Beim nächsten Schritt wird sein Intellekt gereinigt. Seine Gedanken werden von Motiven befreit und die Emotionen zu Liebe geläutert. In diesem Stadium verlieren die unteren Zentren allmählich ihre Macht, und das Bewusstsein nimmt die höheren Zentren in Besitz. Das Bewusstseinszentrum verlagert sich von der Persönlichkeitsebene zur Seelenebene.

Während dieser Zeit finden die kleineren Einweihungen statt. Das Bewusstsein des Menschen beginnt das Kehl- und *Âjnâ*-Zentrum zu beherrschen. Seine Beziehungen zu anderen

Personen finden nur noch auf der Gruppenebene statt, weil er keine Motive mehr hat. Er lernt, mit der einen höheren Seele der größeren Intelligenzen zu leben, die auf der Erde arbeiten. Als nächstes verläuft die Entwicklung von der Seele zum Geist, das heißt, von der einen Seele zur Elternseele dieses Sonnensystems und darüber hinaus. Die spirituelle Astrologie wirft ein klares Licht auf diese Entwicklungsschritte. Folgende Phänomene finden im Laufe der oben genannten Stufen statt:

1. Während man auf der Individualebene lebt, zeigen die 12 Häuser des Horoskops in jedem Leben ihren Einfluss in den 12 Abteilungen des individuellen Lebens. Der ganze Globus des sichtbaren Raumes um den Menschen bekommt durch seinen Aszendenten einen symbolischen Anfang. Von dort verläuft seine Reise durch die 12 Häuser und die Tierkreiszeichen. Die Zeichen und Planeten beeinflussen ihn nur über seine 12 Häuser.
2. Wenn sich der Mensch zur Persönlichkeitsebene entfaltet, hören die Häuser für ihn allmählich auf zu existieren. Lediglich die Planeten und die 12 Zeichen regen ihn zur Arbeit in der Welt an. Der Widder wirkt als das erste Haus, Stier als das zweite Haus usw. In diesem Stadium findet noch eine weitere wichtige und interessante Veränderung statt: Die Position seines Geburtsmondes wirkt als Aszendent. Von diesem Zeitpunkt an besteht – nur auf der Mental- und Astralebene – ein gewisser Einfluss, der den Tierkreis in die 12 Häuser der Persönlichkeit einteilt. Nimmt man den Mond als Aszendenten und bildet von hier die 12 Häuser, erhält man ein Horoskop der mentalen und astralen Einflüsse. In Bezug auf objektive und weltliche Bereiche wirkt die Sonne als Aszendent. Es ergibt sich dann, ausgehend von der Sonne, eine weitere Gruppe von 12 Häusern, die sich auf die beruflichen und gesellschaftlichen Bereiche auswirken.

3. Im dritten Entwicklungsstadium ergreift wieder der Geburtsaszendent das Bewusstsein des Menschen, aber dieses Mal zeigt der Aszendent nicht die physische Existenz an, sondern er deutet auf den Plan der Seele hin. Zeichen und Grad des Aszendenten werden den Menschen auf der Seelenebene sehr stark beeinflussen. Das ist so, weil der Geburtsaszendent die gleiche Position wie der Mond zur Zeit der Befruchtung vor der Geburt hat. *Kâma* und *Sankalpa* der Eltern geben dem Menschen das betreffende Zeichen, und der Grad des Aszendenten entsteht durch das Denkvermögen – den Mond – der Eltern. Aus beidem ergibt sich der physische Körper des Menschen, der sein Aszendent ist. Aber in diesem Entwicklungsstadium ist die Seele sein wahrer Körper, sein Ausdrucksinstrument, und nicht der physische Körper. Somit wird die Seele in dieser Phase durch sein *Lagna* beeinflusst.

   Es gibt einen weiteren interessanten Punkt, der beachtet werden sollte: Der Weg der Seele folgt nicht dem planetarischen Pfad der Tierkreiszeichen, sondern dem Pfad der höheren Sonne oder dem Äquinoktium. Wollen wir also den weiteren Weg des Menschen richtig verstehen, sollten wir vom Aszendenten aus rückwärts weitergehen. Dieser Weg führt vom Widder zu den Fischen usw. Dabei trifft der Aszendent in umgekehrter Reihenfolge auf die Aspekte der anderen Planeten. Das wird später genauer erläutert.
4. Im vierten Stadium sind Aszendent, Mond und Sonne die drei aktiven Zentren. Die planetarischen Prinzipien leiten das Leben des Menschen als Engel und nicht als Planeten. Es gibt drei Hauptzentren, durch die sich die kosmische Energie mit ihm verbindet. Im kosmischen Plan gibt es über der planetarischen Ebene drei große Kräfte: das solare, das lunare und das Erdprinzip. Sie sind die Ursache der planetarischen Schöpfung in jedem Sonnensystem, und sie

sind in jedem Planeten und jedem seiner Atome enthalten. Ihre ausführliche Erklärung folgt im nächsten Kapitel. Im Horoskop eines Jüngers, der dieses vierte Stadium erreicht hat, wirkt

- die Geburtssonne als solares Prinzip,
- der Geburtsmond als lunares Prinzip und
- der Aszendent als Erdprinzip.

Der Jünger lernt diese Prinzipien zu meistern und arbeitet durch sie schöpferisch im Einklang mit dem kosmischen Plan. Er erreicht die Ebene eines Mitarbeiters der höheren Wesen. Erst in diesem Stadium gibt es eine Reaktion auf jene Aspekte, die durch Progression zwischen den Planeten seines rückläufigen Horoskops entstehen. Sonne und Mond stimulieren ihn nur bei Neumond, Vollmond und zu den Halbmonden. Der Aszendent beeinflusst ihn nur, wenn er auf seiner Umlaufbahn die vier kardinalen Punkte des Tages berührt: den Osten, den Meridian, den Westen und den Nadir.

Diese vier Stufen bilden den Hauptinhalt der spirituellen Astrologie. Eine genauere Erklärung dieser Stadien wird in diesem Buch gegeben, soweit es derzeit möglich ist.

A.3 Die drei großen Zentren

Im vorigen Kapitel haben wir festgestellt, dass es für den Jünger, der die vierte Entwicklungsstufe erreicht hat, drei große Kraftzentren gibt. Diese drei Kräfte bilden das Solar-, Lunar- und Erdprinzip. Ein Prinzip unterscheidet sich folgendermaßen von einem Planeten: Der Planet ist das Resultat eines Prinzips, und das Prinzip ist die Ursache eines bestimmten Planeten in einem Sonnensystem. Die Planeten, die wir jetzt im Sonnensystem wahrnehmen, sind nur Symbole, durch die sich die verborgenen planetarischen Prinzipien als Auswirkungen der Planeten zeigen. Diese planetarischen Wirkungen sind ein Sinnbild des Lebens, das in dem jeweiligen Planeten als Prinzip verborgen ist, und es offenbart sich durch Ereignisse.

Normalerweise sind Sonne, Mond und Erde bei exoterischen Astrologieschülern nur als planetarische Globen bekannt. Tatsächlich sind diese Planeten die physischen Körper der planetarischen Beauftragten in unserem Sonnensystem. Die Beauftragten sind bewusste Wesenheiten, die in den planetarischen Körpern als große lebendige Wesen leben. Sie existieren auch auf den Planeten in verschiedenen Lebensformen, die den Planeten bewohnen. Diese Lebensformen werden als 'mehrere Leben' bezeichnet, denn sie sind tatsächlich die vielen Atome der betreffenden Materie, doch auf der Gruppen oder Seelenebene sind sie nur 'ein Leben' .

Sonne, Mond und Erde leben als Prinzipien in jedem von uns, genauso wie in allen Atomen unserer Erdkugel. In der menschlichen Konstitution, die nichts anderes als das potentielle Sonnensystem eines entwickelten Atoms ist, leben sie als die drei großen Prinzipien: Geist oder die unsichtbare Sonne, Seele und Körper. Der Geist in uns ist das wahre Bewusstseinszentrum. Daher repräsentiert es die wahre Sonne, die immer unsichtbar ist. Die Sonne, die wir sehen, ist ein

Brennpunkt der Wirkung der geistigen Sonne auf der niederen Ebene. Unser Denkvermögen empfängt diesen Funken des Geistes und spiegelt ihn als Gedanke, Wort und Tat auf die Welt der Materie. Somit ist das Denken das lunare, widerspiegelnde Prinzip in uns und übernimmt die Rolle des Mondes. Unser physischer Körper ist die stoffliche Materie als Lebensgrundlage, und er repräsentiert somit die Erde. Diese wird im höheren Menschen durch die Seele ersetzt, weil sich der Sitz seines Bewusstseins vom physischen Körper zur Seele verlagert. Für den niederen Menschen ist die Erde sein physischer Körper, und er wird durch seinen Aszendenten dargestellt. Bei einem seelenbewussten Menschen repräsentiert der Aszendent seine Seele, die ihren Weg zum Geist zurückgeht.

Der kosmische Plan hat drei Hauptphasen, welche die ganze Schöpfung auf der Erscheinungsebene umfassen:

1. Den Aufbau der Sonnensysteme, der planetarischen Ebenen, der Planeten und der Lebewesen, die sie bewohnen. Diese Phase ist die Trennung oder Objektivierung der subjektiven kosmischen Ebene. Das gesamte Universum tritt aus der subjektiven Ebene, die wir die dritte Äußerung des Schöpfers nennen, in die Objektivität. Das objektive Universum stellt die vierte Äußerung des Wortes des Innewohnenden dar.
2. Die Lebensformen, die in das vierte Stadium des Wortes ausgeatmet werden. Sie haben den Impuls, sich während einer Evolutionswelle durch ihre Sinnesorgane zu objektivieren. Danach versuchen sie, durch einen Vorgang der Subjektivierung den Weg zurückzugehen. Diese zweite Phase erkennt man im Versuch des geistigen Menschen zu meditieren, zu kontemplieren und *Samâdhi* zu erreichen. Jedes Lebewesen gelangt daher durch seinen eigenen Existenzträger in den ursprünglichen Zustand der Subjektivität.

3. Dann lässt es wiederum den gesamten Plan in Erscheinung treten und wirkt auf diese Weise im Einklang mit seinen höheren Kräften.

Diese drei Phasen werden von den oben erwähnten drei Kräften der planetarischen Ebene symbolisiert. Ist das Denken nach innen gerichtet, existiert die objektive Welt nicht. Das ist objektive Dunkelheit und subjektives Licht. Was dem weltlichen Menschen als Dunkelheit erscheint, ist das wahre Licht des geistigen Menschen. Was das physische Auge als Dunkelheit wahrnimmt, ist wahres Licht für das dritte Auge, das in uns erwacht, sobald das Denken mit dem Inneren verschmilzt. Der Zeitschlüssel für dieses subjektive Licht ist der Neumond. Deshalb sagt der Kommentar *Satapadha Brahman*: Neumond ist das Tor zwischen dem äußeren und dem inneren Menschen, während der Mond als Riegel dient. Auf diese Weise wirken Sonne und Mond durch die scheinbaren Winkel, die sie von der Erde aus gesehen bilden, als die wahren Symbole der Subjektivität und Objektivität des Menschen. Neumond und Vollmond bezeichnen die subjektiven und objektiven Widerspiegelungen des inneren Menschen.

A.4 Die Stellung des Mondes in der spirituellen Symbolik

Als Planet und als planetarisches Prinzip nimmt der Mond in der Spiritualität eine recht geheimnisvolle Stellung ein. Einige spirituelle Menschen glauben, dass der Mond als separater Himmelskörper keinen Einfluss auf irgendein Atom oder Ego dieser Erde hat. Doch unser Mond reflektiert den Willen einer lunaren Gottheit, deren Vertreter oder exoterischer Sitz er ist. Diese Gottheit hat sich noch nicht als planetarisches Zentrum materialisiert, jedoch im Äther existiert sie als eine der sieben höheren kosmischen Gottheiten, welche 'die Wesen der Allgegenwart' oder *Sâdhyas* genannt werden. Die moderne Wissenschaft weiß, dass der Mond die objektiven Sonnenstrahlen reflektiert. Ansonsten ist sie mit diesem kalten Himmelskörper nicht vertraut. Auch die modernen *Yoga*-Schulen haben noch nicht jenes Entwicklungsstadium erreicht, das ihnen erlauben würde, die Möglichkeit von Leben am und unter dem Gefrierpunkt zu erkennen. Die *Yogîs* im *Himâlaya,* an den Polen und an vier weiteren auserwählten Stellen dieser Erde können die richtige Auskunft über die Wirkung des Mondes auf die Erde geben. Tatsächlich enthält auf den sechs niederen Ebenen jedes Atom eines jeden Planeten bis hin zur Erde die lunaren Prinzipien. Das siebente ist das solare Prinzip. In den Weisheitsbüchern wird das lunare Prinzip *Soma* und der Mond *Chandra* genannt. Das oben erwähnte lunare Prinzip *Soma* wird durch die Mutter unserer Erde, den gegenwärtigen Mond, auf die Erde ausgerichtet. Die Behauptung, der Mond sei ein toter Planet, ist auf einer gewissen Bewusstseinsstufe eine Tatsache. Sie wirkt als Täuschung für das Ego, bis es zu einem wirklichen Seher geworden ist. Unser Sonnensystem ist noch nicht bis zu dem Stadium fortgeschritten, in dem es *Soma* in der Form eines Planeten erkennen kann. Bis dahin wirkt der gegenwärtige Mond als ein vorübergehendes Verteilerzentrum des *Soma*-Prinzips an diese Erde.

Auf unserer Erde wirkt der Mondstrahl als Spender des tierischen, pflanzlichen und mineralischen Magnetismus. Der Magnetismus verursacht auch Ebbe und Flut der Meere, die Wolkenbildung und den Wasserkreislauf, der einen Teil des jährlichen Stoffwechsels der Erde ausmacht. Durch das Auftreffen der reflektierten Mondstrahlen auf die Erde konnte das Zentrum der Erde physisch Materie zu sich heranziehen und auf diese Weise *Garbha*, den Globus aus Atomen, bilden, den wir Erdkugel nennen. Die eigentliche Entstehung unserer gegenwärtigen Erde aus den unsichtbaren Ebenen in den materiellen Zustand ist die Wirkung des Mondmagnetismus. Aus demselben Grund kann die Erde die Farben des Sonnenstrahls fruchtbar machen, so dass daraus die Jahreszeiten, die Flora und Fauna sowie die menschliche Fruchtbarkeit entstehen. Ohne den lunaren Strahl wären die Chemie und Biologie dieser Erde wie ein Augapfel, der das Sonnenlicht empfängt, ohne ein Denkvermögen zu haben. Alle wichtigen Textstellen in den ursprünglichen Schriften und ihre Kommentare versichern, dass der Mond das Denkvermögen dieser Erde ist.

Die zweite Funktion des Mondes ist, dass er durch seinen sichtbaren oder unsichtbaren Strahl den Mentalkörper der Erde formt. „Der Mond ist aus (Seinem) Denkvermögen geboren", heißt es in der *Purusha Sûkta*. Bedingt durch das solare Prinzip hat der Mentalkörper der Erde sechzehn Phasen. Sie bringen sich für unsere Mentalebene auf der physischen Ebene als Mondphasen zum Ausdruck. In uns wirken sie als Stimmungen. In den Sonnensystemen und Universen drücken sich diese Phasen auf einer höheren Ebene aus. Jede Sonne hat ihr Mond-Zentrum oder den Ursprung ihres Denkvermögens, auf den sie genauso reagiert wie unsere Erde auf unseren Mond. Denn im Verhältnis zu einer noch größeren Sonne befindet sich unsere

Sonne im Erdstadium. Die Mondphasen werden, wenn sie sich auf Sonnen, Sonnensysteme und Konstellationen auswirken, *Manvantaras, Kalpas* und *Mahâ Kalpas* genannt. Diese Skala entfaltet sich in Übereinstimmung mit unserer Wahrnehmungsfähigkeit.

Bei Menschen, die auf der individuellen Ebene, das heißt wie Tiermenschen leben, stimuliert der Mond das Denkvermögen zu einem Verhalten, das von ihrem vergangenen *Karma* bestimmt wird und sich durch Gefühle, Empfindungen und Reflexe ausdrückt. Das wird in dem Ei der zwölf Häuser ihres Geburtshoroskops zusammen mit den planetarischen Transiten über diese Häuser angezeigt. Bei Menschen, die auf ihrer Persönlichkeitsebene leben, setzt der Mond die Denkaktivität auf der Mentalebene in Bewegung. Diese Aktivität ist vom gegenwärtigen *Karma* abhängig und drückt sich als Vereinigung durch Unterscheidung aus. Damit sind gesellschaftliche, politische, wirtschaftliche und religiöse Aktivitäten gemeint. Im Horoskop werden sie durch zwei Hinweise angezeigt:

a) die Position der Geburtsplaneten in den Zeichen (nicht in den Häusern),
b) die Transite der Planeten über die Geburtsplaneten.

Die Positionen der Planeten kennzeichnen das Schicksal, welches unabänderlich ist, bis die Menschen die nächste Evolutionsstufe des Ego erreicht haben. Die Transite zeigen den freien Willen an, der vom Menschen verändert werden kann, weil der Mensch von seinem gegenwärtigen *Karma* und dadurch wiederum von seinem *Karma* der Vergangenheit stimuliert wird. In diesem Stadium hört der Mensch auf, an die Existenz einer höheren Ordnung und eines höheren Planes zu glauben und nimmt an, dass das menschliche Bemühen der entscheidende Faktor sei. Dies ist ein Zeichen dafür, dass Mars seine Rolle in der Entwicklung der Persönlichkeit übernommen hat.

Infolgedessen gibt Saturn anschließend die notwendige Reihe von Erfahrungen, die den Menschen dazu bringen, die Existenz einer höheren Ebene anzunehmen. Zu Punkt b), der von den Transiten handelt, gehören vier Unterpunkte. Sie werden in den nächsten Kapiteln ausführlich behandelt.

Für alle, die ihre Persönlichkeit auf absichtsloses Handeln eingestellt haben (*Svadharma* oder *Yagnardha*, wenn es die Stelle von *Purushârtha* einnimmt), bildet der Mond ein Gruppen-Denkvermögen oder ein Seelen-Bewusstsein, das sie mit allen anderen Menschen auf dieser Ebene verbindet, egal wo die anderen auch sein mögen. An diesem Punkt ändert der Mond seine manifestierende und stimulierende Ausrichtung. Bis dahin ging vom Grad des Geburtsmondes die Ausrichtung und Stimulierung aller Angelegenheiten des Menschen aus. Von nun an ist der Grad des Mondes zur Zeit der Befruchtung im Mutterschoß vor der Geburt der Brennpunkt und das stimulierende Zentrum. Wir nennen es den Aszendenten, den mystischen Osten oder die mystische Sonne zur Zeit der Geburt.

Von der Arbeit der Seelenebene, die frei von Motiven ist, entwickelt sich der Mensch zur 'Ebene des großen Stiers' oder zu der Ebene, wo er durch sein Wort erschafft: zum *Višuddhi*-Zentrum. Hier wird er von dem Mond durch dessen Strahlen mit dem 'Öl für die Flamme der Schöpfung versorgt, um seine einundzwanzig Hölzer aus klanglichem Brennmaterial zu entzünden'. So beschreiben es die Verse in den *tantrischen* Texten. Ein solcher Mensch gebraucht bei zunehmendem Mond sein objektives Wort zur schöpferischen Tätigkeit, zum Beispiel um zu segnen oder um eine Ordnung aufzubauen. Bei abnehmendem Mond wendet er sein subjektives Wort an. Nachdem diese beiden Ebenen erreicht sind, wird die Seele vom Mond geführt; nicht weil das Bewusstsein von den Mondphasen abhängig ist, sondern weil es nicht gegen das Gesetz verstößt. Der Mensch folgt der Wirkung der Mondphasen, obwohl er frei von ihnen ist. „Wie im Himmel, so auf Erden", lautet sein Christus-Prinzip. Im anderen Fall, wenn der Mensch seine Freiheit für eine Tat des Ungehorsams nutzt, kommt es durch den Baum der Erkenntnis zur Versuchung und zum Fall des Menschen. Dieser Ungehorsam wird individuelle Unabhängigkeit oder schwarze Magie, *Asura*-Natur, genannt. Nicht aus Angst oder Zwang, sondern aus Verehrung, Glückseligkeit und Tugend wahrt der Seelenmensch das Gesetz. Im nächsten Stadium formt der gleiche Mondstrahl die Schöpfung durch die geflügelte Schlange und durch seinen Blick, der den Adler mit der Schlange erhöht, um seine Schöpfung unsterblich zu machen. Die Blicke von *Gautama*, dem *Buddha*, und Christus enthalten den Mondstrahl, der zu dieser Ebene erhöht wurde. Kurz gesagt, unser Mondglobus ist für diese Erde der Sitz des Mutterprinzips, des Fruchtbarkeitsprinzips, während unser Sonnenglobus für alle Planeten unseres Sonnensystems das Vaterprinzip, das formgebende Prinzip ist.

A.5 Der Begriff des Globus in der Astrologie

Bevor wir dazu übergehen, die verschiedenen Zweige der spirituellen Weisheit im einzelnen zu studieren, ist es notwendig, eine klare Vorstellung von bestimmten heiligen Symbolen zu haben, die von den Sehern aller Zeiten verwendet wurden. Ein Seher geht in erster Linie synthetisch und nicht analytisch auf die Weisheit zu. Er ordnet die analytische Betrachtungsweise der Synthese unter. 'Vom Allgemeinen zum Besonderen' lautet die heilige Formel aller Seher. Wann immer ein Weisheitsschüler durch die Einzelteile der Analyse eines Gegenstandes die Übersicht verliert, sollte er sich noch einmal einen allgemeinen Überblick verschaffen, um die Sache in den Griff zu bekommen. Eine solche Art des Studierens ist zwangsläufig mehr intuitiv und weniger intellektuell. Der Intellekt führt zur Wahrheit, wenn die Betrachtungsweise intuitiv ist. Ein solches Studium kann nicht ohne eine Reihe von Symbolen auskommen.

Alles, was wir in der Natur beobachten, ist nur, wie es uns erscheint. Von diesem Erscheinungsbild müssen wir zu dem gelangen, 'wie es ist'. Der Lehrplan des spirituellen Menschen führt von dem 'Wie-es-erscheint' zum 'Wie-es-ist'. Die Art, wie uns alles in der Natur erscheint, bildet unser eigenes Symbol: Es ist ein Symbol der *Mâyâ*, unserem eigenen Blickpunkt. Für uns ist der Himmel blau und der Horizont ein uns umschließender Ring. Wohin wir auch gehen, der Horizont ist ein Ring oder Kreis, und wir als Beobachter bilden sein geometrisches Zentrum. Die Tatsache, dass es weder einen Horizont noch das Blau des Himmels gibt, setzt die Wahrheit nicht in Kraft und hilft daher dem spirituellen Menschen keineswegs. Vielmehr muss ein spiritueller Mensch akzeptieren, dass der Horizont ihn als Kreis umgibt und er sich im Zentrum dieses Kreises befindet. Er sollte diese *Mâyâ*, das stellvertretende Geheimnis, als Symbol betrachten, in dem die Wahrheit verborgen liegt. Im Laufe seines spirituellen Lebens sollte der Mensch die Wahrheit durch dieses Symbol erkennen und sein Leben zu einem Sinnbild dieser Wahrheit machen.

Von Anfang an beobachtete der Mensch den kreisförmigen Horizont, der sich dem Gedächtnis einprägte, egal ob der Mensch darüber nachdachte oder nicht. Die Natur tut immer ihre Arbeit, unabhängig von der menschlichen Wahrnehmung. Aus diesem Grund gibt es in jeder Religion das Symbol des Kreises. Auch außerhalb der Religion war es die Null, die sich dem Menschen von allen Zahlen zuerst offenbarte.

Dieses und viele andere spirituelle Symbole hat nicht der Mensch erfunden, sondern sie wurden von ihm empfangen. Gerade das Kreis-Symbol mit dem Mittelpunkt hat viel mit der Astrologie zu tun. Jeden Tag scheint die Sonne an einem Punkt dieses Rings aufzugehen und an einem anderen Punkt unterzugehen. Dadurch erhält der Astrologe seine Vorstellung von Sonnenaufgang und Sonnenuntergang. Beides ist vom Betrachter abhängig und begründet daher dessen eigene Symbole. Für den Menschen war es naheliegend, diese beiden Punkte mit seinem eigenen Aufgang, seiner Geburt und seinem Ende, dem Tod, gleichzusetzen.

Um es noch einmal zu sagen: Für den Menschen ist der ihn umgebende Raum ein Globus, und er selbst stellt dessen geometrisches Zentrum dar. Tatsächlich ist die Geburt eines Menschen die Geburt seines Globus. Diese Symbolik lässt ihn erkennen, dass es einen Globus seines weltlichen Lebens auf dieser Erde gibt. Das Ei in der Gebärmutter ist ein Prototyp dieses Globus. Der Mensch könnte daher ganz einfach die Eigenschaften des Raumglobus im Verhältnis zu den Merkmalen des Eies in der Gebärmutter studieren und umgekehrt. Hier hilft ihm das Gesetz der Entsprechungen. Indem er die Drehung der Erde um ihre eigene Achse von einem Sonnenaufgang zum nächsten erforschte, konnte er den Ablauf des Tages verstehen und ihn in seiner Gesamtheit mit dem Ablauf seines Lebens gleichsetzen. Die Wiederkehr des Tages vermittelte ihm eine Vorstellung von der Wahrheit seiner Wiedergeburt. Im Laufe eines Jahres konnte er die Drehung der Erde um die Sonne genau beobachten. Dabei sah es so aus, als würde sich die Sonne um die Erde drehen. Das Jahr zeigte sechs Jahreszeiten und zwölf lunare Monate mit jeweils einem Vollmond und einem Neumond. Das brachte ihn auf die Idee, auch den Tag in sechs, zwölf und vierundzwanzig gleiche Teile zu teilen. Diese Einteilungen konnte er ebenfalls im Ei der Gebärmutter feststellen. Der Stiel des Eies, der das Ei mit dem Eierstock verbindet, entspricht dem Sonnenaufgang am Tag und dem Aszendenten in seinem weltlichen Ei. Hierdurch erhält der Mensch als Kind der großen Mutter Natur seine Nahrung. Die Nabelschnur des Kindes in der Gebärmutter zeigte ihm, dass es noch eine zweite, niedrigere Verbindung zwischen ihm und der Natur gab. Im Tagesablauf ordnete er sie dem Sonnenuntergang zu.

Auch im Weltenei der zwölf Häuser konnte er dafür eine Zuordnung finden, und zwar an dem Punkt, den wir das siebte Haus nennen. Im Lunar-Monat entsprechen diese beiden Punkte – der höhere Stiel und die niedrigere Nabelschnur – dem Neumond und dem Vollmond. Im Sonnenjahr bilden die beiden Tag- und Nachtgleichen das Gegenstück zu den zwei Zentren: Der Stiel des Eies entspricht dem Frühlingsäquinoktium und die Nabelschnur dem Herbstäquinoktium. Diese beiden Punkte stellen das Aufsteigen und Abfallen des jährlichen Sonnenlaufs dar.

Wenn wir die obigen Symbole zusammenfassen, ergeben sich folgende Punkte:

1. Die Schwangerschaft eines Menschen in der Gebärmutter ist eine Nachbildung des Sonnenpfades entlang der jährli-

chen Drehung der Erde und der täglichen Drehung der Erde um die eigene Achse. Die Entwicklung während der zehn Mondmonate in der Gebärmutter ist ein Symbol für die eigene evolutionäre Entwicklung oder für den Pfad der Seele.

2. Nach der Geburt folgt der Mensch demselben Entwicklungspfad im Ei der zwölf weltlichen Häuser des Horoskops.
3. Nach der Geburt seiner Persönlichkeit folgt er dem gleichen Pfad innerhalb des Eies der zwölf Tierkreiszeichen.

- Im ersten Stadium arbeitet sein Denkvermögen durch das Denkvermögen der Mutter.
- Im zweiten Stadium, nach der Geburt, arbeitet sein Denken durch das Denken der Mutter-Natur. Das heißt, er drückt sich durch seine Instinkte und Emotionen aus.
- Im nächsten Stadium arbeitet der Mensch durch sein eigenes Denkvermögen, das von vergangenem und gegenwärtigem *Karma* geprägt ist.

Es ist hochinteressant, dass es zwei Prinzipien gibt, die die Evolution des Menschen unterstützen:

1) das weibliche Prinzip oder die Natur und
2) das männliche Prinzip oder sein eigenes Bewusstsein.

Daraus können wir schließen, dass der kreisförmige Pfad der Sonne im Tageslauf ebenfalls die weiblichen und männlichen Prinzipien enthält. Da der Weg der Sonne durch Osten und Westen bestimmt ist, wird der Kreis von einem Durchmesser geteilt. Die Hälfte über dem Horizont wirkt als männliches und die untere als weibliches Prinzip. Im Horoskop mit zwölf Häusern ist die zweite Hälfte von Natur aus männlich, während die erste Hälfte – vom Aszendenten bis zum 7. Haus – als weibliches Prinzip wirkt. Die Natur eines Menschen kann aus den ersten sechs Häusern abgelesen werden, und sein Bewusstsein kann sich über seine Natur erheben, wenn es der Botschaft der Planeten und Zeichen in den übrigen sechs Häusern folgt. Aus diesem Grund umfasst auch die Sonnenbahn männliche und weibliche Kreisbögen. Sogar die Planeten sind entweder männlich (aktiv) oder weiblich (passiv), und dies wird von der innewohnenden Natur des jeweiligen Planeten bestimmt. Die solare Energie ist ihrem Wesen nach kreativ und erzeugt maskuline Kräfte, während die lunare Energie passiv ist und somit feminine Kräfte hervorbringt.

In jedem Atom wirkt das solare Prinzip als schöpferisches Prinzip über der Materie, während das lunare Prinzip als Fortpflanzungsprinzip erscheint und den Schöpfungsverlauf auf der Materie-Ebene widerspiegelt. Diese beiden Kräfte bilden die erste Polarität als Raum und Zeit. In jedem Sonnensystem bringt sich das solare Prinzip durch die Sonne und das lunare durch den Mond zum Ausdruck. Dies trifft nur für jene Wesen zu, die bis zur Persönlichkeitsebene leben. Auf der Seelenebene leitet Jupiter das solare Prinzip und Venus die lunaren Prinzipien. Ist der Mensch spirituell vollendet, wirkt Uranus als Sonne und Neptun als Mond.

Das Wort Zodiak bedeutet 'eine Gruppe von Wesen'. Die Seher haben den Weg der Erde um die Sonne studiert und seine Eigenarten in den Figuren, Geschichten, Farben und Zahlen der einzelnen Zeichen zusammengefasst und symbolisch dargestellt. Die Formen der verschiedenen Wesen, die den Zeichen des Tierkreises zugeordnet werden, bestehen hauptsächlich aus zwölf Gruppen und nicht aus zwölf einzelnen Figuren. Diese menschlichen und tierischen Gestalten enthalten eine tiefe Symbolik sowie die Schlüssel zu den im Verlauf dieser Schöpfung periodisch wiederkehrenden Geschichten.

Zum Beispiel erscheinen die Sternhaufen am Himmel von der Erde aus gesehen in verschiedenen Formen. Diese Gebilde existieren für das Denkvermögen dieser Erde als Gedankenformen. Die Atome unserer Erde durchlaufen all diese Formen, während sie sich durch die mineralische, pflanzliche, tierische, menschliche und übermenschliche Ebene entwickeln.

Die Materie unserer Erde wurde nach diesen Mustern gebildet, und deshalb gibt die Erde ihren Kindern auf dem Evolutionspfad auch diese Formen der Lebewesen. Die Ekliptik, der alljährliche Weg der Erde um die Sonne, bildet den Boden für das Aufkeimen dieser Wesen in verschiedenen Formen mit Hilfe der Sonnenenergie durch ihre 360°. Diese Ekliptik ist eine Zone im Raum, die besonders stark mit Sonnenenergie aufgeladen ist, um auf der Erde Leben in den Formen erscheinen zu lassen. Dies ist ein Teil der Wahrheit, der die Menschen in alter Zeit veranlasste, ihm den bedeutungsvollen Namen Zodiak zu geben. Er umgibt die Erde als ihre Aura. Alle astralen Aufzeichnungen der irdischen Evolution sind in dieser Aura enthalten. Werden Teile dieser Aufzeichnung von Weisen empfangen und in Allegorien niedergeschrieben, dann nennt man sie *Purânen*. Diese Zone bildet das Schema für jenes große Mysterienspiel, das die Seher als Ritual bezeichnen. Es enthält die Geschichte der Runden, der Wurzelrassen, der Rassen, der Menschen und ihrer Evolution sowie Geschichten von Begebenheiten ihres täglichen Lebens.

Daher stammt auch die Vorstellung, dass Horoskope unser Leben deuten. Der Weg des Tierkreises ist für den spirituellen Menschen ein wichtiger Teil seines theoretischen und praktischen Studiums. Für den Menschen der niedrigsten Stufe stellt der Tierkreis eine Begrenzung dar, und gleichzeitig zeigt er den Menschen auf der höheren Ebene den Weg der Befreiung. Als Begrenzung kontrolliert, erzieht und beschützt er den Menschen innerhalb der Grenzen seines Schicksals. Sobald sich der Mensch zu entwickeln beginnt, führt, berät und zeigt ihm der gleiche Tierkreis den Weg zur Freiheit und Meisterschaft. Im dritten Stadium stellt der Zodiak erneut den Bereich dar, in dem sich der Mensch opfert, um die niederen Wesen emporzuheben. Nach seiner Befreiung unterstellt sich der Mensch wieder dem großen Plan des Tierkreises und wird ein bereitwilliger Mitarbeiter am Plan. Sein Lohn ist die Entwicklung seiner Mitmenschen.

A.6 Einige Gedanken über den Kreis

Aus sehr vielen Gründen bildet das Symbol des Kreises mit seinem Mittelpunkt einen Hauptschlüssel zum Tierkreis. Ein Kreis ist nur eine Ebene des Globus. Wir haben bereits erkannt, dass der Ursprung einer Sonne durch einen Punkt in Zeit und Raum bezeichnet wird. Der Raum ist ein potentieller Globus. In ihm sind alle geometrischen Eigenschaften des Globus und die numerischen Eigenschaften der Null verborgen. Der Bereich innerhalb des Globus ist mit potentiellen Punkten, die verborgene Sonnen – Sonnen im *Pralaya* – sind, gefüllt. In regelmäßigen Abständen kommt jeder Punkt aus dem Raum hervor, tritt für die Lebensspanne eines Sonnensystems in Erscheinung und verschmilzt wieder mit dem Raum. Vor seinem Auftauchen und nach dem Verschmelzen befindet sich der Punkt in seinem *Pralaya* oder *Laya*. Sobald ein Punkt hervortritt oder erwacht, wirkt er als geometrisches Zentrum seines Raumglobus. Numerisch gesehen ist dieser Punkt die Zahl Eins. Er wird eine bestimmte Periodizität haben, die seine Lebensspanne ausmacht. Diese versteht man als Zeit, während der verbleibende Teil des Globus zu Raum wird. Daher gibt es, sobald der Punkt hervorgetreten ist, eine Unterteilung zwischen Zeit und Raum. Das nennt man auch die Geburt des ersten begrenzten Bewusstseins, des ICH BIN. Dies ist der Name Gottes. Kreise, die auf verschiedenen Ebenen diesen Punkt umgeben, bilden den Globus.

Beim nächsten Schritt wird der Kreis einer Ebene aktiv. Vom Zentrum aus werden auf diesem Kreis zwei Punkte markiert, und so ergibt sich ein Durchmesser. Dadurch entsteht eine gerade Linie vom *Sâdhya*- zum *Siddha*-Zustand. Dann beginnt sich der Durchmesser zu drehen. Diese Drehung bringt die gerade Linie in eine andere Position, wodurch zwei gerade Linien erscheinen. Im potentiellen Zustand waren die Enden dieser geraden Linien im Punkt als Keim verborgen, da der Punkt der Ursprung, die Knospe des Kreises und der Kreis die Blüte des Punktes ist. Der erste Durchmesser wird symbolisch als Osten und Westen verstanden. Wenn er sich durch Drehen weiterbewegt, ergeben sich zwei verschiedene Positionen des Durchmessers. Numerisch ausgedrückt entstehen zwei sich kreuzende Durchmesser, welche die Kreisfläche in vier gleiche Teile teilen. Die zweite Position des Durchmessers wird als symbolischer Norden und Süden erkannt. Das ist die Geburt von *Chaturbhuja,* des Vierarmigen oder des Kreuzes und das Entstehen von vier Zeichen am Kreisumfang. Vor dem Auftauchen des Punktes waren alle vier Zeichen im Punkt enthalten.

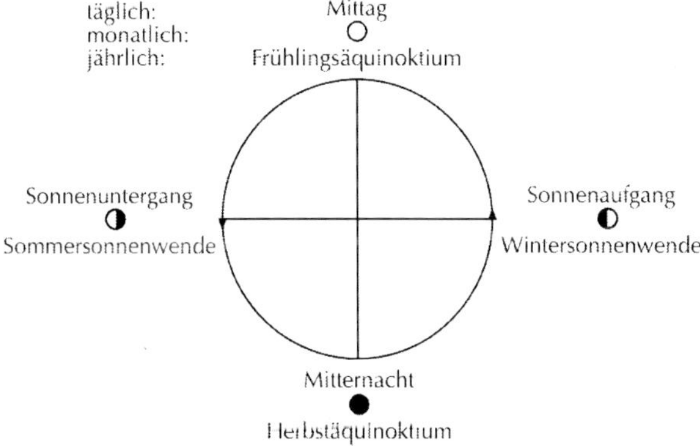

Auch heute dreht sich die Erde um ihre eigene Achse, wobei sie die Drehung der Punkte nachvollzieht und so die vier kardinalen Punkte des Tages hervorbringt: Sonnenaufgang, Mittag, Sonnenuntergang, Mitternacht. Zudem beschreiben die sichtbaren Mondphasen in jedem lunaren Monat diese vier Punkte: Neumond, zunehmender Halbmond, Vollmond, abnehmender Halbmond. Der scheinbare Weg der Sonne in einem Sonnenjahr markiert ebenfalls diese vier Punkte: die Wintersonnenwende, das Frühlingsäquinoktium, die Sommersonnenwende und das Herbstäquinoktium. Der Weg der Äquinoktien verläuft ebenfalls entlang dieser vier Punkte, während er durch seine Präzession das große Jahr umschreibt. Jeden Planeten umgibt sein eigener Kreis oder Zodiak. Auch die Sonne hat ihren eigenen Tierkreis, der sich von dem Tierkreis unserer Erde unterscheidet. Der Erd-Tierkreis ist der scheinbar unsere Erde umgebende Kreis, der die Positionen der verschiedenen Sterne und Sternbilder bestimmt. In diesem Zusammenhang ist es interessant zu bemerken, dass alle Planeten als Kugeln und nicht als unregelmäßige Körper geformt sind. Das liegt daran, dass der Raum von Natur aus kugelförmig ist und nur Kugelformen bildet. Im Raum sind Formen verborgen, die er regelmäßig in der Materie in Erscheinung treten lässt.

Die gegenwärtige Stufe astrologischen Wissens kennt nur zwölf Zeichen, die sie entlang der Sonnenbahn festlegt. Wir nennen sie den Tierkreis. Die Weisheit der Seher legt jedoch dar, dass der Tierkreis unzählig viele Unterteilungen hat, und jede dient einer anderen Symbolik und einem anderen Zweck. Zum Beispiel der Kreis: Als Ganzes gesehen ist er ein Zeichen, das die Seher *Pranava*, 'den ersten Namen Gottes', nennen. Der Kreis mit dem Durchmesser gilt als Tierkreis mit zwei Zeichen, der Kreis mit dem Kreuz bildet einen Tierkreis mit vier Zeichen usw. Es gibt auch einen Tierkreis mit 360, 720 oder 1000 Zeichen. Bei diesen spirituellen Teilungsmethoden des Kreises stellen wir fest, dass die Tierkreise mit 1, 10, 100, 1000 Teilen usw. eine bestimmte Gruppe bilden. Wenn wir den Tierkreis in 2, 4, 6, 8, 12, 24 usw. Abschnitte teilen, entsteht eine andere Gruppe, und es bildet sich eine weitere Gruppe durch die Unterteilung in 3, 6, 9, 27 usw. Abschnitte. Einzigartig ist die Unterteilung des Tierkreises in fünf gleich große Sektoren. Er wird *Pankthi* oder der Tierkreis der *Pitrus* genannt. Auch der Tierkreis mit sieben gleich großen Teilen ist einmalig. Man nennt ihn *Kumâra* oder den Tierkreis des großen Rituals *Sapta Tanthu*. Jede dieser Einteilungen bildet ein eigenes Symbol, das einen bestimmten Zweck hat und dem Jünger als Einweihung dient. Darauf wird später gesondert eingegangen.

Es reicht, sich zu vergegenwärtigen, dass die 360° des Tierkreises um unsere Erde ihre Entsprechungen im physischen Körper und in den feinstofflicheren Körpern sowie in den *Chakren* oder Zentren der höheren Prinzipien im Menschen haben. In Übereinstimmung mit einer höheren Logik, die an anderer Stelle erklärt wird (in einem Kommentar über *Purusha Sûkta*), entsteht ein sichtbarer oder materieller Globus in zwei Stufen aus einem unsichtbaren Globus im Raum:

1) Er tritt als die Zahl Eins Null hervor, um den numerischen Wert von 10 zu bilden.
2) In seiner Essenz beträgt der sichtbare nur ein Viertel des unsichtbaren Globus.

Daher hat der unsichtbare Globus den numerischen Wert 4. Auf jeder der drei Ebenen der Existenz – geistig, mental und physisch – wird er mit 10 multipliziert. Deshalb wird die physische Erscheinung durch 400 (4 x 10 x 10) ausgedrückt. Ein Zehntel davon trennt sich vom Ganzen, um den physischen Globus bzw. seinen Anfangspunkt hervorzubringen, während die restlichen 360 den umgebenden Raum bilden. Dies ist die logische Erklärung für die 360°, die jeden Punkt umgeben. Selbstverständlich müssen über die fehlenden Bindeglieder noch viele weitere Erklärungen folgen. Sie werden an anderer Stelle gegeben.

A.7 Entsprechungen

Es wurde bereits dargelegt, dass jeder Punkt des Tierkreises im Körper des Menschen seine Entsprechung hat. Natürlich finden wir auch im Körper oder in der Struktur der Tiere, Pflanzen und Mineralien diese Entsprechungen. Sie sind nicht nur in der physischen Form, sondern auch in den feinstofflicheren Körpern und Prinzipien vorhanden.

Zunächst wollen wir uns mit dem Menschen befassen. In allen gewöhnlichen Astrologiebüchern finden wir die Tierkreiszeichen in den entsprechenden Teilen des physischen Körpers dargestellt. Doch das ist nur eine Anwendung einer großartigen Wahrheit. Beispielsweise regiert der Widder den Kopf, der Stier das Gesicht, die Zwillinge die Schultern und Stimmbänder, der Krebs die Lunge, der Löwe das Herz, die Jungfrau den Magen, die Waage den Bereich um den Nabel und den unteren Bauch, der Skorpion die Geschlechtsteile, der Schütze die Oberschenkel, der Steinbock die Knie, der Wassermann die Waden und die Fische die Füße.

Entsprechungen von Körper und Tierkreiszeichen

Diese Teilinformation wird von den Astrologen benutzt, um festzustellen, welcher Bereich des Körpers von einem Aspekt, einer Progression, einem Transit oder der täglichen Drehung des Zeichens betroffen ist. Steht Jupiter z.B. im Widder, dann wird der Kopf gut geformt sein. Das trifft aber nur zu, wenn der Mensch auf der Persönlichkeitsebene lebt. Befindet er sich jedoch im Stadium der Individualisation, wirkt sich sein Horoskop mit den zwölf Häusern übereinstimmend mit der Symbolik der Zeichen auf ihn aus. Beispielsweise bezeichnet der Aszendent den Kopf, das zweite Haus das Gesicht, das dritte Haus die Schultern usw. Einem Menschen, der sich in seiner Entwicklung unterhalb der Persönlichkeitsebene befindet, gibt Jupiter im ersten Haus des Geburtshoroskops einen wohlgeformten und gesunden Kopf.

Die Zuordnung von Körperteilen zu den Häusern und Zeichen hat in der spirituellen Astrologie einen höheren Zweck. Wenn der Mensch in den entsprechenden Körperteilen über die Symbole der Tierkreishäuser meditiert, werden die Zellen, Nervenzentren und Drüsen seines Körpers derart angeregt, dass er rasch zur Persönlichkeitsebene erhoben wird. Wenn er über die Symbolik und Aktivität der Geburtsplaneten in jenen Häusern meditiert, wird er sich schneller entwickeln. Spezialisiert er diese Meditation auf jene Häuser, die gerade von Planeten transitiert werden, so wird ihm das noch weiter helfen. Der günstigste Zeitpunkt für diese Meditation ist gegeben, wenn das jeweilige Geburtshaus den Mittagspunkt des Tages überquert. Mit Menschen zusammen zu sein, deren Aszendent mit jenem besonderen Haus seines Horoskops übereinstimmt, wird eine weitere Hilfe sein. Das Gleiche gilt für die Tierkreiszeichen, wenn der Mensch auf der Persönlichkeitsebene lebt.

Sobald das Seelenbewusstsein in ihm erwacht, beginnt er im Gruppenbewusstsein zu leben und steht dann in direktem Kontakt zu jenen, die sich auf derselben Ebene befinden. In diesem Stadium sollte er seine spirituelle Aktivität ausschließlich auf das Zeichen seines Aszendenten richten. Dann sollte er jedoch seine Körperteile den Sonnenzeichen in umgekehrter Reihenfolge zuordnen und dabei vom Aszendenten ausgehen. Der Aszendent bezeichnet dann den Kopf, das zwölfte Haus das Gesicht usw. In dieser Zeit erhält der Jünger seine dritte Einweihung. Er lebt in den Herzen seiner Mitjünger. Alle Erfahrungen der ganzen Jüngergruppe werden zusammengetragen und anschließend gleichmäßig verteilt. In diesem Stadium ist es für ihn absolut notwendig, in enger Verbindung mit einem der sieben *Âshrams,* dessen *Guru* und seiner Jüngergruppe zu stehen. Denn in dieser Phase findet im Hinblick auf alle latenten Kräfte des Menschen eine 'Achsenverschiebung von der horizontalen auf die vertikale Ebene' statt. Er lebt jetzt im *Višuddhi-* und *Âjnâ-*Zentrum. Durch diese Drehung befindet sich der Kopf im zehnten Haus. Sein Bewusstsein 'stirbt im ersten Haus und wird im zehnten wiedergeboren'. Dies ist einer der Schlüssel, um das *Bhâgavata Purâna,* das Buch der zwölf Unterteilungen, zu lesen. Es beschreibt den Tod des Herrn im ersten und seine Geburt im zehnten Buch. Entlang der *Brahmâ Danda,* der Wirbelsäule, teilt sich der Tierkreis vertikal in zwei Hälften. Man sollte das zehnte Haus auf dem Kopf und das vierte Haus an den Füßen lokalisieren. Der Weg vom zehnten zum vierten Haus stellt *Idâ,* den absteigenden Pfad, dar, die Häuser vom vierten zum zehnten Haus bezeichnen *Pingalâ,* den aufsteigenden Pfad. Indem man auf diese Weise meditiert, ordnet man die zwölf Häuser in sechs Häuserpaaren an. Dabei treffen die negativen und positiven Eigenschaften zusammen und neutralisieren sich gegenseitig.

Von der Polarität des Menschen wird viel durch die Tätigkeit seiner sechs *Chakren* auf der ätherischen und astralen Ebene neutralisiert. Danach erlaubt ihm sein *Guru,* denselben Vorgang mit den Zeichen des Tierkreises zu wiederholen.

- Das Frühlingsäquinoktium wird im Kopf und das Herbstäquinoktium am Ende der Wirbelsäule lokalisiert (*Mûlâd-*

hâra). Die sechs Zeichenpaare decken sich mit den sechs *Chakren*.

- Stier und Fische befinden sich in der Zirbeldrüse (Epiphyse) und der Hirnanhangdrüse (Hypophyse),
- Zwillinge und Wassermann in den Stimmbändern und in der Sprache,
- Krebs und Steinbock in der Atmung und im Blutkreislauf (*Anâhata*),
- Löwe und Schütze im Milzzentrum (*Svadhistana*),
- Jungfrau und Skorpion in den Verdauungs- und Sexualzentren (*Manipûraka*).

Wir sehen hier eine leichte Abweichung von der traditionellen *yogischen* und astrologischen Symbolik, die die ganze Wahrheit vermittelt.

Der nächste Schritt ist mit einem Schöpfungsvorgang durch *Prâna* verbunden. Zu diesem Zeitpunkt hat der Jünger die materielle Hülle *Annamaya*, die seine physische, ätherische und astrale Ebene einschließt, überwunden. Von jetzt an hat er den Vitalkörper *Prânamaya* im Griff, der die Astral-, Wunsch- und Mentalprinzipien enthält. Dabei spielen die Elemente Luft und Wasser, das heißt Atem und Kreislauf, eine wichtige Rolle, um die Richtung zu kontrollieren, die das *Prâna* nimmt. (Hier sollte der Leser verstehen, dass wir von den sieben Untergruppen der sieben Hauptuntergliederungen der menschlichen Körper und ihrer Wechselwirkung sprechen.) In diesem Stadium sollte der

Mensch darüber meditieren, dass er die Rolle des Jahres spielt. Sein Ausatmen ist die Sommersonnenwende, und das Einatmen ist die Wintersonnenwende. Die Hälfte der Ausatmung bezeichnet das Frühlingsäquinoktium. Beim Einatmen zeigt der andere halbe Atemzug das Herbstäquinoktium an. Man sollte langsam und geräuschlos einatmen. Sobald die Lungen halb gefüllt sind, soll man den Atem anhalten und über den zentralen vertikalen Kanal der Wirbelsäule meditieren. Früher oder später führt diese Meditation zum inneren Gleichgewicht. Der Atem wird über das Kehlzentrum *Višuddhi* vom höheren Bewusstsein kontrolliert, das sich zwischen Herz- und *Âjnâ*-Zentrum befindet. Alle Lebensimpulse des Menschen münden in einen großen vitalen Impuls: in das Gruppen-*Prâna* der Seelenebene.

An diesem Punkt seiner Entwicklung beginnt der Mensch durch die planetarischen Prinzipien zu arbeiten. Er lebt durch die planetarischen Prinzipien der Gruppe auf der planetarischen Ebene. Sein *Guru* lenkt alle planetarischen Verhaltensweisen und Reaktionen der Seele. Das wird möglich, weil der *Guru* und der *Šishya* dann keine Persönlichkeiten mehr haben.

Inzwischen wird der Leser erkannt haben, dass die Festlegung der Entsprechungen zwischen den Tierkreiszeichen und den Körperteilen und Körperkräften eine tiefere Bedeutung hat als der traditionelle Astrologe vermutet. Die Meditation über die Entsprechungen nennt man *Nyâsa Vidyâ*. Sie wirkt wie ein Sakrament und hebt den menschlichen Körper auf die Ebene 'Seines Körpers'. Bis dahin glaubte der Mensch, er sei der Eigentümer seines Körpers. Jetzt erkennt er, dass er lediglich ein Verwalter des ihm anvertrauten Eigentums ist. Alle Sterne am Firmament, die in Wirklichkeit zahllose Sonnensysteme in verschiedenen Evolutionsstadien sind und zur Zeit den Tierkreiszeichen entsprechen, werden die Körperteile des Menschen und ihre Prinzipien anregen. Sie wirken gemeinsam, um in Zusammenarbeit mit den Bemühungen des Menschen zu seinem Erfolg beizutragen. Sie sind seine Helfer bei der kosmischen Arbeit. Dabei gewinnt der Mensch Meisterschaft über die Elemente und arbeitet dann seinerseits wieder mit den höheren Kräften zusammen: Er teilt mit ihnen die Last, die Mitmenschen auf seinem Planeten emporzuheben.

Unter den Sternen und Konstellationen, die an diesem Plan mitarbeiten, spielen jene Sterne eine besondere Rolle, die weiter entwickelt sind als die Sonne unseres Sonnensystems. Die sieben Sterne des Großen Bären und die sieben Sterne, welche die Plejaden bilden, haben einen besonderen Einfluss. Aus diesem Grund werden die Sterne des Großen Bären 'die sieben großen Seher' und die Plejaden 'die sieben Mütter' genannt. Sie nähren den neugeborenen *Kumâra*, den Zölibatär, mit ihrer Muttermilch, dem sichtbaren und unsichtbaren Licht. Auch die Sterne der Konstellation Zeta Piscus, welche die zwei großen Fische bilden, haben viel mit seiner Entwicklung zu tun. Man nennt sie 'die weisen Männer, die kommen, um das neugeborene Kind, den zukünftigen Retter und Erlöser der Welt', zu sehen. Aus demselben Grund wird der Fisch der Erneuerer der zeitlosen Weisheit genannt.

Den Entsprechungen zufolge gibt es eine noch viel tiefere Symbolik zwischen dem *Višuddhi*- und *Âjnâ*-Zentrum des Menschen und den vier Sternbildern von den Zwillingen bis zu den Fischen. Die beiden Stimmbänder haben ihre Entsprechung in zwei großen Sternen in den Zwillingen. Sie bilden die beiden Säulen am Eingang des Tempels, in dem das Wort seinen Sitz hat, und sie stellen das erste Paar dar: den Sprechenden und das Gesprochene. Dieser Gott des Wortes gilt als der erste Hermaphrodit, *Ardhanarîšvara*. Deshalb werden die Zwillinge in der östlichen Weisheit von einen Mann und einer Frau symbolisiert und nicht von einem Zwillingspaar. Auf der physischen Ebene erscheint diese Doppelgottheit in Form unserer Stimmbänder. Die Gottheit wird auch durch zwei Mühlsteine symbolisiert, die das benötigte Mehl für die Opfergabe bereiten. Die beiden Säulen begründen kraft des vitalen Impulses das unmanifestierte Wort.

Wenn wir dem Pfad der Äquinoktien folgen und dabei von den Zwillingen zum Stier gehen, begegnen wir einem hell strahlenden Stern, der zu den Plejaden gehört. Es ist Aldebaran, das Auge des Stiers. Wenn wir die Fische zusammen mit Aldebaran an einer Stelle lokalisieren, die sich genau über dem *Âjnâ*-Zentrum befindet, haben wir die Verbindung zwischen Zirbeldrüse und Hypophyse. Dieses Verbindungsstück muss vom Jünger als 'höhere Brücke' erbaut werden. In den *Veden* wird sie als *Indra Yoni, Indras* Geburtsort, bezeichnet. Die beiden Fische sind die zwei anmutigen Augen der erhöhten Mutter-Natur *Minâkshi,* und als drittes Auge dient die höhere Brücke. Nur durch das dritte Auge und von dem Punkt zwischen den 'zwei Hörnern des Stiers' kann man den Herrn im Tempel sehen.

In den Tempeln, die für das *Lingam,* das Doppelsymbol von *Šiva,* gebaut werden und diesem geweiht sind, gibt es die Regel, dass man den Herrn nur durch die Hörner des Stiers sehen soll, der sich außerhalb des Tempels befindet. Dann ist es für den Herrn unumgänglich, im Jünger einen *Kumâra* zu erschaffen. Wenn wir auf unserem Pfad der Äquinoktien vom Stier zum Widder gelangen, erreichen wir *Vîrabhadra,* den Herrn des feurig glühenden Tores, der als Zeichen der Strafe die Kehle durchschneidet. Der Kopf des Jahresgottes wird abgeschnitten und durch den Kopf eines Widders ersetzt. All dies zusammen ist eine tiefgründige Symbolik, die zunächst der Intuition des Lesers überlassen bleiben soll. Es wird für ihn von besonderem Nutzen sein, wenn er diese Geschichten der *Purânen* vollständig liest und versucht, ihre Entsprechungen in sich zu entdecken.

A.8 Periodizität

Heutzutage werden endlose Diskussionen geführt, an welchem Punkt auf dem jährlichen Weg der Sonne der Tierkreis tatsächlich beginnt und wo er endet. Diese Frage ist noch nicht vollständig beantwortet, und das wird so bleiben, bis das *Kali Yuga* es zulässt, dass in einer seiner aktiven Perioden die Wahrheit von der Seelenebene heutiger Seher aus offenbart wird. Viele Astrologen haben zahlreiche Anfangspunkte für den Tierkreis vorgeschlagen. Allgemein wird der Widder als erstes Tierkreiszeichen akzeptiert. Darin stimmen alle exoterischen Schulen der Welt überein. Es gibt einige andere Schulen, die für eigene heilige Zwecke andere Zeichen an den Anfang des Tierkreises stellen. Wir wollen es nun als erwiesen hinnehmen, dass der Widder das erste Zeichen ist, weil er den alljährlichen Meridian kennzeichnet und die Sonne in ihm erhöht ist. Trotzdem wird über den ersten Punkt im Widder diskutiert. Viele Astrologen legen ihn auf das Frühlingsäquinoktium fest. Um den 21. März des gegenwärtigen Weltkalenders scheint die Sonne den Äquator von Süden nach Norden zu überqueren. Wenn wir diesen Kreuzungspunkt auf der Sonnenbahn nehmen, so bezeichnet er den Anfang des Widders für das jeweilige Jahr. Infolge eines merkwürdigen Phänomens verlagert sich dieser Kreuzungspunkt auf dem Äquator Jahr für Jahr ein Stückchen weiter zurück. Diese Verlagerung nennt man die Präzession der Äquinoktien. Für 1° braucht sie etwa 72 Jahre und 6 solare Monate. Ihre Geschwindigkeit ist jedoch nicht gleichmäßig, sondern sie verändert sich entsprechend der Geschwindigkeit, mit der sich die Erde um die Sonne dreht. Zum Beispiel scheint sich die Sonne bei den Sonnenwenden schnell und bei den Tagundnachtgleichen langsam zu bewegen. Dabei entsteht ein Symbol, das uns die tatsächliche Geschwindigkeitsveränderung im Voranschreiten der Äquinoktien ermitteln lässt. Das Frühlingsäquinoktium verschiebt sich in der Präzession nach hinten und ruft in jedem Zeichen (alle 30°) verschiedene Wirkungen hervor. Die Zeit, die das Frühlingsäquinoktium für die Umrundung der 360° benötigt, nennt man ein Großes Jahr. In den alten Schriften der Welt bildet es die Grundlage aller Berechnungen.

Die verschiedenen Tempel der Weltreligionen sind architektonisch nach dem Plan des Großen Jahres angeordnet. Die Pyramiden und ihre baulichen Einzelheiten stimmen auf wunderbare Weise mit diesem Plan überein, nicht nur in Maß und Form, sondern auch hinsichtlich ihres Standortes auf der Erde. Die Auswirkungen der Präzession der Äquinoktien auf die Erde sind die zwölf Sonnenzeichen und ihre Symbole rund um den Äquator, nicht auf der scheinbaren Sonnenbahn.

Der Äquator ist keine vom Menschen geschaffene Trennungslinie, die ihm das Lesen der Weltkarte erleichtert, sondern er ist ein Gürtel, der das Zentrum aller magnetischen, elektrischen, vitalen, mentalen, *buddhischen*, ätherischen und astralen Strömungen darstellt. Sie sind dafür verantwortlich, dass es die materielle Erde gibt und dass sie gleichmäßig auf dem Meer der unsichtbaren Strömungen treiben kann. Der Äquator, die Pole, die weiten Meere und die hoch aufragenden Gebirgszüge der Erde erfordern ein Studium, das über die geographische, historische, kommerzielle, biologische und physikalische Erforschung hinausgeht. Dort sind alle Geheimnisse der höheren Ebenen, die die Erde betreffen, von großen Intelligenzen, die über jenen Regionen leben, verborgen. Das wird später noch detailliert in unserem Werk über Glanz und Grösse der Wissenschaft erklärt. Jetzt wollen wir uns auf die Auswirkungen der Äquinoktien und des Tierkreises beschränken.

Die Auswirkungen des Großen Jahres haben ihre Entsprechungen in den Jahreszeiten unseres Sonnenjahres. Dem spirituellen Menschen offenbart das Sonnenjahr alle Einzelheiten der größeren Zeitzyklen auf dem Hintergrund des Raumes. Dies führt uns zu einem anderen großartigen Phänomen der Astrologie. Wenn der Zodiak mit dem ersten Grad des Widderzeichens beginnt, was dem Frühlingsäquinoktium des jeweiligen Jahres entspricht, und wenn sich das Äquinoktium am Äquator rückwärts bewegt, dann wird der Raum um den Äquator nicht für alle Zeiten von dem gleichen Zeichen besetzt sein. Alle Sterne, die über einem bestimmten Zeichen stehen, üben auf geheimnisvolle Weise ihren Einfluss auf dieses Zeichen aus, da seine zeitweiligen Herrscher nicht den gleichen Winkel zu dem betreffenden Zeichen behalten. Jedes Zeichen verlässt allmählich den Einflussbereich bestimmter Sterne und kommt unter den Einfluss anderer. Dadurch wird die Natur eines jeden Tierkreiszeichens ständig verändert. Es ist ein Geheimnis und ein Phänomen, das über das Fassungsvermögen des Menschen hinausgeht. Aus diesem Grund gibt es für den Tierkreis keinen absoluten Anfangspunkt. Genauso wie der Sonnenaufgang der Beginn eines Tages ist, so hat auch jeglicher Anfang im Tierkreis nur relativen Wert.

Es gibt noch einen weiteren Aspekt dieses Phänomens. Während die Sterngruppen auf Grund der Präzession der Äquinoktien weiterziehen, scheinen sich ihre sichtbaren Formen – von einem bestimmten Punkt der Erde aus betrachtet – langsam zu verändern. Dadurch und aufgrund der Gesamtverlagerung der Erde im Raum, die sich infolge der Drehung unserer Sonne um eine größere Sonne ergibt, werden sich die Formen, die unsere Erde von den uns umgebenden Sternkombinationen empfängt, allmählich verändern. Infolgedessen werden sich die Formen der Lebewesen auf dieser Erde verändern. Im Laufe der Äonen werden Pflanzen und Tiere sowie die Beschaffenheit der Mineralien unserer Erde viele Veränderungen durchlaufen. Auch die Menschenrassen erleben Veränderungen in ihren Gesichtszügen, ihrem Körperwuchs, ihren Schädelstrukturen usw.

All das ist durch die Beobachtungen der modernen Wissenschaft nahezu bestätigt, doch hat man die Ursachen noch nicht mit den Wirkungen in Zusammenhang gebracht.

Jetzt können wir verstehen, dass uns das Studium der gesamten Symbolik und Bedeutung des Tierkreisgürtels nicht nur die Geschichten von einzelnen Menschen, Ländern und Nationen, sondern auch der Unterrassen, Wurzelrassen sowie der geologischen und archäologischen Vielfalt dieser Erde enthüllen wird. Die Geschichten über die *Yugas, Mahâ Yugas, Kalpas* und *Manvantaras* sind kunstvolle Dichtungen. Sie wurden von den großen Sehern verfasst, die auch die Epen und Schriften der verschiedenen Menschheitsrassen nur mit Hilfe der geheimen Weisheit vom Tierkreis und den Äquinoktien zusammenstellten.

Es gibt Astrologen, die behaupten, der Tierkreis am Sternhimmel müsse einen bestimmten Anfang haben. Dabei ziehen sie nur die Fixsterne um den Äquator in Betracht. Sie setzen einen bestimmten Stern fest, von dem aus sie ihre zwölf Zeichen ermitteln und berechnen. Warum gerade dieser Stern der Anfang des Jahres sein soll, wird von ihnen nicht zufriedenstellend beantwortet. Natürlich ist das System sehr genau, doch seine Grundlage ist den orthodoxen Astrologen, die zu seinen Gunsten argumentieren, nicht zugänglich. Aus diesem Grund und auch, weil sie nicht die wahren Schlüssel besitzen, um mit diesem System umgehen zu können, streiten sie über den Anfangspunkt.

Während die astrologische Weisheit Indiens der nach-*vedischen* Zeiten behauptet, *Ašvini* sei der Anfang des Widders, sagen die *Veden,* dass er mit *Krittika* beginnt. Solange eine genaue Definition von *Ašvini* und *Krittika* fehlt, kann dieser Anfang nicht ermittelt werden. *Ašvini* und *Krittika* sind *Nakshatras.* Sie gehören zu den Bestandteilen des Raumgewölbes um unsere Erde. Die Probleme dieses Zweiges der Astrologie werden wir etwas später erklären. Selbst bei jenen, die *Aśvini* für den Anfang des Widders halten, variieren die Angaben um nicht weniger als 8° auf dem Tierkreisbogen. Dieser Unterschied macht einem wirklichen spirituellen Astrologen nicht nur praktische Schwierigkeiten, sondern beweist auch die zweifelhafte Natur jener, die dieser Ansicht folgen. Jeder Verfechter einer bestimmten Gedankenschule stapelt eine Anzahl Bücher früherer Gelehrten übereinander und versucht damit, seine eigenen Argumente zu stützen, statt zu versuchen, am gottgeschaffenen Himmelsgewölbe Fragmente der Wahrheit zu entdecken.

Gibt es keinen absoluten ersten Punkt? Diese Frage bewegt unaufhörlich das Denken eines jeden Wahrheitssuchers. Gibt es – absolut betrachtet – keinen wirklichen Anfang dieser Schöpfung? Die Antwort liegt in der Frage: „Hat der Kreis keinen Anfang?" Und diese Antwort erklärt noch viel mehr! Wenn wir einen bestimmten Punkt als Anfang festlegen, so wird er der Ausgangspunkt unseres Verstehen. Es gibt viele Anfangs- und Endpunkte. Jeder Punkt ist in sich Anfang und Ende, und er setzt seine eigene Runde fest. Es liegt an uns, ob wir die von Menschen gemachten Kreise aufgeben oder unbeachtet lassen und versuchen, jene zu finden, die der Schöpfer zum Ausdruck gebracht hat und die dem Menschen als Naturphänomene erscheinen. Die zwei Tagundnachtgleichen und die zwei Sonnenwenden ergeben vier Arten von Anfängen für das Jahr. Seher früherer Zeiten hatten vier verschiedene Jahresanfänge für vier verschiedene Zwecke.

Wenn wir das Problem ernsthafter durchdenken, kommt die intuitive Logik des Menschen zu einem folgerichtigen Schluss, der uns ein weiteres Geheimnis enthüllt. Jede Konjunktion von zwei oder mehr Planeten im Tierkreis eröffnet einen Neuanfang des Tierkreises mit dem ganzen Ablauf von Ereignissen, die vom Einfluss dieser Konjunktion verursacht, beeinträchtigt und zum Höhepunkt geführt werden. Die Konjunktion ruft eine

Reihe von Ereignissen hervor, für die sie als der erste Punkt des Widders wirkt. Unser erster eigener Widderpunkt, der Aszendent, ergibt sich aus der Konjunktion der sichtbaren Erde mit dem Himmel zum Zeitpunkt und am Ort unserer Geburt. Die von einer bestimmten Konjunktion ausgelöste Folge von Ereignissen dauert an, bis sich eine andere derartige Konjunktion bildet. Tatsächlich ist die nachfolgende Konjunktion ebenfalls eine Auswirkung der Progression der vorangegangenen Konjunktion. Somit ist die ganze Schöpfung nichts anderes als eine Progression des ersten Punktes in Zeit und Raum. Er ist für unsere Schöpfung der wahre Widderpunkt. Der Punkt einer bestimmten Konjunktion von zwei oder mehr Planeten dient für diese Reihe von Ereignissen als ein lokaler Widder auf dem Ring der Sonnenbahn.

Der Anfang des gegenwärtigen *Kali Yuga* gibt uns einen festgelegten Punkt von 0° Widder, der jetzt etwas mehr als 32° vom gegenwärtigen Frühlingsäquinoktium entfernt ist. Das heißt, seit Beginn des *Kali Yuga* ist der Frühlingspunkt durch Präzession so viele Grade zurückgegangen. Dieser Widder des *Kali Yuga*, wenn man ihn so nennen kann, wird bis zum Ende des gegenwärtigen *Yuga* bestehen. Ausgehend von diesem Punkt schafft die Präzession der Äquinoktien das *Ayanamsa* der Subperioden dieses Zeitalters. Die Präzession und das Große Jahr bezeichnen einige Subperioden des Tierkreises innerhalb des *Kali Yuga*. Weitere Unterteilungen jeder Subperiode in zwölf Abschnitte bezeichnet die Präzession über 30°. Die planetarischen Zyklen, die sich entgegengesetzt zu den Äquinoktien bewegen, legen die weiteren Unterteilungen jeder dieser Perioden fest und so fort.

Die symbolische Reise des Frühlingsäquinoktiums seit Beginn des *Kali Yuga*-Tierkreises, des eigentlichen *Nirayana*-Tierkreises, gegen den Uhrzeigersinn durch die zwölf Zeichen verleiht diesem Zeitalter die Merkmale des jeweiligen Zeichens.

In jüngster Zeit ist das Frühlingsäquinoktium in das Wassermann-Zeichen des *Kali Yuga*-Tierkreises eingetreten. Das Weltgeschehen ist, wie alle wahren Astrologen von heute nur zu gut wissen, durch dieses Zeichen gefärbt. Das Wassermann-Zeitalter wird die Zeit von Äther und Raum genannt. Der Schlüssel dafür liegt in der Tatsache, dass der Wassermann zur Luft-Dreiheit gehört und das erhabenste Luftprinzip der drei Luftzeichen verkörpert. Das gegenwärtige Raum- und Äther-Zeitalter öffnet die Tore zwischen dem Raum dieses besonderen Raumglobus und dem Atom in seinem erschaffenen Zustand. Der neueste Stand in der wissenschaftlichen Theorie geht davon aus, dass das Atom aus dem Raum erschaffen wird.

Wenn wir uns daran erinnern, dass die Symbolik des Tierkreises auf dem Gesetz der Periodizität beruht, können wir alles im Hinblick auf den Anfang und das Ende des Tierkreises verstehen. Das Gesetz ist so einfach, dass es unbeachtet bleibt. Auf einem Kreis ist jeder Punkt gleichzeitig Anfang und Ende. Jedes Phänomen dieser Schöpfung ist ein Anfang seiner Zukunft und das Ende seiner Vergangenheit. Die ganze Schöpfung ist ein periodischer Ablauf, dessen Anfang und Ende auf dem Hintergrund der Ewigkeit liegt. Wenden wir diese Theorie auf den Tierkreis an, dann können wir ganz leicht die Wahrheit hinter dem Anfang und dem Ende des Tierkreises erkennen.

Wenn die *Veden* von *Krittika* als dem Anfang sprechen, bezieht sich das auf eine andere Periodizität des ganzen Tierkreises. In Wirklichkeit beginnt das Große Jahr, sobald das Frühlingsäquinoktium die Konstellation der Plejaden erreicht. Immer wenn das Frühlingsäquinoktium zum ersten Stern der Plejaden gelangt, ist dies der Beginn einer Neuordnung der Weltweisheit in größeren Zyklen.

Von diesem Punkt aus unterteilen die *Veden* die gesamte Sternenbahn in 30 gleiche Teile. Dann gibt sie eine vollständige Deutung in Form von Weissagungen und eine umfassende

Beschreibung über die Auswirkungen der Präzession durch die 30 Abschnitte, die jeweils 12° umfassen. Diese Weissagungen werden in Form von 30 Gruppen kosmischer Rituale gemacht, die das Rad *Jyotistoma* bilden. Die Geschichte von der Geburt des *Kumâra,* der von sieben Müttern – das sind die sieben Sterne der Plejaden – genährt wird, enthält die Schlüssel, um die Auswirkungen des Durchgangs der Äquinoktien durch die Plejaden zu deuten.

A.9 Das Symbol der Schildkröte

Die Gruppe der zwölf Zeichen, die mit dem Frühlingsäquinoktium beginnt, wird Jahrestierkreis oder tropischer Tierkreis genannt. Wir können ihn nur im Licht der hinter ihm stehenden Konstellationen verstehen. Tatsächlich kann man die zwölf Zeichen des tropischen Tierkreises mit zwölf Fenstern rund um den Äquator vergleichen. Die Konstellationen sind mit der Landschaft draußen vor den Fenstern vergleichbar. Jedes Fenster bietet einen Blickwinkel auf die Landschaft. Die Eigenarten des Tierkreises und seine jahreszeitlichen Auswirkungen sind von den sichtbaren Symbolen der Landschaft abhängig.

Die Konstellationen, die den Tierkreis beeinflussen, bilden nur einen Teil der Sterne im Raum um uns. Wenn wir davon eine genaue Vorstellung haben, müssen wir jene Sterne studieren, die im Raumgürtel um den Tierkreis nicht erkennbar sind. Dieser Gürtel teilt das sichtbare Raumgewölbe um die Erde in eine nördliche und eine südliche Hemisphäre. Darunter verstehen wir Ansammlungen von Sternen, die wie zwei Regenschirme den Nordpol und den Südpol umgeben. Indem wir von diesen Sternen so viele wie möglich erforschen, können wir die Tiefe der universalen Symbole ergründen.

In den *Purânen* wird die nördliche Halbkugel des Raums mit seinen Sternen und deren Formen als Rücken einer großen Schildkröte beschrieben. Der ganze Bereich wird in Rücken, Kopf, Schwanz und vier Beine der Schildkröte eingeteilt. Durch diese Unterteilung wird es möglich, die verschiedenen Sterne und grandiosen Sonnen mit ihren jeweiligen Sonnensystemen ausfindig zu machen, die ihren Einfluss auf die verschiedenen Regionen der physischen Erde und die verschiedenen Kräfte ihrer feineren Körper ausüben. Tatsächlich haben diese Sterne unterschiedliche magnetische und elektrische Einflüsse auf die Erde. Die Sonne wirkt sich als Magnetismus und Polarität sowie in den vitalen, mentalen und spirituellen Aktivitäten auf der Erde aus. Diese Sterne geben genaue Beschreibungen der Wirksamkeit und Einflüsse der sieben Seher des Großen Bären, der Plejaden und einiger anderer sehr großer Sonnen, die *Brahmâ, Prajâpati, Twashtâ,* usw. genannt werden. Die *Bhâgavata Purâna* enthält einen vollständigen Schlüssel zu ihrer Wirksamkeit. Er wird im *Simsumara Chakra* beschrieben.

Die Geschichte von *Dhruva,* dessen Vater und zwei Mütter sich in drei anderen Sonnensystemen befinden, offenbart die Geheimnisse des Polarsterns. Die Symbolik der großen Schlangen *Vâsuki* und *Šesha* gibt Aufschluss über die Auswirkungen der großen Konstellation des Drachens mit seinen vielen Sternen. Diese Konstellation ist für das Gleichgewicht aller Sonnensysteme in diesem Raumglobus verantwortlich. Deshalb wird erzählt, dass *Šesha* die ganze Last der materiellen Welt, das heißt der Sonnensysteme auf der Erdebene, auf sich nimmt.

Genau wie die Erde eine Rotationsachse hat, die Nord- und Südpol miteinander verbindet, so gibt es eine größere Achse für den sichtbaren Raumglobus. Sie wird das Rückgrat jenes großen Wesens genannt, das den ganzen Raumglobus bewohnt. Das Sternbild des Drachens wird mit der *Kundalinî* dieses Rückgrats identifiziert. Man stellt sie sich wie eine aufgerollte Schlange vor. Folgende Wahrheit liegt diesem Bild zugrunde: Die große Lebensspanne dieses Raumglobus ist ein aufgerolltes Prinzip, das sich ewig entfaltet und sich im Laufe von Äonen in verschiedenen Erscheinungsformen manifestiert. Man sagt, dass die Schlange auf der Oberfläche des 'Großen Milchmeeres' *Kshîrasâgara* lebt. Dieses Meer wird durch die Milchstraße dargestellt. Sie ist ein unermessliches weites Meer von Sonnengloben in verschiedenen Entwicklungsstadien: Sie beginnen an jenem Punkt, wo das Licht durch einen Kraftwirbel aus dem Hintergrund der Dunkelheit hervorbricht. Das

Licht wird in Sternenmaterie verteilt, die den Astralkörper des kosmischen Eies bildet. Im nächsten Stadium entsteht der Sternenstaub und später die Welle von Sonnensystemen. In der Geschichte vom 'Aufwühlen der Meere' sind zahlreiche Phänomene verborgen. Es gibt eine Allegorie über den großen Herrn des Absoluten, der als *Vishnu*, das heißt als der Allgegenwärtige, alles durchdringt und erfüllt. Er nimmt die Gestalt einer Schildkröte an und hilft den *Devâs* und *Dânavas*, auf beiden Seiten der großen Schlange *Vâsuki*, das Meer aufzuwühlen. Diese Geschichte gibt uns Hinweise auf Einzelheiten über Ursprung und Aufbau der Sonnensysteme in diesem kosmischen Globus. Alle Geschichten in den *Veden* und im *Mahâbhârata* über die verschiedenen Schlangen beschreiben in geheimnisvoller Sprache die unterschiedlichen Entwicklungsphasen der verschiedenen Gruppen von Sonnensystemen. *Bhrugu* ist eine der sieben Farben des kosmischen Lichts, das aus der Dunkelheit, die außerhalb der Ebenen physischer Existenz herrscht, herausstrahlt. Die Beziehung zwischen den Nachfahren von *Bhrugu* und der Familie der Schlangen und schließlich die Geschichte von *Sarpa Yâga* bilden einen Hauptschlüssel zur kosmologischen Weisheit.

Die Geschichte des Hundes in den *Veden* und am Anfang und Ende des *Mahâbhârata* offenbart die Geheimnisse jener großen Sonne, die wir den Hundsstern nennen. Die Geschichte von *Râma*, einem Nachkommen der *Bhrugus*, der die Könige mit seiner Waffe *Parašu* vernichtete, weist darauf hin, dass die Formel '7 x 3 = 21' die Prinzipien und Periodizitäten enthält, nach denen kosmische Intelligenzen sich als Sonnensysteme manifestieren.

Hier müssen wir einige Vorstellungen über die planetarischen Prinzipien mit den unterschiedlichen Konzepten und Lehren der orthodoxen und spirituellen Astrologie in Übereinstimmung bringen. Die orthodoxe Astrologie hat mit der

Astrologie der Weisheitsschule wenig gemeinsam. Der traditionelle und orthodoxe Gelehrte der *Veden* bestreitet, dass es eine *vedische* Astrologie gibt. Doch wer die *Veden* richtig studiert und seine inneren Wahrnehmungsorgane zusammen mit seiner Intuition zu Füßen seines *Guru* ausgebildet hat, weiß, auf welche Weise die Astrologie der Weisheitsschule in den *Veden, Brâhmanas, Itihâsas* und *Purânen* verborgen ist. Viele Grundkonzepte dieses Themas weichen von der Populärastrologie ab. Trotzdem sollten wir den volkstümlichen Zweig der Astrologie und ihren Rahmen, die Astronomie, nicht fallen lassen. Wie das Knochengerüst und der physische Körper des Menschen auf der materiellen Lebensebene enthalten sie das, was der Durchschnittsmensch möchte und verbergen den inneren Gehalt, um ihn jenen zu offenbaren, die nach ihm suchen.

So wie der Uneingeweihte nicht auf die Wirkungen seiner *Chakren* und bestimmter Drüsen reagiert, bleiben ihm auch die höheren planetarischen Ausdrucksformen und die Geheimnisse des Tierkreises fremd, soweit sie über der physischen Ebene von Sonne, Mond und anderen Planeten liegen. Ähnlich ist es auch mit Licht und Musik der Planeten höherer Oktaven, für die er blind und taub ist. Deshalb trennten große Weise wie *Parâsara, Jaimini* und *Varâhamihira* jenen Teil der Astrologie, der für den Durchschnittsmenschen benötigt wurde, von der größeren und höheren Astrologie. Nur gelegentlich wiesen sie auf den wahren Weg hin. Sie behielten den ursprünglichen Weg jenen vor, die ihren Hinweisen folgten.

In den *Purânen* übermittelten *Parâsara* und *Vedavyâsa* die ganze Weisheit der Lichter in einfachen Geschichten. Die Geschichten von den *Manus*, den sieben Meeren, den sieben Inseln, den sieben Knoten, den sieben kosmischen und solaren Atemzügen (*Maruts*), die Geschichten von *Šiva, Vishnu, Brahmâ, Twashtâ, Agni*, den *Prajâpatis* usw. enthalten die Geheimnisse der wahren astrologischen Weisheit der *Ve-*

den. Die Geschichten über die Planeten, ihre *Lokas* und die Reihenfolge der planetarischen Ebenen in ihnen würden den Durchschnittsmenschen zum Lachen bringen. Da sie weder zentripetal noch zentrifugal in die Anordnung von Planeten um die Sonne unseres Sonnensystems passen, erscheinen sie unvorstellbar. Die Entfernungen der Planeten, wie sie in den *Purânen* angegeben werden, haben nicht die Erde, sondern das Zentrum unseres kosmischen Globus als Ausgangspunkt. Die *Purânen* sprechen von zahllosen solcher Raumgloben mit unendlich vielen physischen Sonnen, die in Erscheinung treten und wieder verschwinden. Sie vergleichen die Raumgloben mit den *Banyan*-Früchten und die Sonnen in jedem Globus mit den Samen in einer Frucht. Es heißt, dass zum Garten Gottes viele Wege führen, und alle sind auf beiden Seiten von diesen Bäumen gesäumt. Für höhere Berechnungen und als praktische Hinweise zum Okkultismus werden diese Raumgloben auch mit der Eizelle der großen ätherischen Gebärmutter der Mutter-Natur, *Mûla Prakriti*, verglichen.

Die Astrologie der *Purânen* weist auch darauf hin, dass die Mondphasen, die *Tidhis*, und die Gezeitenstörungen auf der Erde nichts anderes sind als eine verkleinerte Darstellung der lunaren Familie, bei der die *Manus* und *Manvantaras* in derselben Reihenfolge erscheinen wie unsere Mondphasen. Sie beeinflussen die Schöpfungsrunde auf gleiche Weise, aber in völlig anderen Zeiträumen.

Ein solches Konzept weist auf die Existenz einer höheren lunaren Gottheit hin. Die Weisen kennen sie unter dem Namen *Soma*. Diese lunare Gottheit verändert die Polarität der solaren Strahlen und verwandelt sie in lunare Strahlen. Hier sind die solaren Strahlen über Uranus auf dem *Yuga*-Maßstab und jene Strahlen eines noch höheren Planeten, *Twashtâ*, auf dem *Manvantara*-Maßstab gemeint. In der elektrischen Zelle des Universums ist der solare Strahl der positive oder weiterleitende Pol und der lunare Strahl der negative oder empfangende Pol. Der solare Strahl ist maskulin in dem Sinn, dass er schöpferisch ist und aus sich selbst in Erscheinung tritt. Der lunare Strahl ist feminin, denn er ist reproduktiv und unterstützt durch Widerspiegelung des solaren Strahls auf der objektiven Ebene die Manifestation des Geistes in der Materie. Somit stellt der lunare Strahl das Seelenprinzip zwischen dem Geist- und Materie-Prinzip dar. Seinem Wesen nach ist er ein reflektierendes Prinzip, genauso wie unser Mond, der die Strahlen der Sonne auf die Erde reflektiert. Der lunare Strahl schützt und bewahrt die Formen der vorausgegangenen Runde. Die gegenwärtige Materie, die nach der früheren Materie geformt ist, muss im Schauspiel dieser ganzen Evolution wieder ihre Rolle spielen. Um es in wenigen Worten zusammenzufassen:

1. Die Schöpfung wird von drei Prinzipien beherrscht: vom solaren, lunaren und materiellen Prinzip. Sie treten auf der Ebene von Sonne, Mond und Erde als planetarische Gewebe und planetarische Körper in Erscheinung. Ihre Widerspiegelungen oder Auswirkungen im individuellen Horoskop sind Sonne, Mond und Aszendent.
2. Wenn diese drei Prinzipien sich weiterentwickeln, dienen sie als Geist, Seele und Körper des kosmischen wie auch des individuellen Menschen.
3. Während diese drei Prinzipien sich ewig auf der Oberfläche von Raum und Zeit bewegen, bilden sie verschiedene Winkel zueinander, um sich auf der kosmischen Skala als *Manvantaras*, für den Erdenbereich als Mondphasen und auf der individuellen Ebene als Stimmungen zu manifestieren.

A.10 Die Klassifizierung der Tierkreiszeichen

Wir haben gesehen, auf welche Weise die zwölf Tierkreiszeichen den verschiedenen Teilen oder Organen des menschlichen Körpers entsprechen. Der Mensch ist nicht nur ein körperliches Wesen, sondern repräsentiert schlüssig den Ausdruck oder das Gleichgewicht von Kräften, die sozusagen durch bestimmte höhere Prinzipien belebt werden. Die Tierkreiszeichen regieren auch diese Prinzipien. Wir wissen, dass die Zeichen in drei Gruppen eingeteilt werden: in kardinale, fixe und veränderliche Zeichen. Sie regieren die drei Hauptausdrucksweisen des Vitalkörpers *Prânamaya*. Dies macht die Arbeitsweise der menschlichen Konstitution sehr komplex.

Kardinales Kreuz Fixes Kreuz Veränderliches Kreuz

- Die kardinalen Zeichen zeigen Aktivität an und regieren die funktionalen Lebensaktivitäten. So werden von diesen Zeichen Kreislauf, Atmung, Verdauung, Ausscheidung und andere Lebensfunktionen beherrscht. Der Okkultist sollte diese Funktionen in den Griff bekommen, um die Auswirkungen der kardinalen Zeichen zu überwinden.
- Die fixen Zeichen herrschen über die Emotionen und Wünsche des Menschen. Verlangen, Begierde, Ärger, Wut, Abneigung, Anziehung und Abstoßung werden von diesen Zeichen regiert. Ihnen untersteht die Verhaltensnatur des Menschen, die außerhalb der Kontrolle seiner Intelligenz und seines Verstehens liegt. Das unwillkürliche System wird von den fixen Zeichen gesteuert. Der spirituelle Schüler

sollte durch beständige Übung von Tugend, Dienst und Nicht-Festhalten diesen Bereich beherrschen können. Seine alten *karmischen* Verbindungen sind in diesen Zeichen gespeichert. Es ist schwieriger, diesen Bereich zu beherrschen als den vorhergehenden. Zu Recht werden diese Zeichen als fix bezeichnet, denn es entspricht ihrer Natur, durch Bewahren zu erhalten.

- Die veränderlichen Zeichen regieren die Reflexe und Instinkte des Menschen. Fähigkeiten wie Denken, Verstehen, Lernen, Ausdrucksfähigkeit und Bewegung werden von diesen Zeichen gesteuert. Mit Hilfe der veränderlichen Zeichen machen die Schüler ihre Erfahrungen durch die Gegensatzpaare in der Natur. Auch die motorischen und sensorischen Aktivitäten des Nervensystems gehören in ihren Bereich. Diese Zeichen sind auch für das Formbewusstsein im Embryo verantwortlich. Es ist das *Kapila*-Prinzip, das über die Fähigkeit herrscht, den Körper nach der Gestalt der Eltern aufzubauen. Die Fähigkeit nachzubilden, zu zählen und anzuordnen gehört zu den veränderlichen Zeichen. Auch der Orientierungssinn, durch den wir eine Vorstellung von rechts und links, vorne und hinten, oben und unten bekommen, wird von diesen Zeichen gesteuert. Durch Neutralisierung sollte ein Okkultist diese Anlagen beherrschen können. Wenn es ihm gelingt, über der Freude und dem Schmerz, über dem Guten und Schlechten sowie über dem Wissen und Unwissen zu leben und auf das Urteilen über andere zu verzichten, wird er zum Meister dieser Doppelzeichen.

Auf der physischen Ebene herrschen die veränderlichen Zeichen über jene Teile des Körpers, die paarweise existieren: Beine, Hände, Augen, Ohren, Nasenlöcher, Bronchien, Lungen, Rippen, Nieren und so weiter. Man gewinnt Meisterschaft über die veränderlichen Zeichen, indem man über die Wirbelsäule und die Vertikalen des Universums meditiert. Hat sich das Bewusstsein auf das *Brahmâ Randhra*-Zentrum eingestimmt, beherrscht man alle diese Paare.

Jede der drei Gruppen erstreckt sich über die vier Arme eines Kreuzes. Die vier Kardinalzeichen bilden das kardinale Kreuz, die vier fixen Zeichen das fixe Kreuz und die vier veränderlichen Zeichen das veränderliche Kreuz. Diese drei Kreuze repräsentieren die Kreuzigung Christi mit zwei anderen Personen, und das fixe Kreuz stellt die Kreuzigung des Erlösers dar.

Ein anderer bedeutsamer Punkt ist, dass bei jedem Kreuz zwei aufeinanderfolgende Zeichen in einem Winkel von 90° zueinander stehen. Dies wird als Quadrataspekt bezeichnet, der die zwei Punkte des Zirkels, die Subjektivität und Objektivität, überdeckt oder verbirgt. Die Überzeugung, dass ein Quadrat schlechte Auswirkungen habe, ist eine Täuschung, hinter der sich die Wahrheit verbirgt. Der sogenannte schlechte Aspekt weist nur auf eine Unvollkommenheit hin, die eine Gelegenheit zur Vervollkommnung bietet. Der gesunde Menschenverstand sagt uns, dass ein Quadrat bei der Geburt durch Progression zu einem Trigon wird. Für den Okkultisten ebnet ein Hindernis den Weg zur Kraft, um jenes Hindernis zu überwinden. Darin liegt die höhere Philosophie der wechselseitigen Quadrate, die zu zwei Zeichen der gleichen Zeichengruppe gehören.

Materie existiert in fünf physischen Zuständen: Raum, Gas, Feuer, Flüssigkeiten und Festkörper. Diese fünf Zustände werden von fünf kosmischen *Devâs* geführt. Vier dieser Zustände entwickeln sich im Schoß des Fünften. Das heißt, der Raum als Kreis enthält die vier anderen Elemente als Kreuz. Feuer und Wasser stehen im Quadrat zueinander. So sehen wir es beispielsweise beim Feuerzeichen Widder, das ein Quadrat zum Wasserzeichen Krebs bildet. Feuer und Wasser scheinen feindlich zueinander zu stehen. Doch die kosmische Chemie sieht das Feuer als Ursache für die Bildung des Wassers aus Gas. Dieses Feuer wird *Vidyut*, elektrisches Feuer, genannt. Auf gleiche Art zieht auch der Mensch auf dem spirituellen Weg die Mitarbeit und Gemeinschaft der scheinbar gegensätzlichen Winkel an. Opposition oder Feindschaft ist nur eine Prüfung oder eine Probe, durch die er gehen muss. Das gleiche Prinzip gilt auch für alle anderen Fälle.

Das Erwachen des Bewusstseins aus dem Schlaf ist beim Menschen und auch bei einem Sonnensystem ein dreifacher Vorgang. Im Schlaf gibt es nur einen Zustand: die unpersönliche Erfahrung. Sie kann durch einen Punkt symbolisiert werden, der in der Ewigkeit verschmilzt. Nach einer Pause oder einer Stillephase tritt der Punkt in drei Stufen erneut hervor: als Erwachen, Ausstrahlen und Wissen. Dies ruft in Zeit und Raum ein dreifaches Konzept ins Leben, das durch ein Dreieck dargestellt werden kann. Diese dreifache Aktivität bildet durch die Erkenntnis von Ich, Du und Er oder Es (erste, zweite, dritte Person) ein Dreieck im Raum. Ihr Dreieck in der Zeit ist eine Erinnerung an die Zeit als Vergangenheit, Gegenwart und Zukunft oder genauer: an eine Gegenwart mit Vergangenheit und Zukunft.

Dadurch erhalten wir das Symbol des doppelten Dreiecks mit einem Mittelpunkt. Dies ist die dreifältige Weisheit der ewigen Periodizität, das *Trayî Vidyâ* der *Veden* und die heilige Trinosophie des ungarischen Adepten. In den Lehren des Pythagoras finden wir die gleiche Formel, und die *Veden* bezeichnen dies als *Aksharam, Brahmâ* und *Param*. Die *Purânen* nennen es *Trivrit*, das Dreifältige. In den *Veden* wird das Symbol durch einen Kreis dargestellt, in dem sich ein gleichseitiges Dreieck mit einem Zentrum befindet. Ausführlich wird es als die drei Zeilen des *Gâyatrî*-Versmaßes beschrieben, bei dem jede Zeile acht Silben hat. Der Tag wird in drei Abschnitte mit jeweils acht Stunden unterteilt. Das Sonnenjahr wird in drei Teile von je vier Monaten eingeteilt. Genauso besteht der Tierkreis aus drei Gruppen von jeweils vier Zeichen. Dies ist der Ursprung der Trigone in der Astrologie. Im tropischen Tierkreis bringen Feuer, Erde, Luft und Wasser jeweils drei Zeichen hervor. Jede Gruppe enthält ein kardinales, ein fixes und ein veränderliches Zeichen vom gleichen Element.

- Wenn wir beim Widder beginnen, erhalten wir zuerst die feurige Dreiheit. Der Widder ist ein kardinales, der Löwe ein fixes und der Schütze ein veränderliches Feuerzeichen. Das Feuer-Element bedeutet seiner Natur nach Aktivität, und daher ist das erste Feuerzeichen aktiv oder kardinal.

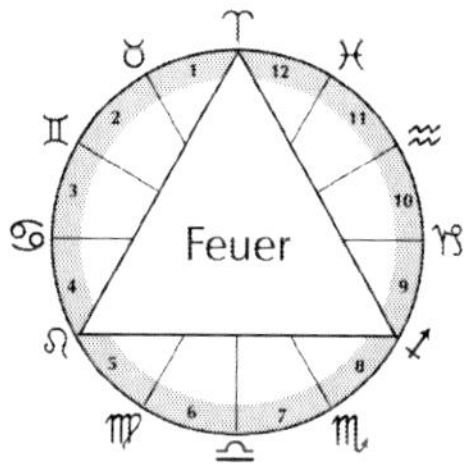

- Dann folgt die Erd-Dreiheit. Erde ist physische Materie, die Form oder Festigkeit gibt. Deshalb haben wir als Erstes ein fixes Erdzeichen: den Stier. Danach kommt das veränderliche Erdzeichen Jungfrau, als drittes das kardinale Erdzeichen Steinbock.

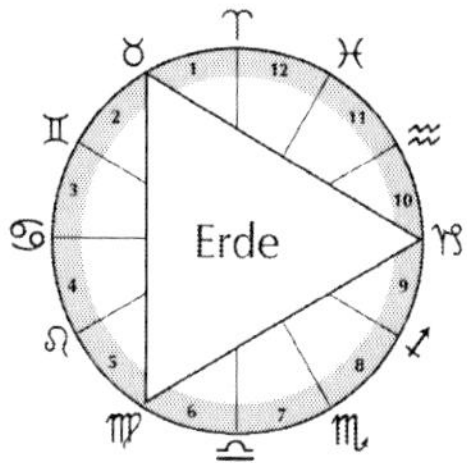

- Als Drittes haben wir die Luft-Dreiheit. Luft ist Fortbewegung oder Polarität im Raum. Ihr Prinzip ist der Wechsel von einem Zustand zu einem anderen. Aus diesem Grund sind die Zwillinge, das erste Luftzeichen, veränderlich. Die Waage ist das zweite Zeichen und kardinal. Das dritte Luftzeichen ist fix, und es ist der Wassermann.

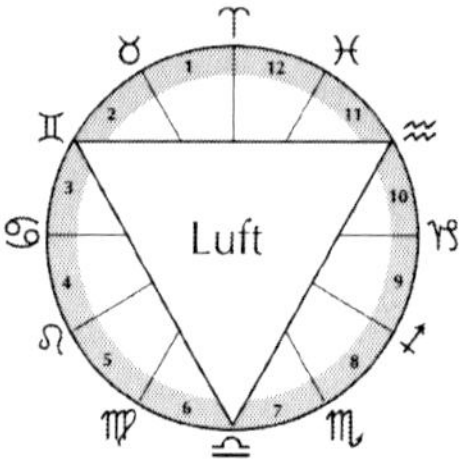

- Als Viertes folgt die Wasser-Dreiheit. Wasser ist Aktivität auf der physischen Ebene. Somit ist der Krebs als erstes Wasserzeichen kardinal. Skorpion, das zweite Wasserzeichen, ist fix, und die Fische, als drittes Zeichen, sind veränderlich.

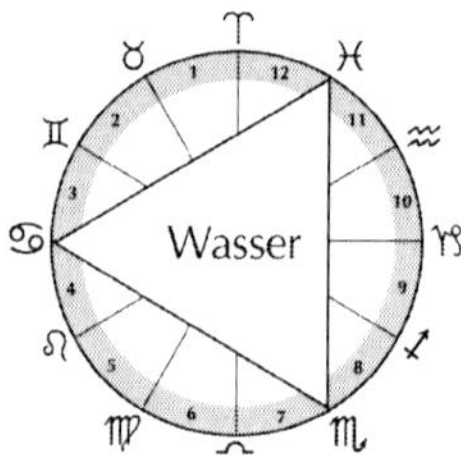

In dieser Darstellung finden wir eine zyklische Variation der Prinzipien vom Vierfältigen zum Dreifältigen. Viele Geheimnisse sind in dieser sich ständig verändernden Reihenfolge der Qualitäten in den Elementen verborgen.

Das Prinzip der Vierfältigkeiten ist die Vielfalt, das Prinzip der Dreifältigkeit ist die Einheit. Die gesamte Anordnung des Tierkreises, die Tag und Jahr bestimmt, ist eine Einheit in der Vielheit. Er ist ein genaues Abbild des Universums, das 'univers' ist.

Die fünf Materie-Zustände treten in dieser Reihenfolge in Erscheinung: Raum, Luft, Feuer, Wasser und Erde. Doch im

Tierkreis haben sie eine andere Ordnung: Feuer, Erde, Luft und Wasser. Das liegt daran, dass das Universum ein verflochtenes Netzwerk von scheinbar gegensätzlichen Prinzipien ist, die ein komplementäres Ganzes bilden.

Bekanntlich beginnt die Reihenfolge, in der die verschiedenen Zustände aus dem Raum auftauchen, mit den Zwillingen. Die luftige Dreiheit nahm zuerst eine Form an. Das ist das Geheimnis der Aussage, dass die große Annäherung der Götter stattfand, als die Zwillinge in Erscheinung traten. Aus den Zwillingen wurde ihr Gegenüber, der Schütze, geboren. Das führte zum Entstehen der Feuer-Dreiheit. Es war die Geburt des Feuers aus der Luft. Das Wort, der Logos, wird durch die Zwillinge gesprochen. Die Zwillinge sind die Stimmbänder des Sprechenden, und das Wort wird hinausgeschossen oder als Schütze erkannt. Der Schütze ist das Fundament von *Kâlapurusha* im *Mûlâdhâra*. Der Stern Mula im Schützen bestimmt die Lage des *Mûlâdhâra* von *Kâlapurusha*.

Die zwei Zeichen Zwillinge und Schütze bildeten den ersten Durchmesser des Tierkreises. Dann drehte sich der Durchmesser gegen den Uhrzeigersinn. Die Gase (Zwillinge) und das elektrische Feuer oder Donner und Blitz (Schütze) vereinigten sich, um Wasser (Skorpion) zu bilden. Daher liegt dort das erste Lebenselement oder der Keimboden für die Fortpflanzung. Kein Wunder, dass der Skorpion die Geschlechtsteile darstellt.

Danach empfing das Wasser Formen und brachte seinen komplementären Zustand, das Feste, die Erde (Stier), hervor. Die Opposition von Stier und Skorpion ist kein Zufall. Der Skorpion brachte die Wasser-Dreiheit und der Stier die Erd-Dreiheit hervor.

Ein Okkultist sollte der umgekehrten Ordnung folgen, um sich aus dem Rätsel der Schöpfung zu erheben. Er sollte mit dem Stier oder dem Menschen im materiellen Universum beginnen und ins Widder-Feuer weitergehen, das die Beschränkungen des Geistes in der Materie zerstört und die Einweihung oben im Kopf bringt. Durch feuriges Streben sollte er seine Prinzipien zu einem höheren Prinzip verschmelzen. Mit dem nächsten Schritt sollte er dann die Fische erreichen. Dabei vereint er Feuer und Wasser. Durch Disziplin und Selbstbeherrschung sollte er dafür sorgen, dass das Wasser in ihm das Feuer nicht auslöscht und das Feuer das Wasser nicht aufwühlt. Ganz vorsichtig sollte er den Dampf erzeugen, der die Wirbelsäule hinaufsteigt. Das führt zu einer Umwandlung des Wasser- und Feuerprinzips ins höhere Luftprinzip, und im Wassermann wird der vollkommene Mensch verwirklicht.

Der Pfad der Äquinoktien vom Stier zum Wassermann bezeichnet die 90°, welche die Rassen zur Vollendung führen. Somit bringt das Wassermannzeitalter auf dieser Erde die vollendete Rasse hervor. Danach wird es einen großen Sprung im geozentrischen Tierkreis geben. Es kommt zu einer Verlagerung der Pole um 90°, und dann liegen die heutigen Polarregionen unserer Erde am Äquator. Das wird zu weitreichenden geographischen Veränderungen führen. Der Wassermann wird zum Stier-Zeichen, und die Reise wiederholt sich. Natürlich geschieht diese Veränderung nicht gänzlich während der Verlagerung der Äquinoktien, sondern in größeren Zyklen. In der Geheimlehre wird an vielen Stellen auf dieses Phänomen hingewiesen.

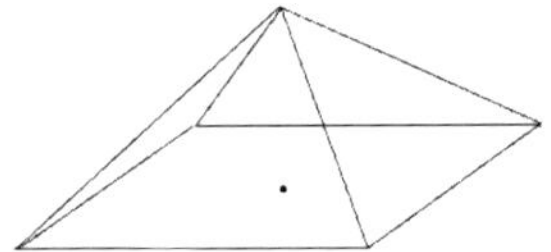

Die Vierfältigkeiten werden numerisch mit der Vier und die Dreiheiten mit der Drei bezeichnet. Daher ist die Grundfläche der Pyramide, als Symbol des Sonnentempels, ein Quadrat, und die Seitenflächen sind Dreiecke. Addiert man die Winkel dieser beiden geometrischen Figuren, so stellen sie die sieben Prinzipien der Schöpfung dar. Multipliziert man die Winkel der zwei Symbole, dann haben wir die zwölf Zeichen des Tierkreises, die Symbole der Fortpflanzung.

- Die drei Feuerzeichen im Tierkreis symbolisieren die drei großen Feuer der GEHEIMLEHRE. Im physischen Körper bezeichnen sie den Kopf, das Zwerchfell und die Basis der Wirbelsäule. Als Prinzipien im Menschen zeigen sie das intellektuelle, vitale und geistige Feuer an.

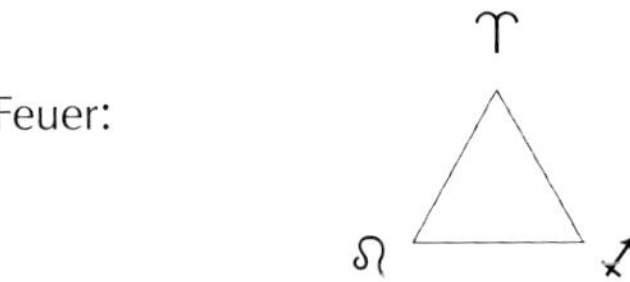

- Die drei Erdzeichen symbolisieren den physischen Körper (physisch und ätherisch), den subtilen Körper (Astral- und Wunschkörper) und den Mentalkörper (*manasische* und *buddhische* Ebene).

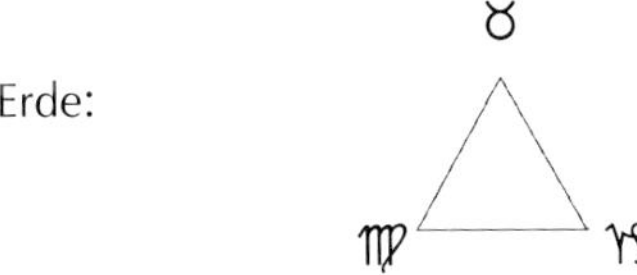

- Die Luft-Dreiheit repräsentiert die Nervenkraft, die Atmung und die *Prâna*-Aktivität.

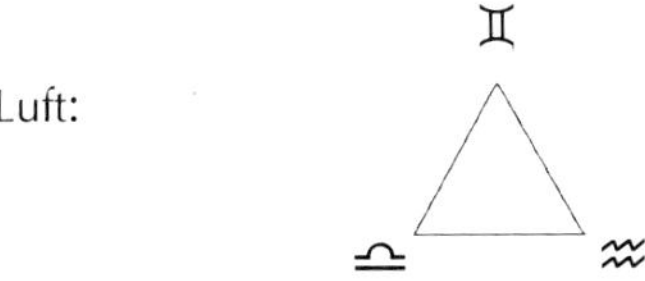

- Die Wasser-Dreiheit steht für Instinkte, Emotionen und die Liebe-Natur.

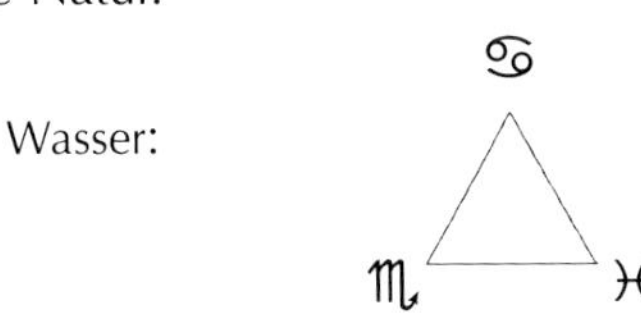

- Die Wasser- und Erd-Triade weisen auf die Drüsen hin,
- die Luft- und Wasser-Dreiheit auf die *Chakren*.
- Die Verdauungs- und Fortpflanzungstätigkeit wird von den Wasser-, Erd- und Feuer-Dreiheiten dargestellt.

Der Okkultist muss die oben erwähnten Varianten, die in ihm als Neigungen vorhanden sind, in den Griff bekommen. Dafür muss er über die Formen aller Tierkreis-Symbole meditieren. Die Egos der Menschen haben nach dem Durchschreiten der mineralischen, pflanzlichen und tierischen Bewusstseinsstadien das menschliche Evolutionsstadium erreicht. Jedoch trägt der Mensch die Tierinstinkte in Form von Bindungen, *Samskâras*, noch in sich. Er kann diese niederen Eigenschaften durch die harmonische Betonung der Gegenstücke jener Tiere in seinem Innern beherrschen. Ein spiritueller Mensch würde sagen: Im äußeren Leben gewinnt der Mensch die Oberhand über seine Mitmenschen, indem er die wilden Tiere in sich selbst beherrscht. Diese Wahrheit liegt den symbolischen Tieropfern der Ritualisten zugrunde. Wenn der Mensch der Sonnenbahn folgt, kann er die Urformen aller Tiere erkennen, die durch die verschiedenen jahreszeitlichen Wirkungen auf dieser Erde geboren werden.

Der Tierkreis ist der Körper eines höheren Wesens: des Jahr-Gottes. Seine Miniaturform auf dieser Erde ist der Mensch. Jedes Tier hat eine Gestalt, die sich im Raum um die Erde widerspiegelt. Der geozentrische Raum ist negativ, und der heliozentrische Raum ist positiv. Während die Erde auf ihrer Reise um die Sonne den Raum durchpflügt, werden die schon vorher existierenden Formen verschiedener Tiere vom positiven Raum befruchtet. Nachdem der negative Raum durch den Raum zusammen mit den Sonnenstrahlen, die die Erde erreichen, auf diese Weise aufgeladen oder befruchtet wurde, kommen die Formen im negativen Raum ans Licht. Wenn der

Mensch die Gestalten der verschiedenen Tiere im Tierkreis studiert und über sie meditiert, überwindet er seine eigene animalische Natur und wird zu einer Ebene erhoben, die über dem Rätsel dieser Schöpfung liegt. Einswerden und Opfer sind die Grundgedanken dieses Vorgangs im Okkultismus.

Das oben beschriebene Verfahren beseitigt allmählich die Polaritäten jedes Zeichens oder jeder Zeichengruppe, von der Persönlichkeitsnatur eines Jüngers bis hin zur Seele. Als Erstes werden die Polaritäten hier und da bei einigen Zeichen beseitigt, und das wird durch *Prânâyâma* erreicht. Dann werden die Zeichen auf der Mentalebene entfernt. Das vollzieht sich durch Anordnung der Zeichen in Paaren: zuerst in sechs Paaren und danach in drei Paaren zu je zwei Doppelpaaren. Dann lebt der Mensch in dem Dreieck der Kräfte. Durch *Pratyâhâra, Dhârana* und *Dhyâna* überschreitet er auch dieses Dreieck und lebt in dem Punkt in sich selbst. Wenn der Mensch im *Samâdhi* lebt, verschmilzt der Punkt mit der Ewigkeit.

A.11 Der Tierkreis und *Prânâyâma*

Das *Prâna* stellt die Verbindung zum Vitalkörper des Menschen her. Sein Merkmal ist die Pulsierung oder das Leben. In jedem Lebewesen gibt es diese zweifache Pulsierung: Ausatmung und Einatmung, Atmung und Kreislauf. Das Herz-*Chakra* ist das Zentrum dieser Vorgänge. Beim Menschen wird die Ausatmung *Apâna* und die Einatmung *Prâna* genannt. Beim universalen Atem ist es umgekehrt. Sauerstoff ist die physische Form von *Prâna*, und Kohlendioxid ist die physische Form von *Apâna*. Die beiden stellen das Sonnen- bzw. Saturnprinzip dar. Das Sonnenprinzip bedeutet Leben, das Saturnprinzip bedeutet Tod. Das Kennwort von *Apâna* ist der geheimnisvolle Klang *HAM* und das Kennwort von *Prâna* ist *SO*.

Im physischen Körper wird das Hereinziehen der Luft von den Nerven um den Nabel kontrolliert. Im Körper eines *Yogî* wird diese Nervengruppe astrologisch Jungfrau-Skorpion zugeordnet. Bei sexuell polarisierten Menschen nennt man diesen Bereich Waage oder Gleichgewicht. Die Waage weist auf den symbolischen Fall des Menschen hin, denn die Sonne ist in diesem Zeichen geschwächt. Bevor im Menschen das sexuelle Bewusstsein erwacht, das heißt vor Vollendung des siebten Lebensjahres, gehört dieser Bereich zu Jungfrau-Skorpion, wie beim *Yogî*. Während der zweiten sieben Jahre wird das Zeichen Jungfrau durch die Waage vom Skorpion getrennt. Die Waage ist das Bewusstsein, das den inneren vom äußeren Menschen trennt. Sie ist die *Mâyâ* des *Vedânta* und die Scham von Adam und Eva.

Im physischen Körper wird *Apâna*, die Ausatmung, von den Nerven um die Atemwege und Stimmwerkzeuge beherrscht. Dieser Bereich wird astrologisch beim *Yogî* Krebs-Stier genannt und bei anderen Menschen Zwillinge. Das Gleichgewicht des Atems heißt *Samâna*, das bedeutet 'das Maß ist enthalten'.

Dieses Gleichgewicht befindet sich im physischen Körper unter den Rippen, über dem Nabel, in der Nähe des Zwerchfells. Das Siegel des Zeichens Löwe lässt sich gut mit der Höhle über dem Zwerchfell vergleichen. Die Klänge *SO* und *HAM* ergeben leicht abgeändert *Simha*, Löwe. Diese Stelle wird auch als Thron oder als *Simhâsana*, Sitz des Löwen, bezeichnet. Darauf sitzt der vollendete Mensch, der Wassermann, als Widerspiegelung. Der höhere Mensch wirft seinen Umriss, sein Bild, auf den Raumäther, die Zwillinge. Sein Bild gelangt durch die Einatmung (Luft) und durch den Atmungs- und Dekarbonisierungsprozess (Feuer) in die Gezeiten des Feuer-Wassers (das Meer des Atems oder Krebs). Auf diesem Wasser werden die verschiedenen Siegel (*Mudras*) des Menschen empfangen (*Samudra*). Dann spiegelt es sich als Bewusstsein oder als Sitz des vitalen Bewusstseins (*Prânamaya*) am Zwerchfell, nur um sich in die Form einer Persönlichkeit zu begeben.

Bei jedem Atemzug kommt dieser Mensch periodisch in die Materie herab, um die anderen Lebewesen emporzuheben, die in Gestalt der Atome der niederen Naturreiche als seine Körpergewebe existieren. Diese *Prânâyâma*-Übung wird, wenn sie mit Hilfe der Intuition des Lesers und der Gnade seines *Guru* richtig verstanden wird, die Zeichen Waage und Zwillinge in ihm entfernen. Dann existiert im göttlichen Leben der vollendete Mensch des Wassermanns, der durch *Prânâyâma* emporgehoben wurde. Dies ist ein Beispiel dafür, wie durch *Prânâyâma* die Wirkungen einiger Zeichen beseitigt werden.

A.12 Die Zeitmaßstäbe im Tierkreis

Der Tierkreis symbolisiert Raum und Zeit. Die Dauer einer Reihe von Ereignissen, die in einer zyklischen Ordnung aufeinanderfolgen, ist 'Zeit'. Das Phänomen der Zeit spielt sich im Bereich des Raumes ab. In Bezug auf irgendeinen bestimmten manifestierten Punkt ist der Raum ein Globus. Untersucht man den Zeitaspekt für sich im Hinblick auf die Tierkreiszeichen, dann enthüllt er die Maße oder Proportionen, die zum Sonnenwagen der *vedischen* und *purânischen* Weisheit sowie zum Salomo-Tempel der Freimaurer gehören.

Der Zeitraum, in dem die Erde einmal um die Sonne kreist, nennt man ein solares Jahr. Es kann nicht in abgerundeten Zahlen durch irgendeine Reihe kleiner Unterteilungen oder Dezimalziffern ausgedrückt werden. Alle Berechnungen, die sich auf den Tag, das solare Jahr und die Planetenbewegungen beziehen, werden erst zum Zeitpunkt der großen Auflösung, im *Pralaya,* zu abgerundeten Zahlen. Alles, was wir hinsichtlich der Zeitmaßstäbe erhalten können, sind nur Näherungswerte, die für unsere Zwecke reichen. Diese Berechnungen wurden von Sehern der Weisheit von einem Punkt aus erstellt, der sich am Äquator befindet.

Bei der Tagundnachtgleiche ist die Zeit zwischen Sonnenaufgang und Sonnenuntergang genau so lang wie die Zeit zwischen Sonnenuntergang und Sonnenaufgang, jedoch nur für einen Beobachter, der sich am Äquator aufhält. Nach dem Frühlingsäquinoktium werden die Tage allmählich länger und die Nächte entsprechend kürzer und zwar um 24 Minuten pro Monat. Das heißt, Tag und Nacht sind gleich lang, wenn die Sonne den Jahresmeridian 0° Widder überquert.

Sobald die Sonne den Stier erreicht, hat der Tag um 24 Minuten zugenommen und die Nacht entsprechend abgenommen. Mit dem Eintritt der Sonne in die Zwillinge verlängert sich der

Tag um weitere 24 Minuten. Zur Sommersonnenwende, wenn die Sonne in den Krebs eintritt, wird der Tag nochmals um 24 Minuten länger. Die Sommersonnenwende bezeichnet den westlichen Jahreshorizont, die Heimat von *Varuna*. Danach werden die Tage wieder kürzer. Der 90°-Bogen vom Anfang des Widders bis zum Anfang des Krebs verlängert den Tag um 72 Minuten.

Genauso verkürzt der 90°-Bogen zwischen dem Anfang des Krebs und dem Anfang der Waage den Tag um 72 Minuten. Daher erreichen wir das Herbstäquinoktium, wenn die Sonne den Nadir des Göttertages überquert. In ähnlicher Form verlängern die 90° von Waage bis Steinbock die Nacht um 72 Minuten, und sie wird auf dem 90° Bogen zwischen Steinbock und Widder wieder um die gleichen 72 Minuten kürzer.

Wie schon erwähnt sind diese Zahlen nur Näherungswerte. Die Ausweitung und die Entfaltung des spirituellen Bewusstseins werden durch die genaue Kenntnis dieser Berechnungen unterstützt, wenn man sich die entsprechende körperliche Haltung, die gedankliche Einstellung sowie die Ausgeglichenheit des Atems aneignet.

24 Minuten sind als Zahlengröße sehr bedeutungsvoll. Wie jeder weiß, bezeichnet die 24 die Anzahl der Stunden eines solaren Tages. Darin verbirgt sich jedoch noch etwas anderes. Wenn der Okkultist 24 Minuten pro Tag (die vorgesehene Dauer hängt von der Jahreszeit ab) für *Prânâyâma*-Übungen verwendet, ist dies von großer Bedeutung für seine Entwicklung.

Die Zahl 72 der 72 Minuten ist auch sehr wichtig. Ebenso wichtig ist die Präzession der Äquinoktien. Um 1° des Tierkreises zurückzulegen, benötigt die Präzession etwa 72 Jahre. Die Zeit, die Jupiter für seine scheinbare Umrundung des Erden-Tierkreises benötigt, sind 12 Sonnenjahre. Sechs solcher Umrundungen dauern 72 Jahre. Sechs Zyklen von je 72 Jahren ergeben den Zeitraum, in dem Jupiter 36 Mal den scheinbaren Tierkreis umläuft und die Präzession der Äquinoktien 3° zurücklegt. Dieser Zeitraum umfasst 432 Jahre. Dies ist die Ausgangszahl für die Berechnung der großen Zyklen, der *Yugas* und *Mahâ Yugas*.

Die Weisen der Vergangenheit unterteilten einen solaren Tag auf zwei verschiedene Arten. Dabei gingen sie nach dem Gesetz der Entsprechungen vor:

1. Der Tag wird nach der Formel 1 x 24 x 60^X unterteilt.

   Nach dem Muster des lunaren Jahres und seinen 24 Lunationen wird der Tag in 24 Stunden eingeteilt. Jede Stunde wird in 60 Minuten und jede Minute in 60 Sekunden unterteilt usw.
2. Der Tag wird nach der Formel 1 x 60^X unterteilt.

   Ein solarer Tag wird in 60 *Ghatis* eingeteilt. Jedes *Ghati* enthält 60 *Vighatis* usw.

Die erste der obigen Unterteilungen basiert auf dem Jupiter- und dem Saturn-Zyklus dieser Erde. Tatsächlich geht die Zahl der Monate eines Jahres und die Anzahl der Tierkreiszeichen auf den Jupiter-Zyklus von 12 Jahren zurück. Verdoppelt man diese Zahl, dann bezeichnet sie die Stunden eines Tages und – annähernd – die Lunationen eines Jahres.

Die zweite Methode beruht ausschließlich auf dem Saturn-Zyklus von 30 Jahren. Verdoppelt ergibt diese Zahl 60. Daher wird der Tag in 60 *Ghatis* eingeteilt, genauso viele, wie es Minuten pro Stunde gibt usw. Hier sehen wir den Einfluss der planetarischen Zyklen auf den Tierkreis. Eine Periode von 60 Jahren bildet in der *vedischen* und *purânischen* Zeitrechnung für bestimmte Zwecke einen besonderen Zyklus. Dieser Zeitraum von 60 Jahren wird weiter in zwölf Einheiten von je fünf Jahren unterteilt. Jede Einheit wird als *Yuga* bezeichnet, wenn auch in einem anderen Sinn.

Es ist von großer Bedeutung, dass die Periodizitäten verschiedener Planeten auf dem geozentrischen Tierkreis bestimmten Entsprechungen folgen. Zum Beispiel braucht die Jahressonne 30 Tage, um ein Zeichen zu durchlaufen. Der Mond braucht 30 Tage für eine ganze Runde. Die gleiche Runde legt Saturn in 30 Jahren zurück. Die Tage des Mondes entsprechen den Jahren Saturns. Hier liegt im Hinblick auf die Planeten der Ursprung der Progressionsmethode, um ein Horoskop zu deuten.

Die Samen des *Karma,* die in einem Leben auf den feinstofflicheren Ebenen schnell gesät werden, erntet man langsam durch größere Zeitperioden auf den gröberen Ebenen. Jeder Berechnungsmethode liegen viele verborgene Prinzipien zugrunde. Jede Periodizität des Tierkreises verändert sich ständig, während die Veränderungen selbst in regelmäßigen Abständen auftreten. Variation und Verschiedenheit erscheinen bei Oberflächenphänomenen. Auf dem Fundament existieren Zusammenhänge und Einheit. Sie bauen das System auf.

Der wahre Okkultist erarbeitet die Entsprechungen schrittweise, entdeckt Zusammenhänge, fühlt die Einheit, transzendiert die Vielfalt und erreicht die Meisterschaft. Das schließt den Weg der Befreiung von den Begrenzungen des Tierkreises, der Planeten und des Sonnensystems ein. Auf der kosmischen Ebene gibt es die Unterstützung durch die Hierarchie mit ihren sieben *Âshramen.* Darüber hinaus hat der Jünger *Shambala,* wo er sich jederzeit der Hilfe von Lord *Sanat Kumâra* und Lord *Maitreya* für die letztendliche Transzendenz sicher sein kann.

Bevor der Schüler sich darum bemühen kann, die Symbolik der zwölf Zeichen im einzelnen zu studieren, muss er sich unbedingt mit diesen verschiedenen Konzepten der Tierkreis-Weisheit befassen.

Für alle spirituellen Zwecke steht Widder am Meridian des Tages der Götter. Das solare Jahr wird der Tag der Götter genannt. Die Waage befindet sich am Mitternachtspunkt, Steinbock und Krebs kennzeichnen Sonnenaufgang und Sonnenuntergang. Dies entspricht der Weisheit der *Veden* und *Purânen*. Widder und Waage kennzeichnen die beiden Enden der senkrechten Linie, das Lot, wenn man sie vom Äquator aus zur Mittagsstunde am Tag des Frühlingsäquinoktiums betrachtet. Steinbock und Krebs legen die Horizontale der Erde, die Ebene, fest. Diese beiden Linien bilden das Kreuz im Menschen. Das Kreuz besteht aus vier rechten Winkeln, von denen jeder ein Quadrat oder den vierten Teil des Kreises bildet.

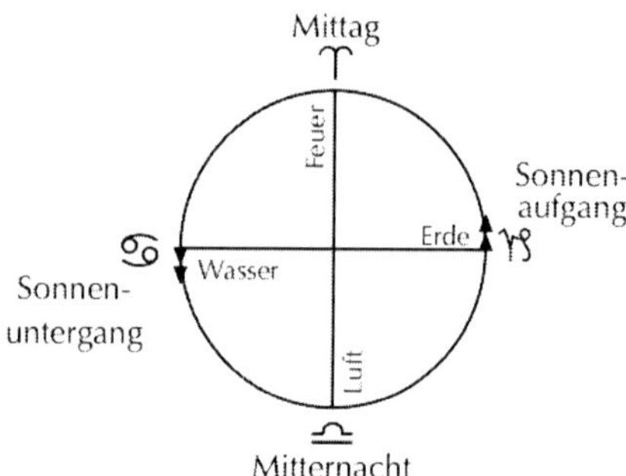

Die vier Punkte, die den Menschen umgeben, stellen seine eigenen magnetischen Einweihungszentren dar. Durch diese Zentren vermitteln ihm die Feuer-, Luft-, Erd- und Wasser-Elemente die notwendigen Einweihungen der verschiedenen Grade. Die Vorstellungen des Menschen, die sich durch die Einweihungen stets erweitern, bilden die Eingänge. Meridian und Nadir kennzeichnen auch die vertikale Linie. Es ist die Einweihungsachse, die durch das *Brahmâ Randhra* des vertikalen Wesens, des Menschen, symbolisiert wird. Die Stunden seines Tages sind als Zeiteinheiten für seine Erkenntnis und Entfaltung als Stunden der Arbeit und Erholung auf dieser Achse angeordnet.

TEIL 1

Abschnitt B

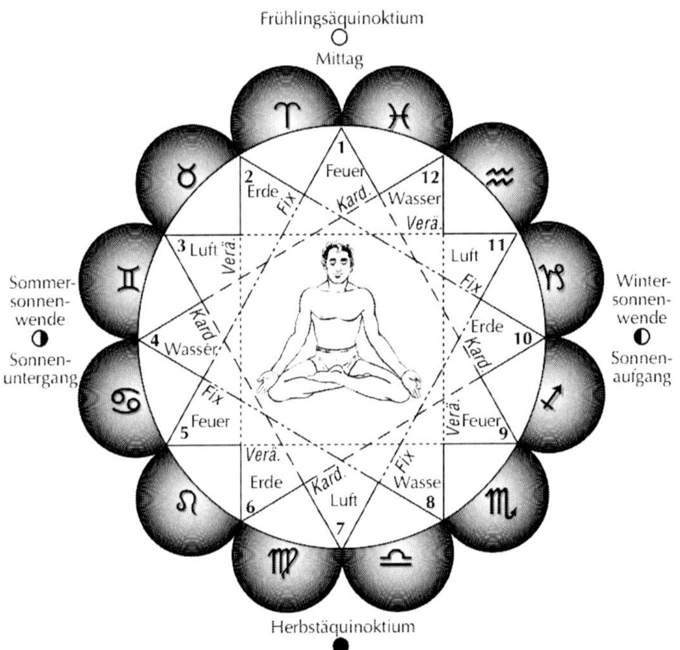
Frühlingsäquinoktium
Mittag
Sommer-sonnen-wende
Sonnen-untergang
Winter-sonnen-wende
Sonnen-aufgang
Herbstäquinoktium
Mitternacht
1 Feuer
2 Erde
3 Luft
4 Wasser
5 Feuer
6 Erde
7 Luft
8 Wasse
9 Feuer
10 Erde
11 Luft
12 Wasser
Kard.
Fix
Verä.

B.1 Widder ♈

In vielen astrologischen Systemen gilt dieses Zeichen als Beginn des Tierkreises. Sein Symbol ist der Kopf eines Widders. Der Widder steht für Kraft, Stärke, gerades und direktes Losstürmen. Auf den niedersten Bewusstseinsebenen weist dieses Zeichen auf ungesteuerte Kraft hin. Seine Hauptmerkmale sind Führungsqualitäten, Stärke, Tapferkeit und das Überwinden von Hindernissen. Auf allen Entwicklungsebenen setzt der Widder eine enorme Kraft frei, die dazu neigt, die Formseite der Existenz für ein höheres Ziel zu sprengen. Daher steht dieses Zeichen für Erweiterung, Aktivität und den Einweihungsweg. Auf den materiellen Ebenen gibt es den ersten Impuls, ältere Formen zu zerstören und damit bessere, fortschrittlichere Zustände einzuleiten. Daher kündigt das Zeichen Krieg, Zerstörung, Unruhe aufgrund politischer und gesellschaftlicher Ereignisse an. Der Bilderstürmer in allen Bereichen gehört zum Widder. Aus diesem Grund wird er in Bezug auf weltliche Angelegenheiten als militantes und ziemlich gefährliches Zeichen betrachtet. Diese Sicht beruht auf einer traditionellen und emotionalen Auffassung und ist deshalb keine umfassende und vollkommene Interpretation dieses Zeichens.

Die Explosion des Atoms und das Freisetzen seiner enormen Energie zur Nutzung verschiedener Zwecke findet unter dem Einfluss des Widders statt. In der okkulten Praxis führt die Meditation über dieses Zeichen und seine richtige Lokalisierung im physischen Körper zur Aufspaltung der Atome im physischen Gewebe. Die dabei freigesetzte Kraft steht dann für höhere Zwecke zur Verfügung und kann zur Stärkung der subtileren Prinzipien verwendet werden.

Das Zeichen Widder wird dem Kopf des Menschen zugeordnet. Der Mensch auf dieser Erde ist ein vertikales Wesen, und deshalb stellt der Kopf den höchsten Punkt oder den

Meridian dar. Das ist leichter zu verstehen, wenn wir daran denken, dass der Widder den Meridian des Tages der Götter bildet. In Wirklichkeit ist es das Zeichen der Einweihung. Von den Astrologen wird dies mit den Worten ausgedrückt: Im Widder ist die Sonne erhöht. Das solare Prinzip im Menschen ist das Prinzip der Befreiung. Bei einem *Yogî* befindet es sich im Kopfzentrum. Dieses Zentrum wird *Sahasrâra* genannt. Es enthält die Potenzen aller anderen *Chakren* auf der *Brahmâ Danda*. Vom Widder wird gesagt, dass er die Prinzipien aller zwölf Zeichen enthält: die sechs Zeichenpaare, welche die sechs *Chakren* anzeigen. Deshalb können wir durch das Gesetz der Entsprechungen das zehnte Haus des Horoskops, das den Meridian repräsentiert, als den Punkt der Erleuchtung erkennen, der die Möglichkeiten aller zwölf Häuser umfasst.

Das Lamm mit dem Kreuz ist das okkulte Symbol dieses Zeichens. Gott als Vater des Jahres spielt die Rolle des Hirten oder des Erlösers der Menschheit. Die Haupteingänge der Tempel einiger geheimer ritueller Orden sind mit dem Lamm und dem Kreuz geschmückt. Das Kreuz weist auf die Sonne hin, die den Äquator überquert. Beim Frühlingsäquinoktium überquert sie ihn von Süden nach Norden. Im Körper des Okkultisten bedeutet das Kreuz das Aufsteigen seiner Kräfte aus den niederen in die höheren Regionen. Der ringförmige Raum über dem Äquator symbolisiert den endlosen Zyklus der Zeit. Wenn die Sonne diesen Ring an einem Punkt kreuzt, durchschneidet sie ihn an dieser Stelle und markiert damit auf dem endlosen Kreis einen Anfangspunkt.

Das gesamte Jahr entsteht durch das Opfer Gottes als Zeit. Das erste Zeichen ist das Kopfzentrum (*Sahasrâra*) des Jahresgottes. In der *Purusha Sûkta* beschreiben geheimnisvolle Worte das Opfer des *Purusha*: *Purusha* ist *Sahasra Sîrsha*. Übersetzt bedeutet dies: Der Tausendköpfige nimmt die Form der tausendköpfigen Schlange der Zeit mit ihren ewig sich abwickelnden

Windungen an. Von dieser Schlange der Ewigkeit, *Ananta,* wird erzählt, dass sie die Last der Erde, die Formseite der Schöpfung trägt. Die innere Bedeutung ist jedoch, dass *Sahasra* der Kopf (*Sirsha*) des *Purusha* ist. Diese geheimnisvolle Textstelle beginnt mit dem Kennwort *Sahasra,* weil der Jahresgott sein erstes Zeichen im *Sahasrâra* hat, dem tausendblättrigen Lotus, dem Zentrum mit den tausend Strahlen.

Der Gott der Zeitzyklen wird *Prajâpati* (Patriarch) genannt. Der Jahresgott wird *Prajâpati Daksha* oder 'der vortreffliche Patriarch' genannt. Sein Kopf wird während des Opfers abgeschnitten und durch den Kopf eines Widders ersetzt. Wenn ein Jünger in das Bewusstsein des Kopfzentrums eingeweiht wird, hat dies das Ende seines Menschen-Bewusstseins und den Beginn des Gottes-Bewusstseins zur Folge. Man nennt dies 'den Kopf abschneiden'. Im Jahresablauf bezeichnet es das Ende und den Anfang des Jahres.

Das Wort *Krittika* bedeutet Schere. Das Äquinoktium ist die Schere, die den Ring durchschneidet, so dass ein Anfang und ein Ende entsteht. Dadurch kann der Leser leicht verstehen, dass der Widder das Symbol für jene große Einweihung ist, die den Jünger mit *Shambala* verbindet. Im physischen Körper eines Jüngers liegt *Shambala* im Kopfzentrum. Es ist direkt mit dem Herrn *Sanat Kumâra* verbunden, der in *Shambala,* dem erhabenen Zentrum dieser Erde wohnt. Die Prophezeiungen der *Purânen* versichern, dass das *Kali Yuga* mit der Ankunft des Weltlehrers zu Ende geht. Er ist der *Kalki Avatâr,* der Mann auf dem Pferd oder der Mann mit einem Pferdekörper, der aus einem Ort namens *Shambala* kommt. Somit hat das *Kali Yuga* seinen Anfang und sein Ende im Zeichen Widder, genauso wie das Sonnenjahr. Auf der planetarischen Ebene ist Mars der Herrscher dieses Zeichens, und *Kumâra* regiert es auf der kosmischen Ebene. Deshalb nennen die *Purânen* den Mars im Widder *Kumâra.* Er ist auch der Herr *Subrahmanya.*

Das Innere des Kopfes ist nicht nur der Sitz des Denkvermögens, sondern auch der Sitz von *Buddhi*. Aus diesem Grund wird für einen Menschen auf dem spirituellen Weg der Widder von Merkur regiert. Im Kopf befinden sich die Zirbeldrüse (Epiphyse) und die Hirnanhangdrüse (Hypophyse). Sie sind das Ebenbild des Ortes *Shambala*. Hier wird die höhere Brücke, die diese beiden Zentren miteinander verbindet, als Weg zum Herrn erbaut. Man nennt die Brücke *Indra Yoni, Indras* Geburtsort. Sie besteht aus den zwei Tierkreiszeichen Stier und Fische. Die Plejaden und die Sterne der Fische-Konstellation arbeiten dabei zusammen. In diesem Stadium durchdringt die Hierarchie den Jünger. Nachdem er die Ebene des kosmischen Bewusstseins erreicht hat, ist er eins mit der Hierarchie. Deshalb ist für ihn Uranus der Herrscher des Widders. Den ganzen Umwandlungsprozess kann man folgendermaßen darstellen:

1. Für den Menschen auf der individuellen und Persönlichkeitsebene regiert Mars dieses Zeichen.
2. Für den Jünger, der sich auf der planetarischen und solaren Ebene befindet, ist Merkur der Herr des Widders.
3. Für die Hierarchie in *Shambala* und ihre Jünger, die auf der kosmischen Ebene leben, ist Uranus der Herrscher.

Die Bahn der Ekliptik ist geometrisch gesehen ein Kreis und numerisch eine 0. Anfang und Ende des Kreises sind Anfang und Ende der 0. Daher ist der numerische Wert des Widders die 9. Sie ist die letzte Ziffer der Zahlenreihe, die nach Vollendung der 0 wieder mit der 1 beginnt. Jedes Tierkreiszeichen hat seine eigene Zahl. Sie wirkt sich für einen vollendeten Adepten aus, der unter dem betreffenden Zeichen geboren wurde. Diese Zahlen der Tierkreiszeichen sind mehr kosmisch als planetarisch. Jeder Mensch trägt eine Mischung zahlreicher planetarischer und tierkreisgeprägter Prinzipien in sich. Die Zahlen der

Tierkreiszeichen helfen dem Schüler der okkulten Wissenschaft bei seinen Meditationszielen. Das Gleiche gilt für die Farben und Strahlen eines jeden Zeichens. Die Zahl ist eine Potenz, die Farbe ist eine Schwingung, und die Form ist ein Ausdruck. Sie alle sind Kräfte der inneren menschlichen Natur.

Rot ist die Farbe des Widders, und Blut ist sein Stoff. Die Wärme des Blutes, die die Antriebskraft des Vitalkörpers bildet, ist mit diesem Feuerzeichen verbunden. Hämoglobin bildet den Hauptbestandteil des Blutes. In der Arbeit der Natur wird daher die Chemie des Eisens von diesem Zeichen regiert. Die mineralischen Atome, die in das Eisenstadium eintreten, gelangen im Widder zur Erfüllung. Das Bewusstsein dieses Zeichens wirkt als Grundstoff, der über das Eisenerz herrscht. Wenn der Naturwissenschaftler aus erzhaltigem Gestein Eisen gewinnt und es zu vielen Formen, z.B. zu Werkzeugen, Waffen, Maschinen, Brücken und Gebäuden, verarbeitet, dann schult er die Eisenatome, eine schnelle Evolution im Mineralreich zu durchlaufen. Der intensive Umgang eines Metallarbeiters oder Handwerkers mit dem Metall regt die Atome des Mineralreichs zu höherer Entwicklung an. Alle diese Tätigkeiten auf der weltlichen Ebene stehen unter der Aufsicht der Widder-Urkraft. Kriegszeiten und fortgeschrittene wissenschaftliche Entwicklungen kennzeichnen die Widder Aktivität.

Die Augenbrauen und die Nase sollten als Widder-Symbol meditiert werden. Dies wirkt stimulierend auf die verborgenen Bewusstseinsebenen im unteren Kopfzentrum, dem zwölfblättrigen Lotus. Das Widder-Symbol weist auch auf die vertikale Natur des Menschen hin. Es ist ein Zeichen für die *Brahmâ Danda,* das Rückgrat vom Basiszentrum bis zur Mitte der Augenbrauen. Ihr Symbol ist die zweibeinige Schlange, der Mensch als Eingeweihter. Im ÄGYPTISCHEN TOTENBUCH finden wir die Schlange mit Widder-Hörnern und den zwei mystischen Augen des Ammon. Die Hörner stellen die Pfade des

Lichts von Gott zum Menschen dar, den solaren und den lunaren Pfad. Beide werden im Vital- und Ätherkörper von *Idâ* und *Pingalâ* und auf beiden Seiten der Wirbelsäule vom rechten und linken Vagus-Nerv verkörpert.

Mose, der Gesetzgeber und direkte Jünger des Feuergottes, des brennenden Busches, wird mit zwei weißen Hörnern auf dem Kopf dargestellt. Sie sind ein Symbol dafür, dass das Licht des Gesetzes im Menschen durch das Kopfzentrum erwacht. In einigen hebräischen Versionen des PENTATEUCH steht geschrieben, dass Mose die zwei Hörner der Einweihung besitzt. Dabei wird im Text das Wort 'Kern' benutzt. Wir sollten es als Lichtstrahl verstehen und nicht als Horn, denn das Wort Kern ist mit dem *ârischen* Begriff *Kirana*, Lichtstrahl, verwandt.

Die Worte Aries (Widder) und *Ârya* hängen zusammen. Wer die astrologische Symbolik studiert, weiß, dass die *ârischen* Rassen ihre Einweihungen durch das Symbol des Widders, die *Brahmâ Danda*, bekamen. Die *ârische* Kultur erlebte ihre Blütezeit, als die Äquinoktien die Widder-Konstellation durchquerten. Aaron, in der Bibel der Name des älteren Bruders von Mose, ist eher ein Titel als ein Eigenname. Aarons Stab ist der Einweihungsstab. Aaron war der Hohepriester der Leviten. Mit Hilfe seines Stabes führte er die levitischen Riten durch.

Auch Mose vollbrachte im Namen Gottes mit seinem Stab in Ägypten große Wunder. Der feurige Gott auf dem Berg Sinai gab Mose diesen Stab. Sobald er auf den Boden geworfen wird, verwandelt er sich in eine Schlange, und richtet man ihn auf, wird er wieder zum Stab. Dieses Geheimnis erklärt die Beziehung zwischen dem Schlangenfeuer *Kundalinî* und dem Stab des Gesetzes, der *Brahmâ Danda*. Die Schlange ist das Symbol der schleichenden Zeit und der im Menschen verborgenen Weisheit. Erlebt der Mensch Niedergang und Fall, hat er mit der Schlange zu tun, und erhebt er sich in höhere Prinzipien, wird sie zum Stab mit dem Adler auf der Spitze. Das Widdersymbol zeigt am oberen Ende zwei auseinanderlaufende Linien. Beim unentwickelten Menschen symbolisieren sie die Zungen der Schlange und beim höher entwickelten Menschen die Flügel des Adlers. In den *Purânen* erzählt die Geschichte von *Garuda* in allegorischer Form vom Geheimnis des Adlers, der die Schlangen besiegt. *Garuda* ist der Herr des größten Zyklus. Dieses Geheimnis verbirgt sich in den Zeichen Widder-Waage und Stier-Skorpion. Nachdem *Garuda* die Schlangen besiegt hat, bringt er das Lebenselixier herunter. In den *vedischen* und *purânischen* Mysterien sind viele Schlangengeschichten enthalten. Die höhere Brücke, die vom *Yogî* durch die Widder-Prinzipien und mit den Zeichen Stier und Fische auf beiden Seiten gebaut wird, nennt man den Geburtsort *Indras*. Für *Indra* ist die Schlange *Vruthra* ein Feind. *Indra* tötet die Schlange und legt ihren Körper auf den Scheiterhaufen 'zwischen die Zeiteinheiten' wie Holzstücke, die stets unbeständig sind, denn es sind bewegliche Kräfte, die keinen Wohnort, keine dauerhafte Form haben.

Die drei Zeichen Widder, Stier und Zwillinge bilden vom Kopf bis zum Kehlzentrum die *yogischen* Werkzeuge. Indem sie den Atem, das Denken und *Buddhi* regulieren, bauen sie im Jünger den Vitalkörper neu auf. Meditiert man über das Kennwort *SO-HAM* und verteilt man es weise in den drei Zentren *Višuddhi, Âjnâ* und *Sahasrâra,* wird der Vitalkörper durch die Atmung neu aufgebaut. *S* und *H* sind die *Mantren* des Ein- und Ausatmens. Das dazwischen liegende O stellt die Zunge des Vitalkörpers dar, die durch den Atem herausgezogen wird. Im Widder wird der Kopf abgeschnitten, in den Zwillingen die Kehle durchgeschnitten, im Stier die Zunge herausgezogen.

Das *Mantra* für den Widder ist *H*, für den Stier ist es *R* und für die Zwillinge *S*. Daher wird der Anfang des Tierkreises *Sahasra*, Kopfzentrum, genannt. Die geheimnisvollen Worte über das Opfer des *Purusha* beginnen mit dem *Mantra Sahasra*. Aus verborgenen Gründen ist der Klang *SA* maskulin und der Klang *HA* feminin. Deshalb fangen die oben erwähnten geheimnisvollen Worte über das Opfer des *Purusha* mit S an. Eine andere geheimnisvolle Textstelle, die der weiblichen Gottheit, der Weltmutter, gewidmet ist, beginnt mit H. Wenn diese Laute richtig angeordnet und mit der vitalen, mentalen und *buddhischen* Zunge statt mit der physischen Zunge und den Stimmbändern angestimmt werden, dann verkünden sie durch den Menschen und Jünger 'das Wort' oder den Logos. Dabei wird in den drei höheren Zentren von *Shambala* ein großes Ritual vollzogen, durch das der Mensch zur Ebene kosmischer Existenz erhoben wird. Von nun an sind die niederen Prinzipien, die den Körper des Jüngers bilden, 'der Barmherzigkeit der Geier ausgeliefert', den Urkräften der verschiedenen Naturreiche, die die Verfeinerung oder Alchimie bewirken.

Der Weg der Planeten vom Widder zum Stier ist der Weg der Erde oder der materialistische Weg. Der Weg der Äquinoktien vom Widder zu den Fischen ist der Weg des Wassers, der Weg der Seele. Zwischen diesen beiden Wegen steht der Mensch im Widder. In der Symbolik altchinesischer Weisheitsschriften heißt es: „Er steht auf einem schmalen Streifen Erde zwischen einem Berg und einem See." Die Bedeutung dieses Bildes wird im I GING, dem Buch der Wandlungen, beschrieben. Das I GING ist eine große Schrift der Chinesen über Symbolik.

Der Widder ist das erste der drei Feuerzeichen. Diese Feuer-Dreiheit wird *Tretagni*, 'die drei großen Feuer des Rituals', genannt. Im kosmischen Feuer erscheinen sie als elektrisches Feuer *Vidyut*, als solares Feuer *Jyothi* und als Reibungsfeuer oder irdisches Feuer *Pavaka*.

Das ganze Schöpfungsritual wird als großer Tag mit drei Feuern beschrieben. Der Sternenstaub kommt als Feuerstrahl hervor. Wir kennen ihn als die große Schlange *Ananta*, die in der großen Konstellation des Drachen, der kosmischen *Kundalinî*, Gestalt annimmt. In einem Raumglobus formiert sich der Sternenstaub zu drei großen Zentren, bevor er sich in Sterne oder Sonnensysteme aufteilt. Diese ganze Geschichte wird in den drei Zeichen Widder, Löwe und Schütze dargestellt.

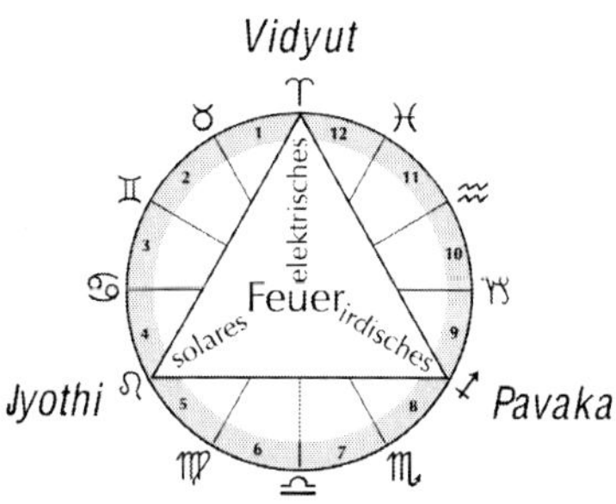

Das Widder-Symbol wird auch als zwei hervorsprießende Grashalme beschrieben. Alle Gräser der Erde werden von diesem Zeichen regiert, weil sie einjährige Pflanzen sind. Wie das Widder-Zeichen bringen auch die Gräser in ihrem Reifeprozess den Jahreszyklus zum Ausdruck. Fast alle Getreidearten, die die Hauptnahrungsmittel aus dem Pflanzenreich liefern, sind einjährige Pflanzen. Ein- oder zweimal im Jahr tragen die Korn- oder Weizenfelder Früchte. Ihre Lebensspanne läuft innerhalb eines Jahreszyklus ab und steht im Einklang mit dem periodischen Ablauf der Jahreszeiten. Sie sterben, während sie ihre Früchte hervorbringen. Daher symbolisieren sie im jährlichen Zyklus das Säen und Ernten von *Karma*. Der Mensch ernährt sich von Pflanzen und erhebt die Pflanzenatome im Verlauf ihrer Evolution. Der Widder zeigt das Ende der Pflanze und die Entstehung der Frucht an, und somit steht er zweifellos für eine wichtige Periodizität im *karmischen* Ablauf. Aus diesem Grund wird das Widderzeichen durch eine Graspflanze dargestellt, die in der Nähe eines Flusses wächst. Das Wasser stellt das Fische-Zeichen und die Pflanze das Widder-Zeichen dar.

Wenn sich die Peripherien zweier Kreise von gleichem Radius berühren, erscheint der Kopf des Widdersymbols. Es bezeichnet die Manifestation der Objektivität, wenn der Weg vom Widder zum Stier verläuft. Die Kontaktstelle verweist auf das Verschmelzen der beiden objektiven Zweige des Bewusstseins in der einen Linie. Wenn der Weg des Jüngers vom Widder zu den Fischen führt, weist dies auf die Subjektivität hin.

B.2 Stier ♉

Dies ist das zweite Zeichen des Tierkreises und das erste fixe Zeichen. Es gehört zur Erd-Dreiheit und stellt daher die Formseite der Dinge dar. Durch dieses Zeichen erreicht Gottes Wort die Erde und eignet sich den Formzustand oder die materielle Existenz an. Die Formseite des Wortes Gottes ist das materielle Universum oder die Objektivität. Man nennt sie den vierten Zustand seines Wortes. Im *Purusha Sûkta* heißt es: „Drei Viertel sind auf den Ebenen der Unsterblichkeit verborgen, und dieses Universum, das wir sehen, bildet das letzte Viertel." „Drei Stadien des Wortes befinden sich in der Höhle, das heißt, sie sind nicht manifestiert, und die Sprache der Menschen ist die vierte Stufe des Wortes", heißt es in einem anderen Vers der *Rig Veda*. Das Zeichen Stier repräsentiert diese vierte Stufe des Wortes und die ganze Herrlichkeit des Universums in seinem Formaspekt.

Alle Formen dieses Universums streben nach Vollendung durch Schönheit. Schönheit ist die verborgene Seite von allem. Sie wird durch die Form verhüllt und zeigt sich durch die Anatomie der Form, obwohl sie nie in der Anatomie existiert. Die Geometrie der Schöpfung enthält die Schönheit, kann sie jedoch in keinem Teil der Form einfangen. Wir finden die Schönheit durch die Form, aber nicht in der Form. Schönheit ist der göttliche Aspekt der Form. Dieser Aspekt wird in jenen Menschen, die für die Kunst leben und versuchen, die heilige Aufgabe der Kunst im Universum zu entdecken, vom Zeichen Stier regiert. Darin ist auch die verborgene Bedeutung enthalten, weshalb Lord *Krishna* seinen Aszendenten im Stier hat. Blau ist die Farbe dieses Zeichens, so wie Rot die Farbe des Widders ist. Diese Wahrheit liegt in der Tatsache verborgen, dass Blau die Farbe der Inkarnation des Herrn als *Krishna* ist. Wenn der Jünger von seinem *Guru* im *Âjnâ-Chakra* ausgebildet wird, ist dies ein sehr kraftvoller Schlüssel zur okkulten Meditation. Die Farbe des klaren Himmels am Tag ist die richtige Farbe für die Meditation des Okkultisten, wenn er zwischen dem Kehlzentrum und dem *Âjnâ-Chakra* verweilt.

Der Übergang des Jüngers von den Zwillingen zum Stier kennzeichnet den Bau der zweiten Brücke, *Manas-Buddhi,* wo der Zweck der Stimmbänder in der Stimme und der Zweck der Stimme im *Prâna* endet. Der Anfangspunkt dieser Brücke ist gelb, golden, und sie erreicht ihren Höhepunkt in der blauen Farbe. Wenn der Jünger die Augen schließt und versucht, durch das dritte Auge nach innen zu blicken, während er das heilige Wort anstimmt, gelangt er an einen Punkt, wo der Klang seiner Stimme mit dem Ton seines *Prâna,* seines Atems, verschmilzt. Dann vereinigt sich sein *Prâna* mit seinem Denken. Das führt ihn zur *Buddhi*-Ebene. Ist dieser Weg erfolgreich, dann schenkt er die Erfahrung eines herrlichen goldgelben Lichts. Wenn dieses Licht im tiefen Blau des Himmels entschwindet, ist das ein Zeichen dafür, dass der Jünger den Bau dieser Brücke vollendet hat, und dadurch wird auch das Erwachen des dritten Auges stimuliert.

Eine symbolische Darstellung dieser Erfahrungen finden wir in der Allegorie von Lord *Krishna,* der mit seinem Flötenspiel seine Mitmenschen so verzaubert, dass sie auf die *Brindâvana*-Ebene versetzt werden. Die Flöte hat sieben Löcher, durch die die sieben Tonleitern intoniert werden. Genauso gibt es an der Wirbelsäule sieben sensible Stellen: die sechs *Chakren* und das Kopfzentrum. Der Bereich zwischen dem Kehlzentrum und dem Geburtsort *Indras* – einem Punkt oberhalb des *Âjnâ*-Zentrums und unterhalb des kleineren Kopfzentrums – enthält alle sieben Hauptzentren. Sie haben ihre Entsprechungen in den sieben Zentren entlang der Wirbelsäule. Oberhalb des Nackens, dem Körperteil, der vom Stier regiert wird, gibt es sieben weitere Zentren. Auf der solar-kosmischen Ebene, der zweiten Brücke, haben sie eine direkte Entsprechung und Beziehung zu den sieben Sternen der Plejaden. Zwischen den Zentren des Jüngers und den Sternen jener Konstellation baut der *Guru* eine direkte Verbindung auf. Sie wird durch *Shambala* über die Hierarchie der sieben Meister mit ihren *Âshramen* hergestellt. Die Plejaden geben dem Jünger spirituelle Nahrung, und er bekommt sie durch die Drüsen in diesem Bereich. Beim Durchschnittsmenschen dienen jene Drüsen (Zirbeldrüse, Hypophyse usw.) keinem bestimmten Zweck, weil er diese Verbindung nicht hat.

In den frühen Entwicklungsstadien wird diese Verbindung durch die Gedanken und das Verhalten des Jüngers hergestellt. Solange er die höhere Seite seiner Persönlichkeit nicht fest im Griff hat, wird die Verbindung jedoch noch nicht hergestellt. Da die Verbindung nicht auf der materiellen, ätherischen oder astralen Ebene besteht, sondern mit der Materie der Mentalebene beginnt, ist der Jünger ohne Unterstützung eines *Gurus* hilflos. Solange er nicht persönliche Tugenden pflegt und sich und sein Selbst nicht vollkommen dem Dienst widmet, kann er den Segen des *Gurus* nicht anrufen. Die betreffenden Drüsen sind zunächst funktionslos wie die Kohlestäbe in einer Bogenlampe. Erst wenn sie entsprechend aufgeladen werden, verbindet sie der Lichtbogen miteinander.

Nachdem die Brauchbarkeit des Jüngers kontinuierlich verbessert und dadurch die Verbindung hergestellt wurde, beginnen die Plejaden, Prinzipien als spirituelle Nahrung über ihn auszugießen. Zutreffend nennt man sie die sieben Mütter des *Kumâra*, der ein neugeborenes Baby und ein ewiges Kind ist. Erst nach der zweiten, der geistigen Geburt, wird der Jünger zu einem *Kumâra*. Die Plejaden gelten auch als die Frauen der sieben großen Seher, der Konstellation des Großen Bären. Auch die Verbindung zwischen den sieben Sternen des Großen Bären und den sieben Zentren über dem Nacken des Jüngers wird von den Plejaden hergestellt.

Während sich das Goldgelb über Grün, der Farbe des Zwillinge-Zeichens und des *Višuddhi-Chakras,* zu Himmelblau wandelt, entsteht eine Reihe von Mischfarben. Eine Analyse all dieser Mischungen ist im gegenwärtigen Stadium der menschlichen Entwicklung nicht möglich. Man kann die Farbtöne und ihre Wirkungen jedoch erleben und wahrnehmen, wenn man die Farbschattierungen auf dem Hals und Schwanz eines Pfaus betrachtet. Interessanterweise wird der *Kumâra Subrahmanya* von einem Pfau getragen. Das Zeichen Stier regiert den Pfau, die Kuh und den Stier. Lord *Krishna* wird in einem seiner vielen Aspekte mitten in einer Herde von Kühen und Stieren dargestellt, und er ist immer mit einer Pfauenfeder geschmückt.

Das Zeichen Stier zeigt den Erlöser als Kuhhirten, und das Zeichen Widder zeigt ihn als Schafhirten. Das sollte man mit der Tatsache verbinden, dass die Äquinoktien die Plejaden überquerten, als der Herr in der Form von *Šrî Krishna* zur Erde herunter kam. Damals ging das *Dwâpara Yuga* zu Ende, und das *Kali Yuga* begann.

Es ist allgemein bekannt, dass zwischen Pfau und Schlange eine natürliche Feindschaft besteht. Beide kämpfen miteinander, und die Schlange wird verschlungen. In diesem einfachen Phänomen liegt die Wahrheit verborgen, dass die Ebenen des Stiers die niederen Ebenen des Skorpions vernichten. Doch dies ereignet sich nur in bestimmten Existenzstadien. Das lässt sich aus dem freundlichen Zusammenleben von Pfau und Schlange in der Gegenwart des *Kumâra* schließen. Auffallend ist auch, dass die Halskette von Lord *Šiva,* dem Vater des *Kumâra,* aus einer Schlange besteht. Durch den Jünger kann eine Freundschaft zwischen Schlange und Pfau enstehen. In der spirituellen Symbolik gibt es zwei Arten von Schlangen: kriechende Schlangen und Schlangen, die zusammengerollt waren und sich nun aus diesem Zustand lösen. Die ersten heißen *Sarpas*. Sie stehen für die isolierte Existenz des Menschen im Universum.

Eine von ihnen ist *Vâsuki*. Die anderen Schlangen heißen *Nâgas* und repräsentieren die Weisheit der Ewigkeit. Zu ihnen gehört z.B. *Ananta*. „Ich bin *Vâsuki* unter den *Sarpas* und *Ananta* unter den *Nâgas*", sagt der Herr in der *BHAGAVAD GÎTÂ*. Die Schlange im *Sarpa*-Zustand wird zu einer *Nâga*-Schlange erhoben. Diese höhere Schlange ist mit dem Pfau des *Kumâra* befreundet.

Die Stimme des Menschen repräsentiert das vierte Stadium seiner Äußerung. Daher herrscht der Stier über die Stimme so wie die Zwillinge über die Stimmbänder. Sobald die Stimmbänder in Schwingung versetzt werden, entsteht die hörbare Stimme. Die Schwingung erzeugt einen Triller, der das Feuer des Wortes manifestiert. Er wird durch den Klang *'R'* verkörpert. Bevor die Stimme von Klängen, Worten und Sätzen gestaltet wird, ist hauptsächlich der Triller *'R'* der Ursprung der hörbaren Sprache des äußeren Menschen. Tatsächlich ist *'R'* der Same des Klanges. Er befruchtet den unmanifestierten Gedanken, so dass er zum gesprochenen Wort wird. In den *Veden* wird das *'R'* daher *Rishabha*, der große Stier, genannt. Im Universum stellt es die ursprüngliche Materie *Mûla Prakriti* dar. Sie ist der Ausgangspunkt aller folgenden Entstehungen. Das *'R'* wird das '*Ghî* des universellen Opfers' und auch die Frühlingszeit des ganzen Manifestationszyklus in diesem Universum genannt. „Die Frühlingszeit ist das *Ghî* im Opfer des *Purusha*", heißt es im *Purusha Sûkta*. Der jährliche Weg der Sonne durch den Stier kennzeichnet den mittleren Teil der Frühlingszeit.

Die Sonne im Stier gilt als der befruchtende Stier. Er verkörpert die Bedeutung des Wortes. Der Mond im Stier wird als Kuh bezeichnet. Sie steht für das Befruchtete. Das Wort ist zweifältig. Es ist Begriff und Sprache. Die Sprache ist ihrer Natur nach feminin, und ihr Inhalt ist maskulin. Die Einheit von beiden ist die Weisheit als Schöpfung. Das wird durch Merkur als Kalb, ebenfalls im Zeichen Stier, symbolisiert. Somit hat das Wort in seinen vier Ausdrucksstadien drei Phasen.

Sprache und Klang, die Träger des Wortes, werden bildlich als die zwei Flügel des großen Schwans dargestellt. Es sind die beiden Kennworte *HAM* und *SO*, die sich im Krebs als Atmung manifestieren. Das Phänomen, dass das Wort als Klang vom Sprecher zum Zuhörer durch den Raum reist, heißt *Saraswathî*, und *Saraswathî* wird vom Schwan getragen. Das Wort kommt aus der Subjektivität des Sprechenden, der als Sprechender die Rolle des Schöpfers *Brahmâ* spielt. *Brahmâ* ist der Männliche oder der Viergesichtige, der sich vom *Brahman*, dem Geschlechtslosen, unterscheidet. Dieser *Brahmâ* ist der Schöpfer und somit *Saraswathîs* Vater. Als gedankliche Vorstellung folgt er ihr als Stimme und Sprache. So werden Vater und Tochter im Ehestand als Mann und Frau vereint!

All diese Mysterien liegen im Zeichen Stier verborgen und offenbaren sich dem Schüler, der im *Višuddhi*- und *Âjnâ*-Zentrum lebt. Werden diese Mysterien auf die kosmische Aktivität angewandt, erfährt der Schüler durch das Gesetz der Entsprechungen die Schöpfungsgeheimnisse der höheren Ebenen. Der wahre Schüler der Zwillinge- und Stier-Ebene arbeitet schöpferisch durch sein Wort und den Klang. Der Schüler auf der Stier-Fische-Ebene erschafft durch Schweigen. Der Erste gehört zu den Erbauern höherer Universen, der Zweite zu den großen Baumeistern.

Das Aussprechen des Wortes bedeutet Selbstausdruck. Für alle Menschen auf der individuellen und Persönlichkeitsebene liegt der Selbstausdruck auf den niederen Ebenen der Instinkte, Impulse und Emotionen. Dadurch wird das wahre Wort vom mechanischen, hörbaren Wort herabgezogen und tief in der Materie begraben. Dies ist die Ursache für die Teilung der Geschlechter beim Menschen. Das höhere schöpferische Potential spiegelt sich als Fortpflanzungsfähigkeit wider. Auf die Geschlechtertrennung weist der Skorpion hin, der dem Stier gegenüberliegt und dessen niederes Gegenstück bildet.

Jeder Astrologe weiß, dass dem Zeichen Skorpion die Zeugungsorgane zugeordnet werden. Somit erzählt der Skorpion die Geschichte vom Fall des Menschen in die Zeugung.

Auf dem spirituellen Weg muss der Jünger sein niederes Zentrum emporheben und es in dem höheren Zentrum aufgehen lassen. Aus diesem Grund steht das Zeichen Stier für die Frau im Mann, während die Zwillinge Frau und Mann darstellen. In den Zwillingen stellt die Frau eine Hälfte des Menschen dar, und im Stier ist sie das Herz des Mannes. Die Zwillinge sind das Symbol von *Ardhanarîśvara*, und das Stier-Zeichen ist das Symbol von Lord *Vishnu* mit *Lakshmî* in seinem Herzen. Nachdem die Aktivität des unteren Pols zum reinsten Ausdruck der Liebe des höheren Pols veredelt wurde, lebt die Frau im Herzen des Mannes. Natürlich ist jeder Mann auf der einen oder anderen Ebene in seinem Herzen eine Frau. Die Frau im Mann ist die Vorstellung von der Frau in den Gefühlen des Mannes. Das Gegenteil ist beim Skorpion der Fall. Er weist auf den Mann in der Frau hin. Dies bedeutet das Herabkommen des göttlichen Funkens in die Materie, wo er in den Formen begraben wird. Dem Jünger wird geraten, seine Intuition zu gebrauchen und über folgendes Sinnbild zu meditieren: „Auf der Oberfläche des Meeres erhebt sich die große Schlange, die sich entrollt. Inmitten ihrer Windungen ruht der Herr in blauer Farbe. In der Nähe seines Herzens sitzt *Lakshmî* auf einem großen Lotus."

Die Reaktion des Menschen auf Schönheit, die sich durch eine Form ausdrückt, findet ihren höchsten Ausdruck in *Bhakti*. Auf dieser Ebene wird die Erfahrung des Jüngers Seligkeit genannt. Sie drückt sich durch ihn als Liebe aus. Schönheit, Liebe und Seligkeit werden daher vom Stier regiert. Wird der Mensch zum niederen Pol herabgezogen, versteht er Schönheit fälschlicherweise als Form, und das führt zur Götzenverehrung. Liebe wird als sexuelles Bewusstsein und besitzergreifendes Wesen zum Ausdruck gebracht. Die Seligkeit verliert sich in ihrem Schatten, dem Verlangen nach Genuss. Die ganze Schöpfung ist ein Spiel zwischen Stier und Skorpion. Wenn der Skorpion die Oberhand gewinnt, fällt der Mensch in den Zyklus von Geburt und Tod, Unglück, Mühe und Einkerkerung. Der Stier hingegen führt auf den Weg der Befreiung. Das Zeichen Stier verkörpert den *Bhakti*-Weg: das Aufgehen im Höheren durch Hingabe. Der Widder weist auf den *Karma*-Weg hin: das Wirken der Natur und ihre Beherrschung.

Das Symbol des Stier-Zeichens ist ein Halbkreis über einem Kreis. Dies stellt die beiden Hörner eines Stiers oder einer Kuh dar. Der Halbkreis über dem Kreis bezeichnet auch die Mondsichel über dem Horizont der Erde. Ganz oben auf dem Kreis liegt der Mond. Daraus ergibt sich die Interpretation der Mondposition im Zeichen Stier. Im Stier steht der Mond erhöht, genauso wie die Sonne im Widder erhöht ist. Der Mond ist der Sitz von *Soma,* einer höheren Gottheit, wie wir bereits kennen gelernt haben. In der suprakosmischen Symbolik ist *Soma* das Gesicht der Göttin *Lakshmî.* Aus diesem Grund heißt es in den *Purânen,* dass der Mond zusammen mit *Lakshmî* geboren wurde. Der Mond im Stier ist das Symbol für die Nahrung *Indras* und der anderen *Devâs* auf der kosmischen Ebene. Ein Jünger, der die Ebenen des *Âjnâ*-Zentrums überquert, um das *Sahasrâra* zu erreichen, verwendet diese Nahrung der *Devâs,* um die höhere Brücke zu erbauen. Man nennt dies auch die erste Phase des Mondes. Nur ein *Yogî* kann die erste und die letzte Mondphase erleben.

Für alle gewöhnlichen Zwecke stellt der erhöhte Mond das Denkvermögen auf seinem aufwärtsführenden Weg dar. Wenn das Denken als Gefährt dient, um den Jünger auf die höheren Ebenen zu führen, wird der Weg *Râja Yoga* oder *yogischer* Pfad des Mondes genannt. Ein echter Jünger des *Râja Yoga,* der die Mondsichel oder die erste Phase des erhöhten Mondes voll zu nutzen weiß, wird als 'mondköpfiges Wesen' bezeichnet. Der Herr in seinem Inneren ist *Chandrasekhara,* der mit der Mondsichel geschmückt ist. Seine Mutter ist *Mûla Prakriti.* Auch sie trägt den Mond als Kopfschmuck und wird *Râja Rajesvari* genannt. Dann wird der Stier dieses Zeichens zum Gefährt des Jüngers. Er erreicht die Ebene des Vaters von *Kumâra,* den Vater im Himmel, dessen Sohn der Erlöser auf Erden ist.

Der Stier herrscht über das Vieh und die Landwirtschaft. Lehm, die Mutter aller modellierten Formen, wird von diesem Zeichen regiert. Die Atome der Kieselerde und des Kupfers stehen unter der Herrschaft dieses Zeichens. *Gavâmayana,* das jährliche Ritual des Weges von Stier und Kuh, gehört zum Zeichen Stier. Der Hohepriester, der dieses Ritual leitet, trägt eine Kopfbedeckung mit zwei Hörnern, die wie eine Mondsichel zueinander gebogen sind. Alle konvergierenden Hörner gehören zum Stier, alle auseinanderlaufenden zum Widder. Die numerische Potenz der Zahl 6 ist dem Stier zugeordnet.

Venus, die Herrscherin von Liebe und Schönheit in der Form, regiert dieses Zeichen für alle, die sich auf der planetarischen Ebene befinden. Für Menschen auf der Individualebene ist Mars der Regent dieses Zeichens, und für Menschen auf der Persönlichkeitsebene ist es Merkur. Mond ist der Regent für die Menschen auf der Seelenebene, und für die Wesen der kosmischen und suprakosmischen Ebenen ist es *Soma.* Manche Astrologen sind der Meinung, dass auf den kosmischen Ebenen Vulkan der Regent dieses Zeichens ist.

Vergnügen, Sättigung, Glück, Freude und Seligkeit gehören zum Stier. Er ist das erste fixe Zeichen und gibt denen, die unter diesem Zeichen geboren sind, fest geprägte Vorstellungen und Eindrücke sowie die Fähigkeit zu ausdauernder Anstrengung. Ein Jünger des *Râja Yoga* kann diese Eigenschaften nutzen, um sein endgültiges Ziel zu erreichen: das Aufgehen seines

Bewusstseins in der suprakosmischen Ebene. Der Jünger stellt eine Verbindung zu den Plejaden und zum Großen Bären her, indem er die höhere Brücke erbaut, die man *Antahkarana* nennt. Wenn sich die fixe Natur in einem Horoskop durch den Formaspekt ausdrückt, hält der Mensch fanatisch an starren Meinungen fest, ohne für andere Anschauungen offen zu sein. Er sollte die Formseite als einen Ausdruck der Schönheit betrachten und die fixe Natur von ihr trennen, um sie auf die mentalen und supramentalen Ebenen emporzuheben. Ein *Râja Yogî* unterstellt seine fixe Natur nicht seiner Formseite.

Vom Stier werden auch Nahrung und Geschmackssinn regiert. Geschmack ist eine Reaktion auf Schönheit, die durch die Zunge zum Ausdruck kommt. Daher spielt für alle unter diesem Zeichen geborenen Menschen Qualität und Quantität der Nahrung in der okkulten Praxis eine wichtige Rolle. Für alle Jünger, deren Bewusstsein sich zwischen dem Kehl-Zentrum und dem *Âjnâ*-Zentrum befindet, wird das Wort zur Nahrung. Das ist eine ganz besondere Ebene, die ein tieferes Verständnis erfordert.

B.3 Zwillinge ♊

Die Zwillinge sind das dritte Zeichen des Tierkreises. Sie sind das erste veränderliche und das erste Luftzeichen. Im physischen Körper des Menschen repräsentieren sie die Stimmbänder, die Bronchien und die Schultern. Im Vitalkörper regieren sie die Funktion der Pulsierung, und im Mentalkörper sind sie für *Jarâsandha,* den lateralen Sinn des Menschen, verantwortlich. Die Entstehung des lateralen Sinns auf der kosmischen Ebene wird im *MAHÂBHÂRATA* in einer Allegorie erzählt: Zwei Frauen eines Königs gebären jeweils nur eine seitliche Hälfte eines Kindes. Sie werfen die zwei Hälften auf die beiden Seiten ihres Palastportals. Eine Urkraft der Schwelle mit Namen *Jara* vereinigt die beiden Teile, und so wird *Jarâsandha* geboren. Der laterale Sinn im Denken des Menschen kommt dadurch zum Ausdruck, dass er ein Ganzes in zwei Hälften teilt, die die gleiche Form haben und trotzdem scheinbare Gegensätze bilden.

Im Vergleich zum Fische-Zeichen, das ebenfalls veränderlich ist, sehen wir, dass dieses aus einem Fische-Paar und das Zwillinge-Zeichen aus einem Menschen-Paar besteht. Die Fische sind identisch, schwimmen jedoch in entgegengesetzte Richtungen. In den Zwillingen haben wir ein Paar der Gegensätze: einen Mann und eine Frau. Die Kraft zu vergleichen finden wir in den Fischen und die Kraft, Gegensätze zu bilden, in den Zwillingen. Somit sind die Zwillinge die Ursache und die Fische das Ende der Polarität. Alle vier veränderlichen Zeichen besitzen in gewissem Maße die Doppelnatur.

Unterscheidungsvermögen ist das Hauptthema der Zwillinge: Der Mensch lernt zwischen Gut und Böse, Höherem und Niederem, Dunkelheit und Licht, Geburt und Tod, Beständigem und Vergänglichem zu unterscheiden. Ursache der Dualität im Denken ist die Kraft der Unterscheidungsfähigkeit. Was der Mensch auf der Mentalebene als Einheit empfängt, wird zweigeteilt. Daher sind die Zwillinge ein überwiegend mentales Zeichen. Für einen Menschen auf den niederen Ebenen schafft die mentale Aktivität eine Vielfalt an Meinungen und lässt ihn durch Vergleichen und Gegenüberstellen Erfahrungen sammeln. Die Zwillinge sind die Ursache politischer, sozialer und religiöser Differenzen zwischen verschiedenen Rassen, Nationen und Individuen. Sie schaffen Probleme und zugleich auch Möglichkeiten, um Probleme zu lösen. Merkur, der Götterbote, ist der Herr dieses Zeichens. Merkur ist ein Symbol für *Nârada* in einem seiner Aspekte, da er der Sohn von *Brahmâ* und *Saraswathî* ist, der auf der Mentalebene geboren wurde. Bei Menschen auf der individuellen und Persönlichkeitsebene führt Merkur zu Meinungsverschiedenheiten und schafft Probleme.

Quecksilber ist das Metall, das von diesem Zeichen regiert wird. Es ist das Hauptwerkzeug der Alchimie. Durch ein Verfahren, das nur wenigen bekannt ist, wird Quecksilber in Gold verwandelt. Auf den höheren Ebenen schenkt Merkur Unterscheidungsfähigkeit und eine überpersönliche Art, mit Gegensätzen umzugehen. Für alle Probleme findet er eine Lösung und nähert sich mit Hilfe eines mathematischen Prozesses der Einheit in der Verschiedenheit. Wenn das Denkvermögen von astralen und ätherischen Einflüssen befreit ist, wird es in *Buddhi* verwandelt. Auf der *buddhischen* Ebene ist *Nârada* der *Guru,* der den Jünger in das Wort von *Hari* einweiht. Die beiden epischen Seher *Vyâsa* und *Vâlmîki* empfingen ihre Einweihungen in die Weisheit und brachten sie in der *Bhâgavata* bzw. im *Râmâyana* zum Ausdruck. In solchem Ausmaß beherrscht *Nârada* die zweite Hälfte der Zwillinge.

Die mathematische Wissenschaft gehört zu Merkur, dem Herrn der Zwillinge. H.P. Blavatsky macht uns darauf aufmerksam, dass die Mathematik die einzige exakte Wissenschaft ist. Der einzige präzise und überpersönliche Ausdruck, den es in der Natur und im Denkvermögen des Menschen gibt, ist die Zahl. Sie ist der Eckstein aller Erscheinungsformen in der Welt. Auch den Ursprung der Zahlen und Formen finden wir in diesem Zeichen. Die Zwillinge sind die Kenner der Formen, während der Stier die Schönheit der Formen ist.

Viveka, das Unterscheidungsvermögen, bildet für den Jünger den Durchgang zwischen den beiden Säulen scheinbarer Gegensätze, die vom Zwillinge-Zeichen symbolisiert werden. Der Kampf zwischen diesen Säulen und der Weg, der durch sie in den inneren Tempel führt, 'verankert den Jünger in der inneren Kraft und Stärke'. Sein Wissen auf der objektiven Ebene hilft ihm, die Weisheit der subjektiven Ebene zu erreichen. Dieses Stadium kennzeichnen die Zwillinge. Bevor der Mensch in den inneren Raum des Tempels gelangt, trägt er das Wissen mit all seinen Konzepten und Vorstellungen als schwere Last auf dem Kopf. Nachdem er in den inneren Raum eingetreten ist, trägt er es mit Freude und ohne Schwere, um es der Nachwelt weiterzugeben. Von Kaiser Seth wird erzählt, er habe zwei Säulen mit einem Bogen darüber errichten lassen. In den Bogen ließ er die zeitlose Weisheit meißeln und rettete sie damit vor der Zerstörung durch die Flut. Diese Geschichte deutet darauf hin, dass die zeitlose Weisheit des Menschen in Zahl, Form, Klang, Farbe und Proportion seiner eigenen Gestalt eingeprägt wurde, so dass er sie lesen kann, wann immer er sich zum Kehlzentrum erhebt.

Erfahrung durch Objektivität ist eins der Merkmale dieses Zeichens. Der Mensch als Beobachter bildet das Zentrum des Universums. Das betrachtete Objekt stellt den Umfang seines Kreises dar, und die Betrachtung ist der Radius, der den Umfang vom Zentrum aus umschreibt. Somit besteht ein bestimmtes und unpersönliches Verhältnis zwischen dem Zentrum und dem Radius und somit auch zum Kreisumfang. Die Beziehung zwischen diesen Dreien wird mit einem Näherungswert ausgedrückt, den wir als π (Pi) kennen. Die Kraft hinter diesem Wert wird Lord *Pymandaris* genannt. Für den Menschen erscheint er als der große Geometer des Universums. Er schüttet seinen Segen in Form von Wissen und Weisheit über die Menschheit aus. Wenn der Mensch die Erdebene verlässt, empfängt er die Weisheit des *Pymandaris*. Aus diesem Grund unterscheidet sich das Symbol π nur durch den fehlenden unteren Querstrich von dem Symbol der Zwillinge ♊. Später wurde dieses Symbol vom griechischen Alphabet als Buchstabe entlehnt.

Das Phänomen der Objektivität ist das charakteristische Merkmal dieses Zeichens. Als Erstes hat der Mensch seinen physischen Körper und noch weitere Körper, die ihn gedanklich und emotional vom Rest der Welt unterscheiden. Das ist die Objektivität auf der physischen Ebene. Bis zur Ebene des niederen Denkens wird diese Objektivität nur im Schlafzustand von der inneren Subjektivität überwunden. Auf den höheren Ebenen des Denkens, das heißt auf der *Buddhi*- und Seelenebene, wird die Objektivität durch einen bewussten Schlaf bezwungen, der auch als vierter oder *yogischer* Bewusstseinszustand bezeichnet wird. Die Zwillinge sind für das Erreichen dieses Zustands ausschlaggebend.

Wenn der Mensch einatmet, wird die Luft in seinen Lungen von der Luft außerhalb getrennt. Das ist die Objektivität des Atems. Mit Hilfe der Luft in seinem Körper kann der Mensch sprechen, und er spürt, dass er zu einer anderen Person in der Objektivität spricht. Das Kennwort *SO* bedeutet 'Er' oder die andere Person. Durch dieses Wort wird der Atem am Eingang der zwei Säulen, an den Stimmbändern, aus der objektiven Luft gezogen. Wenn der Jünger über das Kehlzentrum meditiert und gedanklich versucht, die Luft in seinen Lungen mit der Luft draußen zu verbinden, wird er den Bewusstseinsfaden zu fassen bekommen und ihm folgen, bis er in den inneren Raum des Tempels eintritt. Durch ein *Prânâyâma*-Verfahren, das die Seher der *Râja Yoga*-Schule empfehlen, vermittelt das Luftelement im Tempelinneren die erforderliche Einweihung. Deshalb erkennt der Jünger das Luftelement *Vâyu* als seinen ersten objektiven *Guru,* der ihn zur Subjektivität führt. *Vâyu* spielt durch den Atem als Lebensspender die Rolle von *Brahmâ,* dem Schöpfer. In den Zwillingen wird deshalb der *Guru* als *Brahmâ* oder Schöpfer angerufen, im Stier als *Vishnu* oder als Schönheit in der Form und im Widder als *Mahešvara,* als der große Herr der Einweihung im Kopfzentrum.

In *vedischen* Ritualen ist *Brahmâ* das Sprachrohr des Rituals. Man sagt, dass er das ganze Ritual schweigend durchführt. Die Person, die die Rolle von *Brahmâ* übernommen hat, öffnet vom Anfang bis zum Ende des ganzen Rituals nicht die Lippen, sondern führt es nur mit Hilfe der Gedankenkraft durch.

Das Wort als Atem wird den Zwillingen zugeordnet, als Stimme gehört es zum Stier und als Sprechender zum Widder. Das Wort als Gedanke befindet sich in den 90° oder in dem Kreisviertel, das diese drei Zeichen umfasst. Dieses Wort als Gedanke, als zweite Erscheinungsform des Wortes, wird der große Geometer genannt. Sein geometrischer Zahlenwert ist π.

SO ist das *Mantra* des Einatmens. Es ist der Klang der Zwillinge, der sich im Kehlzentrum befindet. *HAM* ist das *Mantra* des Widders, da dieses Zeichen das ganze Jahr hervorbringt. Dieser Klang ist das *Mantra* des Ausatmens. Er befindet sich im Kopfzentrum. *HAM SO* ist das *Mantra* für den Abstieg des Jüngers vom Kopfzentrum zum Kehlzentrum, wenn er dem planetarischen Weg vom Widder zu den Zwillingen folgt. Dieser Begriff bedeutet 'der große Schwan'. Er ist der Vogel, der Milch von Wasser trennen kann. Milch bezeichnet hier das ewige und Wasser das vergängliche Prinzip. *SOHAM* ist das *Mantra,* das den Jünger auf dem aufsteigenden Pfad vom Kehlzentrum zum Kopfzentrum führt. Es ist der Pfad der Äquinoktien, von den Zwillingen zum Widder. Die Konsonanten S und H in *SOHAM* sind die männlichen und weiblichen Prinzipien, die das Zwillinge-Zeichen verkörpert. Sie werden als die beiden Flügel des Vogels der Atmung bezeichnet, und sie sind auch die gröberen Prinzipien oder die Körper von *Brahmâ* und *Saraswathî*.

Entfernt man das S und das H, bleibt *OM* übrig. Es ist der Äußernde selbst. *OM* ist der letztendliche Zustand, in dem das Wort mit der Ewigkeit verschmilzt. Es ist das *Mantra* des höchsten Herrn, das Symbol des befreiten Menschen und das *Mantra*, mit dem man Befreiung erreicht. Dem Jünger wird empfohlen, die verschiedenen Klänge, die Bestandteil dieser beiden *Mantren* sind, durch ein Verfahren, das *Nyâsa* genannt wird, zwischen dem Kehl- und dem Kopfzentrum ausfindig zu machen. Dann muss er *Prânâyâma*, die Kunst des Atmens, üben und dabei über sich selbst meditieren.

Von den Zwillingen wird die Farbe Grün regiert. Vielen geistig Strebenden fällt es schwer, sich jene besondere Grünschattierung vorzustellen, die diesem Zeichen entspricht. Die Zwillinge sind das Zeichen der Umwandlung des Niederen ins Höhere. Als großer Alchimist Hermes ist Merkur der Herr dieses Zeichens. Grün hat eine sehr enge Beziehung zu Blau. Schon eine kleine Veränderung in der Schwingung verändert die Farbe von Grün zu Blau und umgekehrt. Blau ist die Farbe des Stiers. Der Übergang von den Zwillingen zum Stier lässt die Vermischung entstehen. Jene Grünschattierung, die das Blau hervorbringt und einen Zwischenton des Blau darstellt, ist die Farbe der Zwillinge, die den Okkultisten in seiner Meditation unterstützt. Betrachtet man den Kristall von Kupfersulfat, erhält man eine Vorstellung von dieser Farbe.

Den Übergang von den Zwillingen zum Krebs nennt man den Weg der Reinkarnation oder den Weg der *Pitris*. Der Krebs regiert die tiefgrüne Farbe des Pflanzenreichs. Es ist die Farbe, die an Photosynthese erinnert oder an die Synthese der Nahrung durch die Pflanzen mit Hilfe der Sonnenstrahlen. Der Okkultist sollte sich hüten, über diese Farbe in seinem *Višuddhi-Chakra* zu meditieren. Wenn das Bewusstsein zum niederen Pol absinkt, gerät er auf den lunaren Pfad, den Pfad der Rückkehr zur Erde. Dem liegt die Wahrheit zugrunde, dass das dem Krebs zugeordnete tiefe Grün zu Saturn gehört, welcher das gegenüberliegende Zeichen Steinbock regiert. Krebs ist das Zeichen der Wiederkehr zur Erde. Steinbock ist das Zeichen, in dem man die Erde durch das Tor des Todes verlässt, um auf die höhere Ebene zu gelangen. Dem Schüler des Okkultismus wird daher dringend geraten, zwischen den beiden Grüntönen zu unterscheiden, den Weg der Äquinoktien zu gehen und den planetarischen Pfad zu vermeiden, wenn er sich aus dem Zyklus von Tod und Wiedergeburt befreien möchte. Das oben beschriebene Grün der Zwillinge hat eine starke heilende Wirkung, während das dem Krebs zugeordnete Grün das Gegenteil bewirkt.

Der Okkultist kann seine Mitmenschen physisch, mental und spirituell heilen, wenn er über das Kehlzentrum meditiert und dabei seinen Selbstausdruck auf die Farbfrequenz der Zwillinge einstimmt und von dieser Bewusstseinsebene aus tröstende, stärkende Worte spricht. So verläuft die geistige Heilung, die mit Hilfe der Zeichen Zwillinge und Stier durch Sprache und Klang zustande kommt. Ein spiritueller Mensch kann auch schweigend heilen. Dann bleibt er im *Prâna* und im Atem und konzentriert die *Prâna*-Schwingungen durch seine Augen oder sein Denkvermögen auf die Kranken. Ein segnendes Wort des Okkultisten oder ein barmherziger, liebevoller Blick haben die gleiche heilende Wirkung. Eine Gedankenform, die durch Meditation über das Symbol der Zwillinge entsteht, hat ebenfalls die Wirkung einer magnetischen Heilung von hohem Rang.

Das Zeichen Zwillinge zeigt die Beziehung einer Person zu ihren Geschwistern an.

- Im Horoskop des Durchschnittsmenschen kennzeichnet es die Verschiedenheiten zwischen Brüdern, die unterschiedlichen Meinungen und die daraus entstehenden Probleme.
- Im Horoskop eines Jüngers kommt in diesem Zeichen die Bruderschaft zum Ausdruck. Wenn der Jünger über dieses Zeichen meditiert und beim Sprechen freundliche und tröstliche Worte findet, fällt es ihm leicht, auf der Gruppenebene geeignete Menschen für die Bruderschaft anzuziehen und sie durch ihr Kehlzentrum mit einem *Guru* in Verbindung zu bringen. Durch den geheimnisvollen Vorgang des 'Durchschneidens der Kehle' kann er Menschen als Lehrlinge in den Tempel einlassen. 'Durchschneiden der Kehle' bedeutet, dass ihr Kehlzentrum stimuliert und der objektive Ausdruck ihrer niederen Ebene neutralisiert wird.

Menschen auf der individuellen Ebene schaffen durch ihr Sprechen Meinungsverschiedenheiten und Gegensätze zu ihren Brüdern. Ein Mensch auf der Persönlichkeitsebene ist ein guter Geschäftsmann, der den Austausch von Geld und Waren ermöglicht. Merkur, der Herr dieses Zeichens, ist auf dem Gebiet weltlicher Angelegenheiten ein guter Geschäftsmann. Ein Mensch auf der *buddhischen* Bewusstseinsebene kann seinen Mitmenschen sehr gut die höheren Symbole erklären. Sein Denken ist klar und sein Ausdruck präzise. Er ist für die Menschen als Götterbote tätig.

Das Zeichen Zwillinge ist in seiner Natur eher intellektuell als emotional, und das macht einen Menschen auf den niederen Ebenen egoistisch und herzlos, aber taktvoll. Den Jünger auf dem aufsteigenden Weg erzieht es dazu, unpersönlich, ohne Motive und rücksichtsvoll zu sein. So wird er zum überpersönlichen Schöpfer guter Gedanken, Worte und Taten.

Der Zahlenwert der Zwillinge ist die 5. Von den Meistern der Weisheit wird diese Zahl als Mittler bezeichnet. *Prâna* ist das Element, das die inneren fünf Sinne des Menschen zusammenführt. Die Sinne sind die Träger seiner objektiven Existenz und seiner subjektiven Erkenntnis. Wenn die *Prâna*-Impulse durch diese fünf Zentren vom Mittelpunkt zur Peripherie strömen und das Denkvermögen sich auf die fünf Zentren ausrichtet, kommt der Mensch hervor, um der objektiven Welt zu begegnen. Werden die *Prâna*-Impulse allmählich in das Zentrum zurückgezogen und geht das Denken den Weg von den peripheren fünf Strahlen zum Zentrum des Lichts zurück, betritt der Mensch den inneren Raum des Tempels. Die ursprüngliche Materie wird in fünf Zustände unterteilt, so dass die Schöpfung in die Objektivität herabsteigen kann.

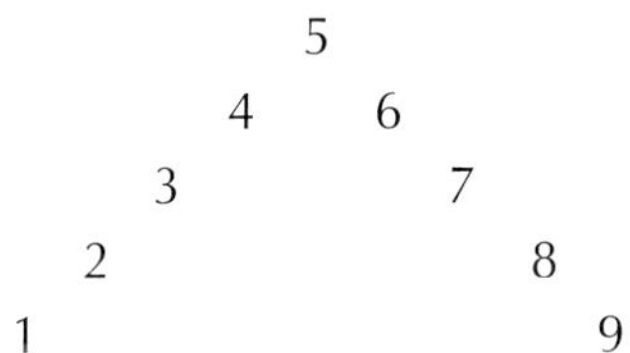

In der Reihe der Zahlenpotenzen nimmt die Fünf den mittleren Platz ein, da es vor ihr vier aufsteigende und nach ihr vier absteigende Zahlen gibt. Wenn die erste und die letzte Zahl, die Eins und die Neun, sich zum Frühlingsäquinoktium auf dem Kreisumfang verbinden, gibt es nur neun Zahlen im Kreis. Dies ist die Natur des Zeichens Zwillinge, das alles in Gegensatzpaaren anordnet.

Wenn ein weltlicher Mensch über die Schwingung der Zahl 5 meditiert, lässt sie Meinungsverschiedenheiten entstehen. Das Gegenteil tritt ein, wenn ein spiritueller Schüler, der auf der *buddhischen* Ebene lebt, über die Zahl 5 meditiert. Dann kommen die Gemeinsamkeiten der scheinbaren Gegensatzpaare zum Vorschein, und sie können so angeordnet werden, dass sie sich ergänzen. Indem er die Potenz der Zahl 5 benutzt, kann er nicht nur alle Probleme der Welt lösen, sondern sich auch in Frieden über sie erheben, um seinen Mitmenschen zu helfen.

Menschen auf der individuellen und persönlichen Ebene führt das Zwillinge-Zeichen zu gedanklicher Aktivität und Gedankenstömen. Der Intellekt des Durchschnittsmenschen arbeitet durch die Zwillinge und findet seinen Ausdruck in Angelegenheiten, die mit Diplomatie, gesellschaftlicher Aktivität, Kompromissfähigkeit, Interpretation, Übersetzung, Gemeinschaft und ähnlichem in Verbindung stehen. Alle wissenschaftlichen und literarischen Aktivitäten der Welt werden ebenfalls von diesem Zeichen regiert. Rhetorische Begabung sowie das Talent zur Schauspielerei und Imitation gehören zu diesem Zeichen. Große Denker, Wissenschaftler und Mathematiker werden von den Zwillingen durch ihre Ausdrucksform, das Kehlzentrum, regiert. Mit Hilfe des Zwillinge-Zeichens werden die Gesetze von Natur und Mensch ausgelegt. Durch das gegenüberliegende Zeichen Schütze und seinen Regenten Jupiter werden die Gesetze verfasst. Auf all diesen Ebenen regiert Merkur die Zwillinge.

Im Jünger findet eine große Bewusstseinserweiterung statt, wenn er das Tor zwischen den beiden Säulen dieses Zeichens durchschreitet. Dann tritt seine Intuition von der höheren *buddhischen* Ebene an die Stelle seines Intellekts. Zu diesem Zeitpunkt ist der radioaktive Planet Uranus der Herrscher der Zwillinge. In allen weltlichen Angelegenheiten regiert Uranus, der Herr der Umwandlung, das Zeichen Wassermann. Im Hinblick auf die Bewusstseinserweiterung des Jüngers, die durch Einweihung in das Kehlzentrum erfolgt, übernimmt Uranus durch einen Trigonaspekt vom Wassermann aus die Herrschaft.

B.4 Krebs ♋

Der Krebs ist das zweite Kardinal- und das erste Wasserzeichen im Tierkreis. Es bezeichnet das Ende der Feueraktivität und den Anfang der Wasseraktivität durch Luft oder Gas. Wasserstoff und Sauerstoff im Luftstadium finden wir im Doppelzeichen Zwillinge, einem Luftzeichen. Mit Blitz und Donner kündigt die Sommersonnenwende eine Zustandsänderung an. Das Wasser wird geboren, und darauf weist uns der Krebs hin. Am Äquator kündigt die Sommersonnenwende das Ende des Sommers und den Beginn der Regenzeit an.

Wasserstoff wird von *Mitra*, dem Herrn der Feuerrituale, der *Mitra*-Mysterien, regiert. *Mitra* ist der Freund aller Götter, der Herr der Verschmelzung und der Ursprung aller Maßeinheiten in der Chemie der kosmischen Ebene. *Vasishtha*, ein heiliger Feuergott, dessen Strahl durch eine der sieben Sonnen des Großen Bären gebündelt wird, lenkt die Evolution der Wasserstoffatome. *Varuna*, dessen Strahlen durch Uranus gebündelt werden, erzeugt und beherrscht die Entwicklung des *Prâna*-Prinzips auf der Erde. Dieses *Prâna* nutzt den Sauerstoff als Träger, um sich zu manifestieren.

Varuna ist der Herr der Verbrennungsvorgänge, der Expansion und der Strahlung. Die gesamte Radioaktivität der Erde wird von ihm geleitet. Auf der kosmischen Ebene verkörpert *Mitra* das passive, weibliche und *Varuna* das aktive, männliche Prinzip des Paares in den Zwillingen. Sie erzeugen die kardinale Aktivität des Krebs-Zeichens, und so entsteht das Wasser. Es ist der Wirkstoff, der fruchtbar macht und keimen lässt. Der Wechsel vom gasförmigen zum flüssigen Zustand ist ein Sprung in der chemischen Evolution, der auf der Erde durch eine Veränderung ihres Neigungswinkels hervorgerufen wurde. Eine gröbere Erscheinungsform desselben Phänomens ist die Kondensation von Dampf zu Wasser.

Im Sommer werden die Wasser der Erde in den Luft-Zustand erhoben. Sobald die Sonne in das Zeichen Krebs eintritt, verdichtet sich plötzlich der Wasserdampf in der Luft zu Wolken und fällt als Regen herab. Aus diesem Grund wird das Zeichen Krebs in der Esoterik mit den Hyaden* verbunden, die auch Sterne der Flut genannt werden. Zwischen Stier, Krebs, Jungfrau, Skorpion und Steinbock besteht eine sehr enge Beziehung.

Wenn Dampf zu Wasser kondensiert, wird durch die Vereinigung von Feuer, Wasser und Luft Wärme frei. Man bezeichnet sie als latente Hitze. Im Steinbock, dem Zeichen, das dem Krebs gegenüberliegt, beginnt die Sonne ihren nördlichen Lauf, sobald heiße Luftströmungen erzeugt werden. Dann verdunstet das Wasser, und die latente Hitze wird wieder absorbiert. Latente Hitze im Wasser wird als Lebenswärme, *Badabagni,* benutzt, um Saaten zum Keimen zu bringen und Eizellen anzuregen, deren Befruchtung die Grundlage für die Rückkehr der Seelen zur Geburt ist. Daher ist der Krebs das Tor, durch das die Seelen in den Geburtenzyklus eintreten. Eine Gruppe von Engeln, die *Pitris,* leiten diese Aktivität. Sie gehören zu jenen kosmischen *Devâs,* die in ihrem Wesen lunar sind.

Das Zeichen Krebs wird im Denderah-Tierkreis durch einen Käfer dargestellt. Über dieses Insekt gibt es eine gleichnishafte Geschichte. Sie erzählt, dass jenes Insekt einige niedere Insektenformen in Käfer verwandelt. Dies ist ein Symbol für das Hervorbringen der Samenprinzipien in die Egos. Die Atome des Mineralreichs werden durch das Zeichen Krebs in das Pflanzenreich erhoben.

Nach der Sommersonnenwende am Anfang des Krebs scheint die Sonne von ihrer nördlichsten Position nach Süden zu wandern. Das Zeichen Krebs ist der Anfang des südlichen Pfades, genauso wie mit dem Steinbock der nördliche Pfad beginnt.

* Fixsterngruppe 4-6° Zwillinge

An diesem Punkt scheint die Sonne sich seitwärts zu bewegen, ähnlich wie die Krebse. Deshalb herrscht dieses Zeichen über die Krebse und artverwandte Lebewesen im Tierreich. Auch die Schildkröte steht unter seinem Einfluss.

Wasser ist Volumen ohne Form. Es passt seine Gestalt dem jeweiligen Gefäß an, behält jedoch immer eine vollkommen horizontale Oberfläche. Alle niederen Mental- und Astralebenen besitzen ebenfalls diese Eigenschaft. Daher regiert das Wasserzeichen Krebs das niedere Denkvermögen und den Astralkörper des Menschen. Wie die Zwillinge die Atemwege regieren, so herrscht der Krebs über den Atemvorgang.

Widder, das erste Kardinalzeichen, reguliert das Blut und Krebs, das zweite Kardinalzeichen, den Blutkreislauf. Kreislauf und Atmung sind Erscheinungsformen der Pulsierung. Der Krebs leitet die Pulsierung und die Zwillinge ihre Ausbreitung. Auch Ebbe und Flut der Ozeane gehören zur Pulsierung des Krebs. Durch eine Reflexion seiner Tätigkeit in den verschiedenen Mondphasen erzeugt *Soma* magnetische Ströme, die in den ätherischen und astralen Strömungen sowie in den Gewässern der Erde Ebbe und Flut bewirken. Wenn der Jünger das *Prânâyâma* beherrscht und versucht, sein Denken mit seinem *Prâna* gleichzusetzen, bekommt er die ätherische, astrale und flüssige Materie und auch seine Launen und Stimmungen in den Griff. Das ist die Rolle des Krebs-Zeichens im *Râja Yoga*. Zu ihm gehört die Reinigung der niederen Körper. In diesem Fall wirkt das Bewusstsein durch das Herzzentrum, das *Anâhata Chakra*.

Auf der weltlichen Ebene, welche die individuelle und persönliche Ebene des Menschen umfasst, steht der Krebs für mentale Aktivität. Im Durchschnittsmenschen steuert er das Verhalten, den Instinkt, die Impulse, die Empfindungen und Gefühle. Diese Aktivitätsebenen hängen mit dem Herzzentrum zusammen, solange es mit dem Solarplexus verbunden ist. Der

Krebs beeinflusst die psychischen Ebenen des Menschen, seine medialen Fähigkeiten und die Tätigkeit seines Unterbewusstseins. Das Unterbewusste ist das Bindeglied zwischen Denken und Seele. Über die *buddhische* Ebene entwickelt sich der Mensch vom Denken zur Seelenebene.

Die Verbindung zwischen Natur und Mensch ist die Verbindung zwischen Mutter und Kind. Sie wirkt durch das Unterbewusstsein und besteht aus der instinktiven Zuneigung der Mutter zu ihrem Kind. Diese Verbindung wird vom Krebs regiert. Selbst wenn das Kind von der Mutter getrennt ist, weiß sie über die medialen unterbewussten Schichten, die auf der Astralebene gebildet werden, was ihr Kind braucht. Sie spürt seine Schmerzen und seine Freude. Auch die Kommunikation mit Verstorbenen gibt es durch die Aktivität dieser Ebene. Deshalb leitet der Krebs die Seelen jener Verstorbenen, die zur Erde herunterkommen oder mit geliebten, nahestehenden Menschen Kontakt aufnehmen möchten. Geister und Seance-Räume stehen unter dem Einfluss des Krebs.

Eine Mutter und ihr Kind in der Gebärmutter sind durch die Nabelschnur miteinander verbunden. Die Krebs-Energie ist von ausschlaggebender Bedeutung für die Nabelschnur und die regelmäßige Stimulierung der weiblichen Eierstöcke. Eisprung und Menstruation, die durch die Zeiten des Vollmonds und Neumonds angezeigt werden, gehören ebenfalls zum Krebs. Deshalb ist der Mond für alle biologischen Phänomene der Herrscher des Krebs. Auch das Protoplasma, Lymph- und Kreislaufsystem fallen unter dieses Zeichen.

Zum Krebs gehört die Kunst der Synthese und zum Steinbock die Fähigkeit der Analyse. Die Kunst der Synthese umfasst die Rückkehr anorganischer Atome zu organischer Lebensaktivität, und die analytische Zergliederung bewirkt das Gegenteil: den Tod der physischen Materie. Der Krebs ist der Fall des Menschen in die Materie, und der Steinbock ist sein Aufstieg aus der Materie. Daher zeigt Krebs den Sonnenuntergang und Steinbock den Sonnenaufgang der Götter an.

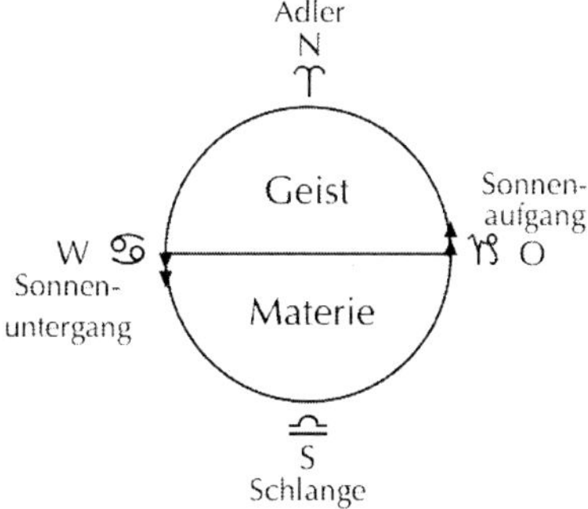

In den Weisheitsbüchern heißt das Krebs-Zeichen 'die Grube' und Steinbock 'der Berg'. In der *vedischen* und *purânischen* Symbolik gilt Krebs als der Westen und als Abhang, *Nimlochani*. Hier ist der Wohnort von *Varuna* und auch der Geburtsort der Schlangen. Im Steinbock befindet sich der Geburtsort der Adler. Die Schlangen begeben sich in die niederen Regionen, bis sie die Waage, den Fall der Sonne, erreichen. Der Adler, ein Symbol der Sonne auf ihrem nördlichen, aufwärtsführenden Weg, erhebt sich in den Himmel, bis er den Meridian überquert und die Zeichen Fische und Stier mit dem Widder verbindet.

Kašyapa verkörpert das Himmelsgewölbe, den Bogen zwischen Steinbock und Krebs. Er hat zwei Frauen, *Aditi* oder den Osten des Jahres, und *Diti*, den Westen des Jahres. Im Wirkungsbereich des Tierkreises heißen die beiden Frauen *Vinata* oder Mutter des Adlers und *Kadruva* oder Mutter der Schlangen. Die Flügel des Adlers bringen das Lebenselixier herunter, um die Zungen der Schlangen zu erheben, so dass sie das Elixier schmecken können. Dies ist der gewaltige Zyklus des großen Adlers *Garuda*. Der Jünger soll diesem Zyklus folgen, um seine Befreiung zu erreichen, die auch *Vinatas* Befreiung ist. Beide sollen aus der Bindung durch *Kadruva* befreit werden.

Milch und Milchprodukte werden vom Krebs und das Vieh wird vom Stier regiert. Milch und *Ghî* sind zwei Nahrungsmittel, die für einen Jünger des Okkultismus am förderlichsten sind. Sie reinigen seine *Košas*, ebnen den Weg des *Sâdhaka*, nähren seine Seele und liefern das Material für den Bau seiner *Antahkarana*. Alle *vedischen* Rituale beschreiben die Herrlichkeit von *Agni*, der durch die Gaben von Milch, Butter und *Ghî* noch strahlender wird. *Ghî* wird als geistiger Samen oder als Brennstoff des Lichts beschrieben.

Silber ist das Metall, das zum Krebs gehört. Es hat einen direkten Bezug zur Reaktionsfähigkeit des Denkens und beeinflusst Empfindsamkeit, Zugänglichkeit und Verhalten des Menschen. Seher der Homöopathie haben dies durch besondere Untersuchungen der medizinischen Eigenschaften des Silbers nachgewiesen.

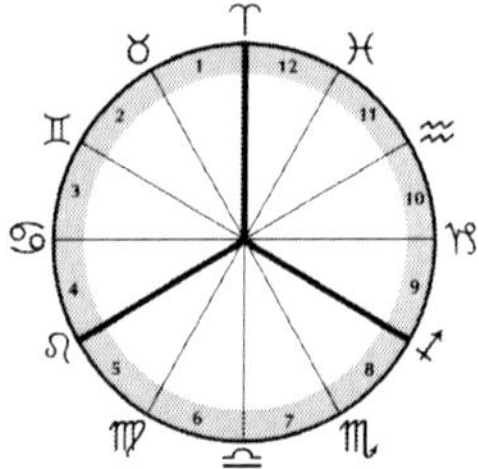

Das erste Drittel des Tierkreises, das mit dem Widder beginnt, endet mit dem letzten Grad des Krebs. Das zweite Drittel beginnt mit dem Löwen und endet mit dem letzten Grad des Skorpions. Das letzte Drittel fängt mit dem Schützen an und endet mit dem letzten Grad der Fische. Diese drei Punkte bilden die heilige Trinosophie *Trayî Vidyâ*. Jede Dreiheit beginnt mit einem Feuerzeichen und endet mit einem Wasserzeichen. Aus diesem Grund weisen die drei Wasserzeichen auf das Ende der Dinge hin. Sie enthalten Hinweise auf den Verlauf des Alters beim Menschen. Für einen spirituellen Menschen zeigen sie seine Punkte der Wiedergeburt an. Am Ende des

Krebs befindet sich die Grube, in der die Schlange lebt. *Âšlesha*, die Konstellation der Kleinen Schlange, trifft mit dem Ende des Krebs zusammen, wenn der Widder sich mit jenen Konstellationen deckt, die den Beginn des *Kali Yuga* anzeigen.

Ein tiefdunkles Grün beeinflusst dieses Zeichen im Horoskop eines weltlichen Menschen. Grün ist die Farbe Saturns, und der Krebs empfängt sie durch eine Widerspiegelung vom gegenüberliegenden Zeichen Steinbock. Ein Jünger sollte die Wirkungen dieser Farbe auf sich neutralisieren, indem er sie allmählich in Goldgelb, die Farbe des Schützen, umwandelt. Dann überwindet er die Hindernisse, die aus *karmischen* Verbindungen der Vergangenheit entstanden sind und als Tendenzen in seiner Mental- und Astralebene leben. Anschließend wird das Goldgelb in Honiggelb umgewandelt. Dabei bekommt der Jünger den Ausdruck von *Sattva* in den Griff und gelangt zu vollständiger Beherrschung der *buddhischen* Ebene. Beim nächsten Schritt zieht der Jünger die Farbe Blau in dieses Zeichen. Dann rundet das Schönheitsbewusstsein des Stiers die Eckigkeiten seiner Liebe-Natur ab. Wenn das Bewusstsein sich auf der Seelenebene durch das Herzzentrum ausdrückt, wird schließlich die Farbe der Rosenblüten angezogen. Dieser Ablauf wird von vielen *Râja Yoga*-Schulen geübt. Meditiert man im Herzzentrum über die Rosenfarbe, wird sie zum wahren Symbol der Rosenkreuzer: zum Symbol einer Rose mit dem Kreuz.

Vom Beginn des Krebs wird der Tierkreis in 30 gleiche Abschnitte von jeweils 12 Grad eingeteilt. Jeder Abschnitt entspricht der durchschnittlichen Fortbewegung des Mondes an einem Tag. Diese Einteilung des Tierkreises benutzt ein Familienvater für seine Sakramente. Sie zeigt uns auch die Beziehung zwischen den Sonnen- und Mond-Monaten. Für einen verheirateten Mann sind viele Rituale vorgesehen, damit er gesunde, langlebige und spirituell entwickelte Kinder zeugt, und diese Rituale erfordern die oben erwähnte Unterteilung.

Wiederum wird der ganze Tierkreis vom Beginn des Krebs in 28 gleiche Abschnitte geteilt. Sie ergeben die Grundlage für die Berechnung der vorgeburtlichen Zeit eines Menschen. Die Bögen, in denen das Geschlecht des zukünftigen Kindes enthalten ist, befinden sich in diesen Abschnitten. Es gibt noch eine weitere Anwendungsmöglichkeit für diese Unterteilung. Wenn wir das Horoskop eines fortgeschrittenen spirituellen Jüngers in umgekehrter Richtung, das heißt dem Pfad der Äquinoktien, entlang gehen, erfahren wir durch diese Einteilung Einzelheiten aus früheren Inkarnationen des Jüngers und den gegenwärtigen Entwicklungsweg, und wir erhalten Hinweise, wie man schlechtes *Karma* der Vergangenheit neutralisieren kann.

Ausgehend vom Anfang des Krebs kann man den ganzen Tierkreis noch einmal in 27 gleiche Teile zerlegen. Sie enthalten alle Hinweise, um die Einzelheiten der 27 Unterteilungen der Wirbelsäule für *yogische* Zwecke zu erkennen. Der Weg der Planeten in jedem Abschnitt hat besonderen Einfluss auf die Stimmungen eines weltlichen Menschen. Sie kommen in den weltlichen Angelegenheiten zum Ausdruck, während der Mond diese Abschnitte durchquert. Wird für einen spirituellen Menschen ein Progressionshoroskop in umgekehrter Richtung erstellt, dann zeichnen sich die verschiedenen Einflüsse der Mond-Progression und der Saturn-Transite ab, aus denen in seinem Umfeld vielfältige Einflüsse entstehen, die der Jünger überwinden muss. Auf der *buddhischen* Ebene werden die drei Seiten des Dreiecks von drei Gruppen mit je neun solcher Unterteilungen gebildet. Wenn jede Unterteilung mit den beiden korrespondierenden Unterteilungen aus den anderen Gruppen verbunden wird, erhalten wir die neun Dreiecke, die uns Aufschluss über die Wechselbeziehungen zwischen den verschiedenen magnetischen Zentren entlang der Wirbelsäule geben. Es sind Zentren, die als die Samen von neun Einweihungen bezeichnet werden.

Die oben erwähnten drei Methoden finden zur Zeit wenig Beachtung. Sie bilden die *Nakshatra*-Einteilung des Tierkreises. Gegenwärtig wird die dritte Art der Unterteilung bei orthodoxen indischen Astrologen angewendet, obwohl ihr wahrer Schlüssel verloren gegangen ist. Im Hindu-Kalender ist diese Einteilung noch heute üblich. Sie wird von einem fixen Punkt aus berechnet, den man den ersten Punkt im Widder nennt. Die verschiedenen Gottheiten, die diese Unterteilungen und ihre Auswirkungen prägen, werden in der *vedischen* und *purânischen* Weisheit ausführlich beschrieben.

Für alle weltlichen Zwecke ist der Mond der Herrscher des Krebs-Zeichens. Ein Jünger, der dabei ist, seine *Antahkarana* zu erbauen, hat Saturn als Regent. Bei einem *Yogî*, der im kosmischen Bewusstsein lebt, lenkt *Soma* den Krebs durch den Mond. Periodizität, Rhythmus und Musik stehen unter dem Einfluss des Zeichens Krebs. Die Stimme wird vom Stier und die Musik wird vom Krebs beeinflusst. Musik hat die Fähigkeit, das menschliche Bewusstsein von der astralen Ebene direkt zur Seelenebene emporzuheben, ohne dafür die Hilfe der mentalen und *buddhischen* Ebene zu benötigen. Die Eigenschaft des seelischen Reifens ist im Krebs vorhanden. Durch das Unterbewusstsein wirkt Musik als *Mantra*. Werden die Ebenen der Verzückung und Sättigung durch musikalische Klänge oder durch das musikalische Empfinden des Denkvermögens vom *Guru* richtig mit dem Bewusstsein des Jüngers verbunden, lösen sich die Hindernisse des Jüngers auf, und er kann die kosmischen Bewusstseinsebenen erkennen. Diese Art der seelischen Entwicklung steht unter dem Einfluss von Neptun, und deshalb ist er für die Wesen in *Shambala* der Herrscher des Krebs.

Ohne die richtige Verbindung zu einem fähigen *Guru* ist dies ein sehr gefährlicher Weg, denn der Jünger könnte auf unterbewusste Ebenen geführt werden, wo sein Denkvermögen verloren geht, seine Medialität erwacht und Verbindungen aus seinem *Karma* der Vergangenheit ihn dahin führen, dass er sich leidenschaftlichen Genüssen hingibt. Astrale Illusionen, Abstumpfung, Selbsthypnose, Geisterbeschwörung und Ausübung schwarzer Magie sind nichts Ungewöhnliches, wenn ein Okkultist versucht, im *Yoga* dem Pfad der Musik zu folgen. Es ist ein Weg auf Messers Schneide, und nur sehr wenige bewältigen ihn erfolgreich. Die Gefahr liegt in der Tatsache, dass der Krebs von Natur aus vollkommen negativ ist. In diesem Zeichen gibt es nur einen empfangenden und keinen sendenden Pol. Bis der Jünger die planetarischen Ebenen überwunden hat, gibt es nur ein Folgen und keinen Führer. Nur sehr wenige Menschen können durch dieses Zeichen zu einem *Guru* werden.

Die besten Beispiele für Jünger dieses Zeichens finden wir in der Gruppe der besten Musiker auf der kosmischen und suprakosmischen Ebene. *Nârada, Tyâgarâja, Jayadeva* und andere stehen unter dem Einfluss dieses Zeichens. *Nârada* ist in den Zwillingen ein Bote und im Krebs ein Musiker. Aus diesem Grund ist er der höchste *Guru* unseres Sonnensystems, der sogar die Wesen in *Shambala* auf die suprakosmische Ebene führt. Außer *Sanat Kumâra* kommt ihm keiner an Vollkommenheit gleich.

Die Inkarnation von *Râma* wird in dieses Zeichen verlegt. Mond und Jupiter im Krebs, Sonne im Widder, Mars im Steinbock, Saturn in der Waage und Venus in den Fischen prägen *Râmas* Inkarnation. Der Jünger sollte über die umfassende Bedeutung dieser planetarischen Anordnung meditieren, wenn er durch die Klänge *RA-MA* Vollkommenheit erreichen will. *MA* ist der Klang des Zeichens Krebs. Alle nasalen Klänge gehören zu den Schwingungen des Mondes.

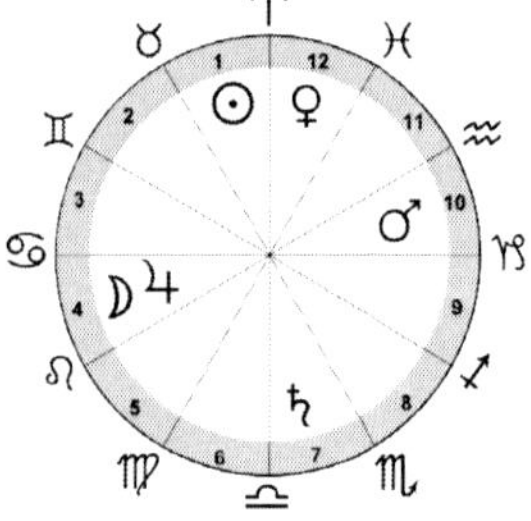

Jedes Mal, wenn eine erhebende Wirkung durch Klang benötigt wird, entsteht Musik dadurch, dass Klänge mit Bewusstsein aufgeladen werden. Das geschieht durch die Bildung von Nasalklängen. Ohne sie gibt es keine Musik. *Nârada* ist also der Adept der Musik, der *Vâlmîki* in das *Mantra* von *Râma* einweihte.

Die Zahlenpotenz des Krebs ist die 2. Sie ist eine negative Zahl und bringt das Nachfolgen zum Ausdruck. Die 1 ist die numerische Potenz des strahlenden Glanzes, und die 2 hat die Potenz der Widerspiegelung. 1 ist die Zahl des *Purusha,* der Gottheit der Manifestation, die sich in 10, 100, 1000 vervielfacht. 2 ist die Zahl von *Prakriti,* der Natur. Sie manifestiert sich als *Mûla Prakriti,* als ursprüngliche Materie, die *Purusha* auf ihrer Ebene widerspiegelt. Die Gesamtwirkung der verschiedenen Tätigkeiten von *Prakriti* nennt man die Natur des Menschen. Sie kommt in seinem Verhalten zum Ausdruck. Verhalten gehört zum Krebs.

B.5 Löwe ♌

Löwe ist das königliche Zeichen des Tierkreises. Der Löwe verkörpert den König der Tiere. Wer unter diesem Zeichen geboren ist, hat ein großmütige, direkte und liebevolle Wesensart. Das Löwe-Zeichen steht für das Überwinden von Hindernissen und für das Regieren eines Königreiches. Im Wesen des Löwen gibt es auch ein kämpferisches Element. Auf der niederen Ebene zeigt es den Kämpfer um die Macht. Der Staatsmann und Herrscher gehört zu diesem Zeichen. Leiter von Institutionen und Führer von Parteien, Nationen und Ideologien werden vom Löwen regiert. Auf der Persönlichkeitsebene bedeutet dieses Zeichen Kampf für eine Ideologie, für Gerechtigkeit und für die Herstellung von Gesetz und Ordnung. Der Kampf für das Gesetz liegt in der Natur des Löwen. Er will seine Anhänger und die Schwächeren beschützen. So zeigt sich seine Liebe.

Im Jünger weist das Löwe-Zeichen auf den Kampf mit der niederen Natur und ihre Überwindung hin. Das Aufbauen einer inneren und äußeren Ordnung, Zielstrebigkeit, Beständigkeit und Expansion durch Disziplin sind die Leitgedanken dieses Zeichens. Es ist das zweite fixe Zeichen und das zweite Feuerzeichen. Das fixe Zeichen steht für Festigkeit und Stabilität, das Feuer für Leuchtkraft und Expansion. Für gewöhnlich sind beide mit Disziplin verbunden.

Der Löwe leitet das Zwerchfell und dessen Aktivität im physischen Körper. Das Siegel des Löwen oder das Symbol des Zeichens kann man in der Vertiefung unterhalb des Brustkorbs erkennen, wo sich das Zwerchfell befindet. Es hält den Druck nach oben aufrecht, der zwischen dem Herzzentrum und dem Solarplexus ein Gleichgewicht schafft. Atem und Kreislauf bilden im Herzen und in den Lungen ein Pulsierungszentrum, und diese Pulsierung kommt durch die Nervenkraft im Zwerchfell zustande. Mit Hilfe der zwei niederen Zentren reguliert der Solarplexus die Verdauungs- und Ausscheidungsvorgänge. Beim Durchschnittsmenschen, der in den unteren Zentren lebt, verursacht der Abwärtssog des Solarplexus bereits in der Jugendzeit einen allmählichen Verlust der peristaltischen Bewegung des Zwerchfells. Dies ist die Ursache des Alterns. Verliert das Zwerchfell durch Zügellosigkeit in den Essensgewohnheiten und in der Sexualität seine Schubkraft nach oben, wird die Pulsierung von Atem und Kreislauf durch die Last der unteren Zentren hinabgezogen. Dadurch verliert das Bewusstsein des Menschen seine Herrschaft über das *Prâna* und das Denken, ganz zu schweigen von den höheren Aktivitäten. Infolgedessen bleibt der Mensch auf den astralen und ätherischen Ebenen dauernd gefangen und an die gröbsten Formen des Verlangens gebunden. In diesem Stadium lässt ihn seine Reaktion auf die objektive Welt in Schmerz und Trübsal leben. Für ihn ist das Leben keine Erfahrung mehr, sondern ein ständiger Existenzkampf.

Indem der Jünger sein Denken auf die Pulsierung konzentriert, welche Atmung und Kreislauf beherrscht, und über seine Stimme und den Ursprung seiner Sprache meditiert, kann er die Löwe-Aktivität in seinem Inneren unterstützen, die ihn auf höhere Ebenen erheben will. Dies ist ein sehr langsamer Vorgang, der große Geschicklichkeit erfordert und sich besonders für die Kinder des Löwe-Zeichens eignet. Die Übung besteht aus *Yama* und *Niyama*, den ersten beiden *Yoga*-Stufen des achtfältigen Pfades von *Patanjali*. *Âsana*, die dritte Stufe, vermittelt das Training. *Prânâyâma*, die vierte Stufe, führt zur ersten Einweihung. Bei diesen ersten Stufen kommt die Aktivität des Zeichens Löwe voll zur Wirkung. Dann endet die einführende Rolle des Löwen im *Yoga*. Der Läuterungsprozess, in dem die Liebe-Natur von emotionalen Schwärmereien gereinigt und die *Antahkarana* durch eine Liebe, die über den Gefühlen steht, erbaut wird, benötigt die umfassende Hilfe des Löwen.

In der *vedischen* und *purânischen* Symbolik wird das Löwe-Zeichen während der ersten Stadien 'der Hund' und in seinen höheren Funktionen 'der Löwe' genannt. Der Hund gilt als Symbol der Wachsamkeit. Er wacht an den Toren zwischen Himmel und Hölle, zwischen Glückseligkeit und Leiden des Lebens. Ein Schüler der ersten drei Stufen sollte seine Gebete laut sprechen, damit er sein Denken auf seinen eigenen Klang und dessen Bedeutung richten kann. Gott ist die Bedeutung der Klänge im Gebet, und Gottes Form entspricht dem Erkenntnisvermögen des Schülers. Sein hörbarer Ton ist der dreiköpfige Hund im Löwe-Zeichen. Musik benötigt den Klang als Träger. Dieser setzt sich aus drei Haupttonleitern zusammen, von denen jede sieben untergeordnete Tonleitern hat. „Es gibt sieben Klangschichten, und Drei mal Sieben ist die Anzahl der Brennhölzer für *Purusha*." *

In diesem Stadium wirken *Mantren* nur als Klangschwingungen. Wenn der Schüler seine Stimme allmählich der Musik angleicht, wird seine Stimme vom Klang des niederen Löwen zur Musik des Krebs und dann zur *Prâna*-Regulierung in den Zwillingen emporgehoben. Erst dann kann er die Stimme des Stier-Zeichens ertönen lassen. Das Wort eines Durchschnittsmenschen hat keinerlei Wirkung auf andere, außer durch seine Motive. Dieser Zustand wird vom Zeichen Löwe dargestellt, das einen 90°-Winkel zum Stier bildet. Wenn der Schüler diesen vierten Teil des Kreises auf dem umgekehrten Weg, dem Weg der Äquinoktien, zurückgelegt hat, ist sein Wort nicht mehr von Motiven bestimmt. Er spricht das Wort der Liebe, das die Umwandlung der Mitmenschen leitet und unterstützt.

Der Hundsstern hat eine geheimnisvolle Beziehung zum Zeichen Löwe. Die Klangschwingungen dieses Sterns sind so hoch, dass sie für das Ohr des gewöhnlichen Menschen nicht

---

* Zitat aus der *Purusha Sûkta*

hörbar sind. Die Hunde dieser Erde tragen die Schwingungen des Hundssterns in sich. Sie können Pfeiftöne oder Klänge wahrnehmen, die für das menschliche Ohr nicht hörbar sind. Im *Yoga*-Schüler beschleunigt die Gegenwart eines Hundes die Stimulierung des Bewusstseins für höhere Klangschwingungen. Aus diesem Grund haben manche Adepten Hunde um sich. Während eines bestimmten Übungsstadiums zieht der Schüler Hunde an, ohne zunächst den Grund dafür zu kennen. Wenn er aus ihrer Gegenwart Nutzen ziehen möchte, sollte er sie nicht wegjagen. Lord *Dattâtreya,* der Herr der ganzen *Yoga*-Wissenschaft, hat vier Hunde um sich, um seinen Anhängern und Jüngern zu helfen. Der Adept *Sai Baba* von *Shirdi* war immer von Hunden umringt.

Man sagt, dass der Löwe das Herz regiert. Doch dies trifft nur auf die höheren Funktionen zu. Das physische Herz, der Kreislauf und die Atmung der Lunge werden vom Krebs und nicht vom Löwen gesteuert. Das Herz ist der Sitz der Liebe, und die Liebe-Natur wird allein vom Löwen regiert. Durch das *Anâhata Chakra* arbeiten der Geist des Dienens und die Liebe-Natur, die ununterbrochen zu den Mitmenschen hinausströmt. Somit umfasst das *Anâhata Chakra* die musikalische Aktivität des Krebs und die Liebe des Löwen. Alle Menschen, die im Löwe-Zeichen geboren sind, haben diese Liebe-Natur. Ihr Leitgedanke ist, die Mitmenschen zu schützen. Doch beim gewöhnlichen Menschen wird diese Liebe vom emotionalen Verlangen überdeckt. Ein *Yoga*-Schüler sollte die Aktivität des *Anâhata Chakras* nutzen, um seine reinste Liebe-Natur aus der Gefangenschaft der Wünsche, Begrenzungen und Emotionen herauszuheben. Reine Liebe ohne Emotion ist das einzige Mittel, das den Schüler durch das Erwachen der Seele zu einem geeigneten *Guru* zieht. Die Liebe-Aktivität des *Anâhata Chakras* ermöglicht den Tod der Persönlichkeit und die Geburt der Seele in das Gruppenbewusstsein. An diesem

Punkt wird der Schüler zum Jünger. Die Geburt der Liebe führt zur Geburt der Weisheit, und die Weisheit hebt die Gedanken des Menschen auf die Ebene des Intellekts. Dies ist ein Weg im *Râja Yoga*. Auf einem anderen Weg lässt die Geburt der Weisheit die anderen beiden Aspekte entstehen, und das ist der Weg des Rades. Es gibt noch einen dritten Weg, auf dem zuerst der Intellekt geboren wird. Somit existieren drei verschiedene Wege, aus denen sich neun Reihenfolgen ergeben. Selbstverständlich führt jeder Weg zur Vollendung in allem. Das Erheben des Intellekts zum reinen Willen gehört zur Aktivität des ersten Strahls. Erhöhung der Weisheit durch Liebe ist der Weg des zweiten Strahls. Die Auswahl des Weges hängt von der Wahl des *Gurus* ab und entspricht dem Entwicklungsstadium des Jüngers.

Die Geburt des Gruppenbewusstseins, das durch den Löwen erarbeitet wird, nennt man die Geburt des Sohnes. Als fünftes Zeichen im Tierkreis weist der Löwe auf das Verhältnis zwischen Vater und Sohn hin. Diese Beziehung entsteht immer durch Seelenbewusstsein und gipfelt in der spirituellen Verwirklichung des Vaters im Sohn. Die Beziehung zwischen dem Mutteraspekt Gottes und dem Sohn wird durch ein Band aus Emotion und Liebe aufrecht erhalten. Es ist die Nabelschnur, durch die Mutter Natur das Kind nährt und schützt, bevor es sich als Seele bewusst zu entfalten beginnt. Diese Phase gehört zum Zeichen Krebs. Das Ende des ersten Kreisviertels im Krebs und der Anfang des zweiten Viertels im Löwen bezeichnet das Ende der Verbindung des Kindes zu seiner Mutter und den Anfang seiner Verbundenheit mit dem Vater.

Für den Jünger auf dem Pfad ist es wichtig zu wissen, dass das kosmische vierte Haus der Beziehung des Kindes zu seiner Mutter und das fünfte Haus der Beziehung zwischen Vater und Kind entspricht. Im Horoskop zeigt das fünfte Haus die Kinder und die Liebe des Vaters zu ihnen, mit der er sie aufzieht und erzieht, beschützt und zur Selbständigkeit führt. Dies alles wird durch das fünfte Haus und das fünfte Zeichen Löwe erarbeitet: auf der weltlichen Ebene für den weltlich eingestellten Menschen, auf der Seelenebene für den Jünger, auf der geistigen Ebene für den Jünger der letzten vier Einweihungen und schließlich auf der kosmischen Ebene für den Adepten durch die Väter des *Yoga*, deren Urbilder in *Shambala* zu finden sind.

Wenn die numerische Potenz des Zeichens Zwillinge mit dem Löwen durch das Sextil eine Verbindung hergestellt hat, erhält der Mensch die Fähigkeit, mit seinen fünf Fingern zugreifen zu können. Der Griff, der die fünf Sinne lenkt, um den Menschen zu erheben, befindet sich über dem Zwerchfell im Herzzentrum. Dies ist ein großes Geheimnis, das bisher im *Kali Yuga* verborgen blieb und eine ausführliche Erklärung benötigt. Im Daumen und im Handgelenk liegt die Fähigkeit der Hand, zugreifen zu können, und das hat eine sehr tiefe Bedeutung. Die Fähigkeit eines festen Handgriffs hat seinen Sitz im Daumenzentrum des Gehirns und in einem verborgenen *Chakra* zwischen dem Solarplexus und dem Herzzentrum. Sogar bei vielen fortgeschrittenen Jüngern ist dieses *Chakra* noch unerweckt. Erst durch den richtigen Aufbau der *Antahkarana,* kann dieses verborgene Zentrum aktiviert werden, weil es nur in der *Antahkarana* existiert. Seine Aktivität ist das Verlangen, alle Wesen aus dem Leid der Welt zu erheben. Sich die Hände zu reichen ist für den Jünger von großer Bedeutung. Seine Verbindung zum Adepten vollzieht sich von Hand zu Hand. Genauso ist auch die Verbindung zwischen einem Jünger und einem leidenden Menschen. Das Verlangen des Jüngers, seine Mitmenschen aus ihrem Leid zu erheben und sie zu beschützen, entwickelt in ihm die Tauglichkeit, seine rechte Hand der Hand seines *Gurus* entgegenzustrecken.

Bevor der Jünger die oben erwähnten Pflichten nicht richtig erfüllt hat und aufhört, über seinen eigenen Fortschritt oder seinen *Guru* nachzudenken, reicht der *Guru* seinem *Šishya* niemals die Hand, sondern er wartet schweigend, bis sich die Eignung des Jüngers herausgestellt hat. Aus diesem Grund hat der allerhöchste Gott, der Herr der Schöpfung und ihrer Rituale, dem Zeichen Löwe das Dienen, das Beschützen und die Liebe zugeordnet. So ist es den Menschen möglich, durch *Avidyâ*, die Persönlichkeit, den Tod zu überwinden und durch den Händedruck, einem Zeichen der Gemeinschaft, in das Seelenbewusstsein erhoben zu werden. Für einen Menschen, der die Persönlichkeitsebene nicht überwunden hat, ist es sinnlos, überhaupt an einen *Guru* zu denken. Für einen Menschen, der auf der Seelenebene lebt, ist es nicht nötig, weil der *Guru* die Verbindung herstellt, sobald er spürt, dass er durch die Gedanken des Jüngers nicht gestört wird.

Vertrauen, Glaube und Zuversicht helfen dem Schüler, die niederen Ebenen zu überschreiten. Wenn andere sich auf den Jünger verlassen können und wenn er verspricht, sie in keiner Situation zu hintergehen, kann er sich der Hand seines *Gurus* bis zu den höchsten Ebenen sicher sein. Dieser Weg des Zeichens Löwe wird in einer Geschichte des *Mahâbhârata* erzählt, in der ein Hund *Yudhisthira* bis in den Himmel folgt.

Am Firmament gibt es sieben Richter. Es sind die sieben Sterne des Großen Bären. Sie kommen als Prinzipien, Ausdrucksformen, Rassen und menschliche Prototypen zur Erde herab. Der Siebte und Letzte unter ihnen ist das Gesetz des Schutzes, des Dienstes und der Liebe. Durch diese Eigenschaften gewinnt ein Mensch Macht über den Löwen im Löwe-Zeichen. Samson, der den Löwen tötete, und Herkules, der den Löwen besiegte, stellen die Arbeit in diesem Zeichen dar. Es gibt viele praktische Hinweise zum Löwen, die nicht durch Bücher vermittelt werden können.

Das Heilen ist eine Form des Dienens und ein Ausdruck des Beschützens im höheren Sinn. Die Kunst des Heilens wird dem

Löwen zugeordnet. Liebe und Beschützen der Mitmenschen versetzt den Menschen in die Rolle eines Herrschers. Löwe gilt als König der Tierkreiszeichen. Die höchste Stellung, die im Altertum ein Weiser auf dem spirituellen Weg einnehmen konnte, war die eines Königs-Eingeweihten: einer, der durch seine Liebe die Mitmenschen schützt, leitet und emporhebt. Es gab eine Zeit, in der die Herrscher der Völker Hohepriester waren und Einweihungen durchführten. In dieser Eigenschaft wird ein Herrscher als Vater des Volkes bezeichnet. Die Beziehung zwischen dem Regenten und den Regierten ist wie die eines Vaters zu seinen Söhnen. Da ist es kein Wunder, dass wir in den Aufzeichnungen über die *Râjarshis*, die Königs-Eingeweihten, und die *Prajâpatis*, die Patriarchen, lesen, dass sie Hunderte und Tausende von Söhnen hatten.

Das Zeichen Löwe markiert den Mittelpunkt des Halbkreises, der mit dem Stier beginnt und mit dem Skorpion endet. Stier und Skorpion sind fixe Zeichen und stehen im Quadrat zum Löwen. Ein Jünger, der im Löwen geboren wurde, kann die Stier-Skorpion-Aktivität in sich sehr leicht ins Gleichgewicht bringen und die Aktivität des Skorpions über den Löwen zum Stier erhöhen. Dies erreicht er, indem er den Liebestrahl in seinem Herzzentrum und den Willensstrahl in seinem *Âjnâ-Chakra* aktiviert. Nachdem die Instinkte des Skorpions durch die Rolle des Löwe-Zeichens abgebaut wurden, erscheint die Hexe *Hekate*, eine Hündin mit giftigen Schlangen auf dem Kopf. Einem Jünger, der unter dem Einfluss dieser Zeichen steht, wird immer geraten, mit Hilfe des Denkens in den höheren Zentren zu verweilen und auf diese Weise seine Lebensimpulse vor den Instinkten des Skorpions zu schützen.

Gold ist das Metall des Löwen, und Goldgelb ist seine Farbe. Der menschliche Griff zeigt sich im niederen Menschen als Sturheit, Machthunger und als Abneigung gegenüber Einschränkungen. Im Durchschnittsmenschen wirkt er sich als Ehrgeiz, Überwindung von Hindernissen sowie als Kämpfen und Siegen für eine gute Sache aus. Beim spirituellen Menschen kommt der Zugriff als Willenskraft zum Ausdruck. Ein Adept benutzt diese Macht, um durch eine richtige Mischung von Intelligenz und Weisheit schöpferisch tätig zu sein.

Das Zeichen Löwe hat eine überwiegend positive Natur, so wie der Krebs negativ ist. Auf der solaren Ebene verkörpert das Zeichen Löwe die Seele der Sonne. Seine numerische Potenz ist die 1 in ihrem höchsten Ausdruck der Liebe. Wenn die Zwillinge durch den Löwen wirken, reagiert das Zeichen auf die numerische Potenz 5. So zeigt sich der Griff, der erhebt.

Zwischen dem Löwen und dem Wassermann gibt es eine großartige spirituelle Beziehung. Das Zeichen Löwe befindet sich auf *Dakshinâyâna*, dem absteigenden Pfad, auf dem der Mensch dem planetarischen Weg folgt. Im Wassermann, der sich spiegelbildlich zum Löwen auf dem aufsteigenden Pfad *Uttarâyâna* befindet, wird der Löwe auf die Ebene des vollendeten Menschen erhoben. Der große Weise *Agastya* leitet den Umkehrprozess, durch den der Mensch vom Löwen zum Wassermann geführt wird. „Er trinkt die Wasser der Meere aus, um die Dämonen zu töten." Das Wassermann-Zeitalter, das unter der Führung von Uranus eine Ära plötzlicher Expansion ist, bereitet die fortgeschrittene Menschheit im Löwen darauf vor, die Höhen des Zeitalters zu erleben.

Weizen und Honig fallen unter die Herrschaft des Löwen. Die Schüler des spirituellen Weges wissen viel über die Vorteile einer Ernährung, die aus diesen beiden Lebensmitteln besteht. Milch, Butter und *Ghî* vom Krebs sowie Weizen und Honig vom Löwen sind die Hauptnahrung des vollendeten Menschen im Wassermann-Zeitalter. Wir nähern uns rasch der Zeit, in der man von reichhaltiger Nahrung keinen großen Nutzen mehr hat. Verdauungsprobleme gehören zum Löwen. Die Materie bildet ein Hindernis für das Denken, das die Seele und den Geist erreichen will. Wenn ein Mensch, besonders im Wassermann-Zeitalter, Vergnügen an reichhaltigem Essen findet, gibt es einen Abwärtssog in den Bereich unterhalb des Zwerchfells. Einfaches Essen, viel Wasser und häufiges Baden sind für ein wirklich glückliches Leben höchst förderlich.

Im Horoskop des Durchschnittsmenschen ist die Sonne der Herrscher des Löwen. Für die fortgeschrittene Menschheit des Wassermann-Zeitalters regiert Uranus den Löwen durch das Zeichen Wassermann. Das gilt für jene, die über der Seelenebene leben. Für die solare und kosmische Ebene ist Uranus der Herrscher. Auf der Seelenebene regiert der Löwe Gesetz, Ordnung und Gerechtigkeit, die den Ausdruck der Liebe in diesem Zeichen darstellen. Für Menschen auf der Seelenebene regiert deshalb Jupiter, der Richter, das Zeichen Löwe durch seinen Trigonaspekt zum Schützen. Bei den Jüngern dieser Ebene herrscht auf geheimnisvolle Weise Mars, der Herr der Einweihungen im *Sahasrâra,* durch einen Trigonaspekt über den Löwen. Die Weisen sagen, dass es auf dem Planeten Mars einen großen *Âshram* gibt, der die Jünger eines bestimmtes Pfades dieser Erde ausbildet.

In den *Purânen* ist der Mensch-Löwe das Symbol der fortgeschrittenen Menschheit des Löwe-Zeichens im Wassermann-Zeitalter. Der Mensch-Löwe erscheint, als im Haus des Riesen *Hiranyakašipu* die vertikale Säule zerbrochen wird. Die Begrenzung der Liebe auf die Formseite wird durchbrochen, damit sich Liebe als Schutz und Befreiung zum Ausdruck bringen kann. So wird der Riese, das Selbst, im Haus der Liebe wieder befreit und zum Wächter am Tor gemacht. Diese Geschichte aus der *Bhâgavata* ist so mächtig und erhebend, dass sich das Bewusstsein des Schülers erweitert, wenn er über sie meditiert.

Zum Löwen gehört der Klang *N.* Der niederen Seite dieses Zeichens wird der Klang *T* zugeordnet. *N* ist die nasale Form des *T.* Die Nasalierung gehört zum Krebs, und der höhere

Klang *N* führt den Jünger durch Meditation und Liebe vom Löwen zum Krebs. Den Aufstieg vom Löwen zu den Zwillingen erreicht der Mensch durch die Meditation über die Klänge *N* und *S*. Die Meditation über die Klänge *N*, *R* und *S* lässt ihn vom Löwen über Krebs und Zwillinge zum Stier aufsteigen. Kommt noch der Klang des Widders hinzu, hat der Jünger ein Drittel des Kreises vollendet. Dann überquert er nochmals den Meridian in der umgekehrten Richtung des Rades. Werden diese Klänge mit dem heiligen Wort verbunden, entsteht *Narasimha*, der Name des inkarnierten Mensch-Löwen. Das Meditieren über diese Zeichen und über die Gestalt des vollkommenen Menschen mit einem Löwenkopf führt zur Befreiung durch Liebe. Eine Erhöhung durch den Griff des Zwerchfells, das Herz und den Griff der fünf Finger führt dadurch zu dieser Befreiung, dass man sich dem Schutz anderer widmet. Die fünf Finger sind die fünf Krallen des Löwen, die den Mageninhalt des Riesen offenlegen. Dies ist eins der strafenden Zeichen des Meisters. Auf dieser Stufe regiert dieses Zeichen die Honigfarbe anstelle von Goldgelb.

B.6 Jungfrau ♍

Jungfrau ist das zweite veränderliche Zeichen und das zweite Erdzeichen im Tierkreis. Das Symbol dieses Zeichens ist eine Jungfrau. Sie steht für Reinheit, Heiligkeit und die erhabene Natur, die durch den höchsten Begriff der Mutterschaft zum Ausdruck kommt. Während der Krebs die Natur als Mutter repräsentiert, stellt die Jungfrau den zweiten Aspekt des Logos als Mutter dar. Wenn wir uns eine Vorstellung von der Materie machen können, die die *mahâparanirvânische* Ebene erfüllt, sind wir in der Lage, das Symbol der Weltmutter, die in diesem Zeichen zu Hause ist, wirklich zu verstehen. Die gesamte Schöpfung auf der logoischen Ebene besteht aus vier Stadien, in denen der Herr als Wort von sich zur objektiven Welt ausströmt.

Jedes dieser vier Stadien wird in sieben gleiche Teile unterteilt. Wir finden diese Einteilung in den 28 Mondphasen des Tierkreises wieder. Drei Stadien des hervortretenden Wortes sind in der Subjektivität des Menschen verborgen, und das vierte Stadium ist die Objektivität des Universums. Wenn jemand einen Satz ausspricht, wird dies *Vaikharî* genannt. Darin finden wir eine Entsprechung zum manifestierten Universum. Bevor man spricht, wird der Satz im Denken gebildet. Das nennt man *Madhyama Vâk*. Es entspricht der mentalen Form des Universums im Denken des Schöpfers. Bevor der Satz im Denken empfangen wird, existiert die Idee außerhalb der Sprache im unterbewussten und halbbewussten Denken des Sprechers. Dann ist die Idee *Pasyanti Vâk*, das Wort als Seher, und sie entspricht dem *Sankalpa* des Herrn. Als Gesamteindruck geht die Idee vom Sprechenden aus. Ihr Hervortreten ist wie das Auftauchen einer Welle im Meer. Inhaltlich ist die Welle nichts anderes als das Meer. Nur in ihrem Zustand unterscheidet sie sich vom Meer. Dieses Stadium vor der Schöpfung nennt man 'die heilige Mutter der ganzen Schöpfung'. Es bildet die Materie der *mahâparanirvânischen* Ebene. Diese Ebene befindet sich im Zeichen Jungfrau.

Da die ganze Schöpfung als Vorstellung aus ihm hervorgeht und nicht als Widerspiegelung auf der Materie entsteht, bezeichnet man dies als unbefleckte Empfängnis, denn der Vater, der als Sprechender und als Wort existiert, ist zugleich der Vater der Weltmutter. Erinnern wir uns daran, dass *Brahmâ*, die viergesichtige Gottheit, *Saraswathî,* das Wort, aus sich selbst schuf und es später heiratete. In der Symbolik der *Veden* und *Purânen* wird dieser *Pašyanti*-Zustand des *Vâk* auch *Gâyatrî* genannt: die große Mutter der Morgendämmerung.

Die Weltmutter ist das Ziel der Meditation des Menschen, sein Werden und Verschmelzen. Wenn der Jünger über diese Vorstellung von der Weltmutter meditiert, wird er von ihr in jenen Zustand erhoben, in dem die Persönlichkeit mit ihr verschmilzt und die Seele ihren Platz in der Mutter findet, um vervollkommnet und von ihr zum Vater geführt zu werden. *Râmânuja* nennt diesen Vorgang *Purushakâra*. Das Wort bedeutet: einen Menschen zum *Purusha* zu machen. Im Zustand eines *Purusha* wird er als eins mit dem *Purusha* betrachtet. Dieser Vorgang umfasst drei Stufen: *Sâlokya, Sârûpya* und *Sayujya*. Die drei Begriffe bedeuten: eins mit dem Blick, eins mit der Gestalt, eins mit sich selbst in Ihm. Dies ist das höchste Ideal auf dem spirituellen Weg. Es verweist auf die Geburt eines Gottes im Menschen durch die Mutter aufgrund der Gnade des Vaters. In der Sprache der Bibel wird mit diesen Worten die wahre Idee von der Geburt des Erlösers durch die große Mutter nach der unbefleckten Empfängnis ausgedrückt.

Es ist eine angenehme Überraschung, dass wir den gleichen Vorgang in den Lehren von *Râmânuja* und von Jesus beschrieben finden. Deshalb wird die Weltmutter als Jungfrau bezeichnet. Durch das Zeichen Jungfrau findet sie ihren Ausdruck als

Prinzip in der Natur und im Menschen. *Râmânuja* bezeichnet die Rolle des Herrn dabei als *Anugraha*, was dasselbe bedeutet wie bei Jesus die Gnade. Durch den Blick des Herrn drückt sich die Liebe der Mutter aus. Jener Blick hebt den Jünger empor, aber nicht dessen eigenes Bemühen. Würde diese Tatsache allgemein bekannt gemacht werden, sähen sich die Menschen vielen gesellschaftlichen und religiösen Gefahren ausgesetzt.

Jesus setzte die erhabenen Prinzipien der zwölf Tierkreiszeichen als seine 12 Jünger ein, um seine Botschaft zu verbreiten. *Râmânuja* gründete eine Hierarchie aus zwölf seiner Anhänger und gab die zwölfsilbige Formel des Herrn zur Erlösung der Wesen auf dieser Erde. Während frühere religiöse Führer die Geheimnisse des göttlichen Weges vor der Allgemeinheit zurückhielten, um sie stattdessen persönlich weiterzugeben, teilten die beiden Meister Jesus und *Râmânuja* die Botschaft allen mit, die sie hören wollten. Solche Erlöser werden die Söhne der Jungfrau genannt. Über diesen Weg gibt es viel zu sagen, jedoch lässt der Platz es hier nicht zu.

Im Zeichen Stier lebt die Mutter als Frau im Herzen des Mannes, und sie verkörpert die Schönheit in der Form. Im Zeichen Jungfrau verkörpert die Mutter durch die Gnade die Mutter des Kindes, das mit einer heiligen Mission betraut ist. Schönheit und Gnade sind durch einen Trigonaspekt zwischen Stier und Jungfrau miteinander verbunden. Der Weg des spirituellen Menschen von der Jungfrau zum Stier schließt alle Ebenen eines *Yogî* ein und erfüllt seine Stimme mit Gnade. Der Segen durch das Wort und der Blick eines *Yogî*, der diesem Pfad folgt, zieht seine Jünger wie ein Magnet auf die Ebene des 'All-Eins-Seins' mit dem höchsten Gott, selbst wenn sie von den verschiedenen Wirkungsebenen nichts wissen.

Die Geburt eines göttlichen Wesens durch den Herrn zeigt die Geburt eines Erlösers oder Weltlehrers an. Auf diese Erde kommt der Weltlehrer in sich wiederholenden Zyklen herab:

„Immer, wenn das Gesetz missachtet wird und Gesetzlosigkeit die Oberhand gewinnt, komme ich herab, um das Gesetz wiederherzustellen, und dies geschieht durch meine *Mâyâ*." So spricht der erhabene Herr in der *Bhagavad Gîtâ*. Jedes Jahr wird der Weg der Sonne durch die Wintersonnenwende, die Ankunft des Erlösers, als Mysterienspiel aufgeführt. Darin übernimmt der Sonnengott die Rolle des Erlösers. Wenn die Sonne ihre nördliche Reise beginnt, empfängt die Erde ihre lebensspendenden Strahlen, deren Wärme Schutz gewährt. Am Tag der Wintersonnenwende steigt um Mitternacht das Zeichen Jungfrau auf, und von der Jungfrau aus betrachtet tritt die Sonne in das fünfte Zeichen ein. Das fünfte Haus zeigt die Geburt eines Kindes an. Wieder einmal verteilt der Herr seine Nahrung des spirituellen Lebens in Form der lebensspendenden Strahlen der nördlichen Sonne. Fleisch und Blut dieses Erlösers werden zu Brot und Wein für die Lebewesen. „Die Götter benutzten *Purusha* als Opfergabe, und dadurch ging das Opfer weiter voran", heißt es in einem geheimnisvollen Textabschnitt der *Purusha Sûkta*.

Wenn das Frühlingsäquinoktium *Makara* überquert, erfolgt in größeren Zyklen die Geburt des Welterlösers. Man sagt, dass der Erlöser dieser Zyklen auf einem weißen Pferd wiederkehrt, um die Ungerechtigkeit zu vernichten, Gericht zu halten, auf dem Thron zu sitzen und das Gesetz wiederherzustellen. Das ist die Geschichte vom *Kalki Avatâr* in den *Purânen* und die Schilderung der Rückkehr des Herrn auf einem weißen Pferd in der Offenbarung des Johannes. Darin zeigt sich die Wirkung der Äquinoktien im Schützen. In diesem Zeichen verbirgt sich die Gestalt des Herrn auf dem weißen Pferd in einer Figur, die halb Mann und halb Pferd ist. Man sollte bedenken, dass der Steinbock, der dritte Punkt des Dreiecks, zu dem das Zeichen Jungfrau gehört, die Morgendämmerung der Götter und der Schütze das Zeichen des Erlösers ist. Mit dem Schützen, dem

Zeichen des Erlösers, vervollständigt die Jungfrau den vierten Teil des Kreises. Der gegenwärtige Entwicklungsstand des Menschen reicht nicht aus, um die höchsten Schlüssel der Gnade des Erlösers und der Weltmutter zu erfassen, die in den drei Erdzeichen des Tierkreises verborgen sind. Für den Durchschnittsmenschen und sogar für den Jünger der ersten drei Einweihungen steht die Erddreiheit für die Materie, die grobstofflichere Seite der Natur. Jedoch offenbaren sich diese Zeichen vollkommen für die Schüler auf dem Weg der Gnade.

Die Jungfrau im Zeichen Jungfrau wird mit einer Kornähre in der einen und einer Lampe in der anderen Hand dargestellt. Die Ähre stellt ihren Sohn dar, der die geistige Nahrung der Menschheit ist. Interessanterweise zeigt die Wintersonnenwende das Einbringen der Feldfrüchte an. Die Lampe ist das Symbol des geistigen Lichts, des Lichts in der Dunkelheit. Objektivität ist für den *Yogî* Dunkelheit. Unser Licht ist seine Dunkelheit, und seine geistige Erleuchtung durch die Subjektivität ist für andere Dunkelheit. Die Lampe entspricht daher dem Licht der Einweihung in der Dunkelheit. In der Dunkelheit der Mitternacht empfängt die Jungfrau, die Weltmutter, ihren Sohn. Nach der Kreuzigung ging Maria, die Mutter, mitten in der Nacht mit einer Lampe in der Hand zu ihrem Sohn.

Der Weg des Jüngers auf dem umgekehrten Rad von der Jungfrau zum Löwen vermittelt im Jungfrau-Zeichen die Gnade und im Löwen den Schutz der Mutter. Dies wird durch das Bild der Mutter dargestellt, die auf dem Löwen sitzt. In der *purânischen* Symbolik wird erzählt, dass *Durgâ* auf einem Löwen sitzt.

Für den Jünger auf dem Weg der Gnade, der mit der Energie des Zeichens Jungfrau eng verbunden ist, werden die fünf Zeichen auf dem umgekehrten Pfad und die beiden Fische im gegenüberliegenden Zeichen zur geistigen Nahrung. Der Herr nährt seine Gefolgschaft mit fünf Broten und zwei

Fischen. Dies ist das wesentliche Merkmal des Rituals im Markus-Evangelium.

Es heißt, dass es anfangs nur zehn Tierkreiszeichen gab. Jenes Kreisviertel, das mit Jungfrau beginnt und mit Skorpion endet, war nur ein einziges Zeichen: Jungfrau-Skorpion.

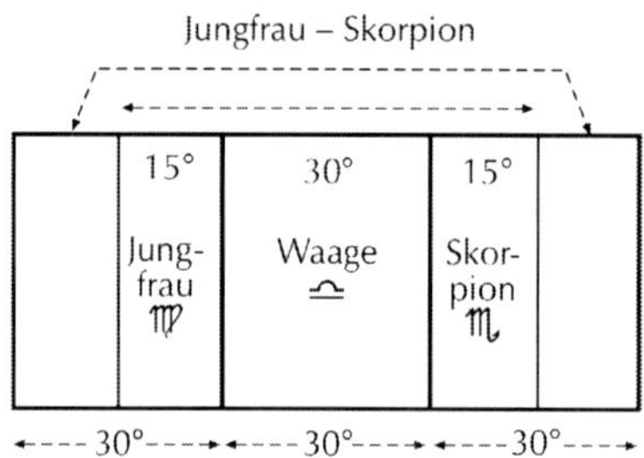

Damals war die Erde nur von den Söhnen der Gnade bewohnt. Sie vermehrten sich durch Gnade und arbeiteten für die Entwicklung der jungfräulichen Materie dieser Erde. Es gab keine geschlechtlichen Unterschiede. Die Bruderschaft der Menschen und die Vaterschaft Gottes durch die Liebe von Mutter Natur waren die einzigen Beziehungen, die man kannte. Durch die Entstehung der Mentalebene auf dieser Erde entwickelte sich allmählich die gesamte Objektivität. Auch im Zeichen Jungfrau-Skorpion ergaben sich dadurch einige funktionelle Unterteilungen. Der Äquator manifestierte sich als magnetischer Ring, um das Niedere vom Höheren zu trennen, und jedes Jahr musste die Sonne den Äquator an zwei Punkten überqueren. So wurde die Waage, der niedere Pol, geboren. Sie trennt die Jungfrau vom Skorpion, und so entstand die Geschichte vom Fall des Planeten Erde in die Zeugung oder die Materie.

Vorher war die Erde wie eine hohle Halbkugel. Auf den Ebenen, die über der Mentalebene liegen, existierte nur die nördliche Halbkugel. Wie ein Wirbel drehte sich die Erde um ihre eigene Achse und um die Sonne. Der zukünftige Nordpol war der einzige Pol, aber es gab noch keine Polarität. Jenen Pol, der später zum Nordpol wurde, nannte man Mutter *Meru* oder *Meru Devî*. Die Erde stand senkrecht, das heißt, der damalige Pol stand im rechten Winkel zum heutigen Nordpol, oder besser gesagt, zur Position des Nordpols nach Vollendung der Erde.

Die Söhne der Gnade, die auf der gleichen Ebene lebten, kamen als Götter dieser Erde von höheren Planeten und stiegen auf den Pol herab. Sie bewohnten den Pol und vermehrten sich durch die Gnade der Mutter. Der unterste Bereich der Erde war ein tiefer Abgrund, und die zukünftige Erdachse hatte die Form einer Spirale oder einer sich abrollenden Schlange. Auf dem Kopf der Schlange wurde die Erde im Gleichgewicht gehalten. Der Boden der Erde, der spätere Äquator, erstreckte sich auf einer Ebene parallel zur Ekliptik. Allmählich verdichtete sich ein Viertel dieser hohlen Halbkugel. Es gab eine Störung in ihrer Bewegung, so dass die Erde sich periodisch und nicht unregelmäßig drehte. Infolge der Störung neigte sich die Achse allmählich auf eine andere Ebene. Als die Neigung im Vergleich zur vorherigen Position 90° betrug, bildete sich die untere Halbkugel. Die Erde wurde rund, und es entstand der untere Pol. Der dichtere Teil ließ die Objektivität entstehen, und auf der Mentalebene wurde die Materie geboren. Dadurch kam es zur Trennung der beiden Pole und zur vollständigen Manifestation der Erde auf der astralen und ätherischen Ebene.

In der Zwischenzeit entwickelten die Wesen der Erde die niederen Egos zu Menschen der bestehenden Ebene. Einige von den Söhnen der Gnade brachten ihr größtes Opfer, indem sie in die Materie der Erde hinabstiegen, um die kindliche Menschheit zu führen. Andere zogen sich in passende Wohnorte auf anderen Planeten zurück. Zu dieser Zeit war die Entwicklung der menschlichen Körper ebenfalls abgeschlossen. Sie hatten sich nur noch nicht auf der grobstofflichen, physischen Ebene manifestiert. Aufgrund eines Gesetzes der Entsprechung mit der Erde bildete sich bei diesen Menschen im Laufe der neuen Entwicklung der untere Pol an der Basis ihrer Wirbelsäule. Vorher hatten die Söhne der Gnade nur den oberen Pol bis zum Kehlzentrum. Diese Veränderung war der Ursprung der sexuellen Polarität im Denken der neuen Menschen. Sie führte zur physischen Unterschiedlichkeit der Geschlechtsorgane. Durch seinen unteren Pol kann der Mensch die Kunst der Schöpfung auf der materiellen Ebene nachbilden. Diese Nachbildung entwickelte sich zum Geschlechtsakt. Er diente der Fortpflanzung und führte auch zum Fall des Menschen in die Materie.

Noch heute sind in der Entwicklung eines Embryos im Mutterleib alle diese Entwicklungsstufen zu erkennen. Wir sehen, dass die Wirbelsäule des Embryos vom Kopf nach unten wächst. Zuerst entsteht der obere Pol. An der Wirbelsäule bildet sich als Erstes die Mundhöhle. Aus ihr entwickeln sich das Kopfzentrum, das *Âjnâ Chakra,* das Kehlzentrum und später die unteren Organe.

Der oben beschriebene Wirbel der Erdhalbkugel war auf die Sonne ausgerichtet. Aus diesem Grund gab es für die Söhne der Gnade keine Nacht. Noch heute ist für die Wesen am Nordpol ein Tag sehr lang. Er dauert so lange wie sechs unserer Sonnenmonate.

Die damalige Erd-Halbkugel hatte einen kreisförmigen Boden, und die Achse des Wirbels war eine Spirale. Dies ergab die numerische Potenz 0, die eine 1 umschließt. Somit war 10 die Zahl der Erde und des sie umgebenden Tierkreises. Er hatte nur zehn Zeichen. Jener Teil, der sich zuerst verdichtete, entsprach Jungfrau-Skorpion. Nachdem die Erde auf der materiellen Ebene vollendet war, wurde dieses Viertel in drei Bereiche unterteilt, und so entstanden um den neugeformten Äquator zwölf Zeichen.

Unter dem Einfluss der 90° von Jungfrau bis Skorpion steht der Bereich zwischen dem Nabel und den Oberschenkeln. Die inneren Gewebe der entsprechenden Regionen im physischen Körper arbeiten beim heutigen Menschen bis zur Vollendung des 7. Lebensjahres als Einheit, egal ob es sich um einen männlichen oder weiblichen Körper handelt. Vom 7. bis zum Ende des 14. Lebensjahres werden die Geschlechtsorgane belebt, und das geschlechtsspezifische Gewebe trennt sich von den anderen Geweben. Das ist die Wirkung des Zeichens Waage. Es trennt die Jungfrau vom Skorpion. Doch das ist nur einer von sieben Schlüsseln zu diesem Teil der Weisheit. Dieses große Rätsel eines astronomischen, astrologischen und biologischen Phänomens gehört zu den tiefsten Geheimnissen der uralten Weisheit. Es ist nur jenen Sehern bekannt, die im *Himâlaya,* am Nordpol und an fünf weiteren magnetischen Zentren dieser Erde leben. Zum ersten Mal wurde es durch ihre Botin H. P. Blavatsky offenbart. Sie gab nur wenige Hinweise zu diesem Thema und überließ den Rest der Intuition der Studierenden. Es war ihr nicht erlaubt, mehr zu enthüllen, und auch jetzt ist die Zeit noch nicht gekommen, um die volle Bedeutung zu offenbaren.

Zur Jungfrau gehört die Pflege und der Dienst an den Kranken, genauso wie das Heilen zum Löwen. Das Zeichen Fische regiert die Krankenhäuser und das gegenüberliegende Zeichen Jungfrau die Krankenschwestern darin. Nach dem Gesetz der Entsprechungen wissen wir von der Natur des Zeichens Jungfrau, dass der Pflegeberuf eher eine Aufgabe der Frauen als der Männer ist. In dieses Zeichen gehören auch die Mutterschaft und Fürsorgeeinrichtungen für Kinder. Das Aufziehen von Kindern und das Heranbilden von Rettern der Gesellschaft durch verschiedene Aktivitäten gehört ebenfalls zur Jungfrau. Kindererziehung, Kindergärten und Klöster werden von diesem mütterlichen Zeichen geführt, dem auch Waisenhäuser, Einrichtungen für Behinderte, Leprakolonien, Lungenheilstätten und die Geburtshilfe zugeordnet werden. Es steckt eine geheime Bedeutung in der Tatsache, dass alle diese Aktivitäten heutzutage hauptsächlich von Nachfolgern des Meisters Jesus ausgeübt werden.

In der allgemein verbreiteten Astrologie ist die Farbe der Jungfrau eine Mischung aus allen Farben. Sie enthält Muster und verschiedene Farbkombinationen. Aber das wirkliche Abbild ist der Regenbogen mit seiner Farbanordnung. In vielen alten Religionen ist die Weltmutter mit einem Regenbogen um ihren Kopf geschmückt. Die Gnade des Herrn kommt durch die Weltmutter in sieben Ebenen, sieben Farben, sieben Tonleitern musikalischer Klänge, sieben Planetenrunden, sieben Planetenketten, sieben Wurzelrassen usw. herab. Die ganze Schöpfung ist das Ergebnis der Gnade des Herrn durch sieben Zeitperioden, welche die sieben Tage der Schöpfung genannt werden. Daher stellt der Regenbogen die Entfaltung der Gnade des Herrn dar. Für einen Jünger auf dem Weg der Gnade, der den Status eines Sohnes der Gnade oder eines Erlösers erreicht hat, ist die Farbe der Jungfrau milchweiß. Das Zeichen verkörpert die göttliche Milch, den weißen Strahl, in dem die sieben Strahlen verborgen sind.

Wenn wir vom Widder weiterzählen, ist Jungfrau das sechste Zeichen. Das sechste Haus steht für Missverständnisse, Begrenzungen, Unterordnung und niedere Dienste. Im Zeichen Jungfrau trifft das bei Menschen zu, die auf der individuellen Ebene leben. Auf der untersten Ebene herrscht Merkur über die oben genannten Tätigkeiten. Wer sich den verschiedenen Dienstgebieten widmet, die heute von Meister Jesus überwacht werden, und wer dem Weg folgt, auf dem sich die Gnade als Liebe zeigt, hat den Mond als Herrn des Zeichens Jungfrau. Der Weg, auf dem sich die Gnade als Liebe zeigt, steht durch *Shambala* unter der direkten Aufsicht von *Gautama*, dem *Buddha*. Auf den niederen Ebenen wirkt der Mond als Mutter, wenn er das Zeichen Krebs regiert. Als Regent der Jungfrau erfüllt er die Pflichten der spirituellen Mutter. Das Gestirn *Anasûya* leitet und beeinflusst das Zeichen Jungfrau durch die Strahlen des Mondes. Von *Anasûya* wird erzählt, dass sie die Frau von *Atri,* einem Stern des Großen Bären, ist. Gegenwärtig gibt es auf dieser Erde niemanden, der auf die gnadeerfüllten Schwingungen von *Anasûyas* Strahlen reagieren kann – außer zwei Wesen, und diese beiden sind Lord *Maitreya* und Lord *Dattâtreya*.

Die Zahlenpotenz der Jungfrau ist die 7, wie wir schon im Phänomen des Regenbogens gesehen haben. Radium ist ihr Metall, und das Zuckerrohr ist ihre Pflanze. *Lalitha,* die Mutter der Gnade, hält in einer Hand ein Zuckerrohr.

Es ist eigenartig festzustellen, dass weder den Fischen noch der Jungfrau ein *Chakra* zugeordnet wird. Bei einem Sohn der Gnade wirken beide Zeichen durch ein neugebildetes *Chakra* zwischen dem *Âjnâ*-Zentrum und den Kopfzentren, das als Geburtsort *Indras* bezeichnet wird. Jungfrau, Stier und Fische haben einen gemeinsamen Einfluss auf dieses *Chakra,* das sich nur durch die vereinte Aktivität dieser drei Zeichen manifestiert.

B.7 Waage ♎

Die Waage ist das dritte kardinale und das zweite Luftzeichen des Tierkreises, egal in welcher Richtung wir die Zeichen des Rades zählen. Daher verkörpert die Waage das Prinzip des Drehpunkts im Universum, und dieser Drehpunkt verursacht die Drehung des Rades. Untersucht man die Drehung im Zentrum eines Kreises, dann findet man eine doppelte Kraft: eine ausstrahlende Kraft, die die Verschiedenheit vom Zentrum zum Kreisumfang trägt, und eine verschmelzende Kraft, die die Einheit aus der Vielfalt entstehen lässt und sich vom Kreisumfang zum Zentrum bewegt. Dies trifft auf den Kreis zu. Ein Kreis ist nur eine von 360 Ebenen einer Kugel. Im Zentrum der Kugel finden wir die Waage-Kraft. Der Punkt, der den Anfang der ganzen Schöpfung bildet, schwillt mit Hilfe des Waage-Prinzips durch einen Strahlungsprozess zu einer Kugel, einem Globus, an. Die Waage stellt das große Wunder der Entstehung der Objektivität aus der Subjektivität dar.

Schon zu Anfang der Schöpfung entstand das Zeichen Waage, aber erst viel später erreichte es seine Vollendung. Wie der Widder enthält auch die Waage alle Eigenschaften der zwölf Tierkreiszeichen. Sie verkörpert den unteren Pol der Schöpfung, der von einem spirituellen Menschen wieder mit dem höheren Pol vereint werden kann. Das Ausbalancieren der beiden Waagschalen ist nichts anderes als die Vereinigung der beiden gegensätzlichen Kräfte im Zentrum. Ist das Gewicht ungleich verteilt, dann sind die Waagschalen aktiv und treten in den Vordergrund. Bei vollkommener Ausgewogenheit ist das Zentrum aktiv, und die Waagschalen werden passiv. So lässt sich der Inbegriff des spirituellen Weges eines Menschen zusammenfassen. Die Waage zeigt das Herbstäquinoktium an, das der Mitternacht des Tages entspricht.

Man kann sich sechs verschiedene Flüsse vorstellen, die den kreisförmigen Pfad des Tierkreises in geraden Linien kreuzen. Ein Pilger, der diesem Pfad folgt, erhält den Geschmack von allen Flüssen, nachdem er die Hälfte der Reise hinter sich gebracht hat. Obwohl die Flüsse den Kreisumfang an zwölf Punkten berühren, hat man bereits nach sechs Zeichen von allen Wassern gekostet, da die übrigen sechs Punkte das gleiche Wasser enthalten, nur dass es dort in die entgegengesetzte Richtung fließt. Tatsächlich ordnet die Waage die zwölf Zeichen in sechs Zeichenpaare.

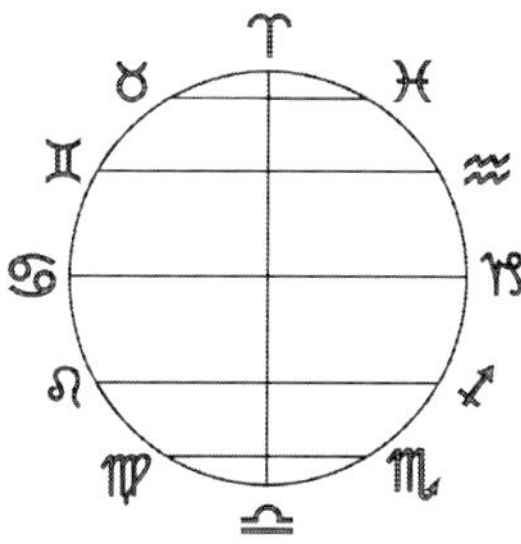

Man stelle sich das Nervensystem vor, das die Erscheinungsform der feinstofflichen Kraftlinien ist. Es breitet sich von der Wirbelsäule aus und erreicht die äußersten Enden des Körpers. Was die Wirbelsäule für die beiden Nervengruppen ist, von denen eine nach außen und eine nach innen führt, das ist für den Tierkreis die Linie zwischen den beiden Äquinoktien. Jene Linie, die durch das Zentrum der Erde führt und die beiden Äquinoktien miteinander verbindet, stellt das *Brahmâ Randhra* dar. An ihm entlang sind die sechs Zeichenpaare als die sechs potentiellen *Chakren* angeordnet. Für einen wahren Schüler des *Yoga*-Pfades sind seine sechs *Chakren* nichts anderes als sechs *Chakren*-Paare. Seine Arbeit beginnt damit, diese sechs *Chakren* zu erwecken, und sie endet mit dem Aufbau der sechs anderen *Chakren* im Körper der *Antahkarana*.

Wenn ein spiritueller Mensch seine Reise beendet, die ihn von der Waage in umgekehrter Richtung zum Widder führt, so ist damit auch die Reise durch die sechs anderen Zeichen abgeschlossen. Dann wird die Waage erhöht und mit dem Widder vereint. Der untere Pol in ihm verliert seine Wirksamkeit. In seinem Kopf trägt er den einen Pol, und das Gottzentrum des Universums ist der zweite Pol. Dieses Gottzentrum wird durch den Weg der Sonne erbaut. Dann vereinigt sich der eine Pol im Menschen wiederum mit seinem höheren Pol, dem Gottzentrum. Das ist der Höhepunkt des Ganzen: Das Lamm heiratet seine Braut, die Waage. Es war geweissagt worden, dass der Bräutigam nach der Hochzeit sterben würde, denn auf der objektiven Ebene ist der Mensch ein sterbliches Wesen. Daher wurde das Sakrament der Ehe mit einem Widder vollzogen und der Tod des Bräutigams dadurch vermieden. Die gleichnishafte Erzählung über die zukünftige Frau des blinden Königs im *MAHÂBHÂRATA* erklärt die Hochzeit des Lammes im Himmel.

Die Waage ist das siebte Zeichen des Tierkreises. Es entspricht dem siebten Haus im Horoskop, das auf den Ehepartner hinweist. Beim Durchschnittsmenschen bedeutet dies die sexuelle Polarität. Die Frau im Mann und der Mann in der Frau werden einzeln herausgenommen, um die Fortpflanzungstätigkeit oder die Widerspiegelung der oberen Kreishälfte in der unteren Hälfte, der Materie, durchzuführen.

Wie die Zwillinge lenkt auch die Waage *Jarâsandha*, den lateralen Sinn des Menschen, jedoch zeigt die Waage den höchsten Stand des lateralen Sinns im Gleichgewicht des Denkens an. *Samâna Vâyu*, die ausgewogene Kraft des Vitalkörpers, befindet sich im Zentrum des *Brahmâ Randhra*, in dem Hohlraum, der *Sushumnâ* genannt wird. Sie hat drei Hauptzentren, eines im *Âjnâ-Chakra*, ein weiteres im Herzzentrum und ein drittes im Solarplexus. Das erste Zentrum steuert das Denken, das zweite die Emotionen und das dritte das körperliche Gleichgewicht des Menschen. Die Funktionen dieser Zentren im Vitalkörper gehören zum Zeichen Waage. Ihre dreifache Wirkung nennt man *Samâna Vâyu*, und der Sitz dieser dreifachen Aktivität befindet sich im Herzzentrum. Soweit es die Funktion des Vitalkörpers betrifft, entspricht die Waage dem Herzzentrum.

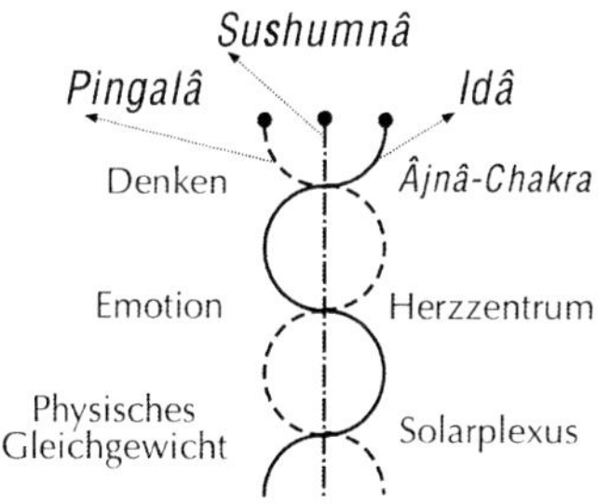

Ein- und Ausatmung sind die gröberen Erscheinungsformen von *Prâna* und *Apâna*. Das Gleichgewicht der Atemimpulse im Herzzentrum, das durch die Kunst des *Prânâyâma* erreicht wird, führt das Bewusstsein des Schülers zur Beherrschung der vitalen und mentalen Aktivität. Die Waage, das Symbol der Ausgewogenheit, vollbringt alle diese Tätigkeiten. Durch Ausübung der Kunst des *Prânâyâma* wird das Bewusstsein, das im Solarplexus und darunter aktiv ist, allmählich über das Herzzentrum zu den höheren Zentren geführt, und der Mensch verankert sich im höheren Pol zwischen dem *Âjnâ*-Zentrum und dem Kopfzentrum. Der untere Pol wird ausgeschaltet und die Polarität neutralisiert. Wenn die Sonne auf ihrem abwärtsführenden Pfad, dem Pfad der Planeten, den letzten Grad der Jungfrau überquert, wird der ganze Ablauf umgekehrt. Erneut tritt die Sonne in den Widder ein, aber sie fällt nicht in die Nacht der Materie. In entgegengesetzter Richtung geht sie durch dieselben sechs Zeichen zurück, bis der Anfangspunkt erreicht ist. Dies trifft auf *Yogîs* zu und weist auf die Veränderung durch *Prânâyâma* hin, den vierten Schritt im achtfachen Pfad von *Patanjali*.

Im physischen Körper eines Durchschnittsmenschen ist die Waage mit dem Solarplexus verbunden. Alle Funktionen der niederen Pulsierung werden von ihr gesteuert. In einem Schüler des *Prânâyâma* und *Pratyâhâra* befindet sich die Waage zusammen mit dem Widder unterhalb des Kopfzentrums. Stier und Fische sind im dritten Auge, Zwillinge und Wassermann sind in den Stimmbändern lokalisiert. Krebs und Steinbock befinden sich im Herzzentrum, Löwe und Schütze im Zwerchfell und Solarplexus, Jungfrau und Skorpion im Milzzentrum und Basiszentrum. Wenn der Schüler die vierte und fünfte Stufe des *Râja Yoga* erreicht, erlebt er im Bereich aller Zentren heftige Unruhen. Im Verlauf der sechsten Stufe werden neue Zentren gebildet. Sie befinden sich

1. zwischen dem Kopfzentrum und dem *Âjnâ-Chakra,*
2. zwischen dem *Âjnâ-Chakra* und dem Kehlzentrum,
3. zwischen dem Kehlzentrum und dem Herzzentrum,
4. zwischen dem Herzzentrum und dem Solarplexus,
5. im Herzzentrum und
6. am Basiszentrum.

Hieraus ist zu erkennen, dass es nur noch das *Âjnâ*-Zentrum gibt: das neue Zentrum unterhalb des *Âjnâ,* das auch den Solarplexus steuert. Die neuen Zentren werden durch den Bau der *Antahkarana* aufgebaut. Sie heißen Lotusse und unterscheiden sich von den *Chakren,* den Krafträdern. In vielen *yogischen* Denkschulen herrscht Unklarheit in Bezug auf diese beiden Arten von Zentren. Viele *Yoga*-Bücher geben ein verzerrtes Bild des ganzen *Yoga*-Lehrplans. Klarheit kann in diesem Stadium nur durch Wort, Blick und Zusammenarbeit mit der Gruppe erreicht werden. Für den Schüler ist es in dieser Phase besser, dem Pfad der Hingabe an seinen *Guru* zu folgen, statt zu versuchen, durch Bücher der verschiedenen Denkschulen weiterzukommen.

Die Lotusse haben eine entfaltende Natur und keine kreisende Kraft, die sie beherrscht und bindet. In dieser Phase entfalten sich im Menschen allmählich die Blütenblätter im Einklang mit der solaren Aktivität. Die Zentren werden Lotusse genannt, weil sie auf die solare Aktivität reagieren, die eine gröbere Form der Gnade des solaren Logos ist. Selbst das *Sahasrâra* hat sein höheres Zentrum, das *Sahasradala Padma,* den tausendblättrigen Lotus. *Sahasrâra* bedeutet 'das Rad der tausend Strahlen'. Das Ende der *Chakren*-Aktivität und das Ende des Rades oder des Tierkreises zeigt also den Anfang der Lotus-Aktivität an. Vom Weg des Tierkreises aus betritt der Jünger durch die dritte, vierte und fünfte Stufe des *Râja Yoga* den Weg der Sonne. Durch die sechste und siebte Stufe überschreitet er den siebenfältigen planetarischen Pfad der Sonne und geht in die Seele der Sonne ein. In der achten Phase erreicht er das Zentrum der geistigen Sonne, die der Herr aller Schöpfungen ist. Er sitzt im Lotus über dem Kopfzentrum, und doch ist er eins mit dem Zentrum, das überall ist und seinen Kreisumfang nirgendwo hat.

Das Zeichen Waage leitet die Aktivität der vierten und fünften Phase des *Râja Yoga* und beendet den gesamten Tierkreis in der sechsten Phase. Es wird durch die sechs Lotusse ersetzt. Von nun an ist das Symbol des Jüngers nicht mehr das Rad mit seinen zentripetalen und zentrifugalen Kräften, sondern der Lotus, dessen einzige Aktivität die Entfaltung ist. Die höchste Form des *Buddha* im Menschen sitzt in einem Lotus. Man nennt ihn das Juwel des siebten Lotus. Auch die Mutter der Gnade sitzt in einem Lotus und hält einen Lotus in ihrer Hand. Das Rad-Symbol dreht sich um den gebieterisch erhobenen Finger des Herrn. Es leitet die Aktivität des zyklischen Weges der Welten auf der *Mâyâ*-Ebene, indem es die Hindernisse der Schöpfung zerstört und die Anhänger des Herrn beschützt, bis sich die Gnade der Mutter im Lotus über sie ergießt. Spirituellen Menschen wird empfohlen, lange Zeit über diese Symbolik zu meditieren. Sie ist der einzige Weg der Befreiung von den Kräften des Rades oder des Tierkreises.

Der Weg vom Widder zur Waage entlang den beiden Seiten des Rades wird der Baum des Lebens genannt. Da sich der Mensch vom anderen Pol aus auf die Bewusstseinsreise zurückbegibt, befindet er sich zu Anfang in der Waage. Deshalb erscheint ihm der Lebensbaum auf dem Kopf stehend. Die Zweige, die Manifestationen, zeigen nach unten zur grobstofflichen Materie, und die Wurzeln befinden sich darüber. Alle Ursachen liegen in den feinstofflicheren Ebenen. Solange der Mensch versucht, von den Zweigen zu den Wurzeln zu gelangen, lebt er in einem verworrenen Durcheinander, denn die Zweige sind miteinander verflochten. Er sollte also nicht versuchen, zum Samen zu gelangen, sondern das Zentrum zu erreichen. Im Zyklus des Lebensbaums ist der Same nur ein Teil. Viele der Geheimnisse des Zeichens Waage sind im 15. Kapitel der *Bhagavad Gîtâ* verborgen.

Für den Durchschnittsmenschen ist die Waage der Weg zum Skorpion, aber für den Schüler des *Râja Yoga* ist sie der Weg zur Jungfrau.

Für den Schüler, der sich der Praxis des Okkultismus widmet, gibt es negative und positive Bewusstseinspfade. Wenn er sich in der Konzentration des Denkvermögens übt, besteht die Möglichkeit, dass sein Bewusstsein ins Reich der Schwarzmagier gerät. Ekstasen, emotionale Ausbrüche, astrale Schwelgereien und scheinbare Wunder können den Schüler in den niederen Zentren begraben und ihn glauben lassen, dass der persönliche und individuelle Mensch in ihm der Herr all dieser Dinge ist. Die gegenseitige Anziehung von Mann und Frau durch die Polarität des animalischen Magnetismus auf der astralen, mentalen und ätherischen Ebene wird als Verehrung von *Prakriti* und *Purusha* missverstanden. Dies führte zum 'Götzendienst Ägyptens', der den Jünger auf die niederste Ebene fallen lässt, wo er nach den 'Fleischtöpfen Ägyptens' verlangt. Echte Phallusverehrung hat ihren Ursprung in der Waage.

Die Verehrung der Venus, der Herrscherin der Waage, in vielen alten Religionen führte die Menschen auf die niedersten Ebenen des heftigen Verlangens nach Weib und Wein. Alle menschlichen Zuneigungen sind von Natur aus emotional gefärbt, und ihre ganzen trüben Auswirkungen werden in dieser Welt fälschlicherweise als Liebe bezeichnet. Die reine Liebe der Venus ist nur durch ständiges Filtern zu erreichen, wie auch ein reiner Intellekt nur durch fortwährende Destillation in der Alchemie des Menschen gewonnen werden kann. Das Zeichen Zwillinge steht genau in der Mitte zwischen Widder und Waage. Es mahnt den Schüler, der filtert und destilliert, zur Aufmerksamkeit und verspricht das Herabkommen des Erlösers in Gestalt eines Menschen auf dem Pferd im gegenüberliegenden Zeichen Schütze. Jener Erlöser wird mit den Menschen auf Erden zusammenleben. Mit Erklärungen darüber könnte man einen ansehnlichen Band füllen. Wunder der göttlichen Liebe, die durch den Menschen geschehen, werden als göttlich bezeichnet. Scheinbare Wunder, die der Mensch aufgrund seiner Handlungsweise vollbringt, um dadurch seine Mitmenschen zu beherrschen, gelten als diabolisch.

Der Glanz der modernen Zivilisation, große Städte, Industrien und der raffinierteste Luxus des Lebens werden durch das Zeichen Waage ausgedrückt. Fotografie, die auch eine Spiegelung des höheren Pols im niederen ist, Kino und Schauspiel werden von diesem Zeichen regiert. Schauspieler, Tänzer und berühmte, reiche Filmstars gehören zu diesem Zeichen. Das Schauspiel der Waage ist nicht das Drama oder das Ritual der Seele, sondern der gleiche Vorgang, der sich beim Genuss durch Kunst abspielt. Kleidung, Essen, Trinken, Geschmack und Mode sind in diesem Zeichen zu Hause. Durch alle diese Dinge begibt sich der Mensch voll und ganz in die Objektivität, in die *Mâyâ*, wenn sein inneres Zentrum den Pendelausschlag in die entgegengesetzte Richtung gehen lässt. Kleider, Schmuck, Parfüm und Schminke fallen unter den Einfluss der Waage.

Aus vielen verborgenen Gründen herrschen für den Durchschnittsmenschen Mars und Venus gemeinsam über dieses Zeichen. Für den Jünger im ersten Stadium ist Venus die Herrscherin. Wenn er seine *Antahkarana* aufbaut, die *Chakren* in sich absorbiert und die Lotusse zur Entfaltung bringt, übernimmt Saturn die Herrschaft. Um den Bau der *Antahkarana* zu vollenden, müssen die erhöhten saturnischen Schwingungen fortwährend angewandt werden. Nur durch die langsame, aber sichere Methode Saturns können die Gegensätze von Schmerz und Freude überwältigt und der Boden geebnet werden. Sobald sich die Lotusse bilden, wird Venus erneut zur Herrscherin des Zeichens, diesmal jedoch als die Herrin der reinen Liebe, die sich nicht vom reinen Willen unterscheidet.

Zur Waage gehört die Klangpotenz *V*, und ihre Zahlenpotenz ist die 4 Die Zahl 4 setzt sich aus zwei gleichen Abschnitten zusammen, die jeweils aus zwei Teilen bestehen:

$$2 + 2 = 2 \times 2.$$

Diese Formel ist in der Aktivität der Waage verborgen. Außer der 4 gibt es keine andere Zahl, die eine solche Beziehung in ihrer numerischen Aktivität aufweist. Über die Bedeutung der Aktivität dieser Zahl müsste vieles dargelegt werden, doch das würde über das Verstehen der meisten Menschen unserer Zeit hinausgehen.

Karminrot ist die Farbe der Waage. Beim Durchschnittsmenschen pulsiert sie durch den Solarplexus. Karminrot entsteht aus der Reaktion des Menschen auf die trübe Mischung von Emotion, Verlangen und Liebe in seinem Inneren. Für den Jünger, der seine Lotusse aufgebaut hat, ist die Farbe der Waage Violett, und für einen Jünger, der im tausendblättrigen Lotus sitzt, ist ihre Farbe eine Mischung aus Blau und reinem Weiß. Für ihn gibt es keinen Unterschied zwischen Blau und

Weiß. Jede dieser beiden Farben zeigt – für sich genommen – eine objektive Reaktion auf den menschlichen Farbsinn.

Das Symbol der Waage ist sehr bedeutungsvoll. Es stellt einen Vogel mit weit ausgebreiteten Flügeln in der Horizontale dar, die nicht die horizontale Ebene der Erde berühren. Die Flügel sind genau parallel zum Erdhorizont, aber der Vogel fliegt immer über der Schöpfung. Man sagt, dass auf dem vertikalen Stamm des Lebensbaums zwei Vögel sitzen. Sie sind identisch und existieren immer gemeinsam. Der eine isst und genießt die Früchte des Baumes, und der andere genießt den Anblick, den ersten Vogel fröhlich essen zu sehen. Es ist angenehm festzustellen, dass Menschen, die unter dem Einfluss der Waage geborenen wurden, großzügig sind und sich über die Freude anderer freuen können. Der obere Vogel lebt in der Unsterblichkeit, während der untere Vogel von der Unsterblichkeit isst und den Geschmack als Teil seines Erlebens genießt.

Das Symbol dieses Zeichens stellt auch den horizontalen Balken der Waagschalen dar. In der Mitte des Balkens wird das Jahr in zwei gleiche Teile geteilt. Dort befindet sich das Herbstäquinoktium. Die Waagschalen nennt man auch die Waagschalen der Gerechtigkeit, weil der Schütze, das Zeichen der Richter, durch einen Sextilaspekt mit der Waage verbunden ist.

Magnetisches Eisen ist das Metall dieses Zeichens, denn es bildet den niederen Pol des Magneten. Eisen kann durch die Berührung eines kraftvollen Magneten und sogar durch dessen bloße Anwesenheit magnetisiert werden. Dadurch entsteht die Polarität. Die Wirkung der Berührung und der Gegenwart des *Gurus* durch die Seelenebene hilft dem Jünger, seine *Antahkarana* zu erbauen Sie ist nichts anderes als eine Form des Magnetismus. Das Eisen verkörpert das Tierkreisleben des Jüngers in den *Chakren,* und der Magnet symbolisiert es in den Lotussen. Eine Neuordnung der Moleküle aufgrund veränderter Kraftströme ist der einzige Unterschied zwischen dem Eisenbarren und dem Magneten. Bei der Geburt ist die *Sushumnâ* des Menschen wie ein Eisenstab. Durch die zweite, spirituelle Geburt wird sie zu einem Magnetstab.

Auch der Mond hat mit den magnetischen Strömungen des Äthers und des Wassers zu tun. Ebbe und Flut werden vom Mond verursacht. Genauso wie Saturn, der Herr des Steinbocks, für die höheren Ziele des *Râja Yoga*-Pfades mit der Waage verbunden ist, so übt der Mond als Regent im Krebs, dem gegenüberliegenden Zeichen von Steinbock, seine Herrschaft über die Waage im Hinblick auf die niederen Ziele des linken Pfades aus, der von medialen Erfahrungen erfüllt ist. Der Glanz im Reich des Schwarzmagiers besteht darin, das Denken anderer zu beherrschen, anderen Menschen den eigenen Willen aufzuzwingen und die dunklen Kräfte der Natur sowie Elementarwesen und Verstorbene anzuziehen. Ein wahrer Schüler des achtfachen Pfades sollte den Unterschied zwischen den beiden Wegen klar erkennen und sich davor hüten, dem niederen Pol zu verfallen.

B.8 Skorpion ♏

Der Skorpion ist das dritte fixe Zeichen und das zweite Wasserzeichen des Tierkreises.

Er herrscht über tiefe, stille Gewässer. Alle Tümpel und Teiche, Abgründe und Löcher, die dunkleren Bereiche unter der Erdoberfläche, Schatten liebende Pflanzen, Tiere und Menschen sowie alle giftigen Tiere, die horizontal auf der Erde kriechen, werden vom Skorpion regiert. Unbewohnte Höhlen, geheime Orte und unterirdische Behausungen von Verbrechern gehören ebenfalls zu diesem Zeichen. Doch das ist nicht alles. Auch alle Höhlentempel, die der Einweihung dienen, geheime Bibliotheken und die Wohnungen der großen Adepten gehören zu diesem Zeichen. Verschwiegenheit und Geheimes machen den Grundton des Skorpions aus. Ebenfalls stehen Ölvorkommen und versteckte Schätze mit Skorpion in Zusammenhang. Wo immer das Sonnenlicht keine Möglichkeit hat einzutreten und wo ständige Dunkelheit herrscht, finden wir den Einfluss des Skorpions.

Er ist das achte Zeichen des Tierkreises und stellt das achte Haus dar. Die Aktivität dieses Hauses und Zeichens ist das Verschwinden. Hier schwindet das Seelenlicht durch den allmählichen Fall in die Materie. Da auf den höheren Ebenen das Materielle überwiegt, setzt das Bewusstsein vorübergehend aus. Tod, Bewusstlosigkeit, Ohnmacht und Koma werden durch den Einfluss des Skorpions bewirkt. Der Tod des Bewusstseins tritt hier periodisch auf.

Zwiebeln, Knoblauch, Opium und ähnliche toxische Mittel gehören zum Skorpion. Von ihm wird auch der leidenschaftliche Geschlechtsakt, der die Ursache des menschlichen Falls ist, beeinflusst. Im physischen Körper gehören die Geschlechtsorgane zu diesem Zeichen, aber auch die Nieren, Blase und Ausscheidungsorgane.

Der Abstieg des Geistes in die Materie erfolgt in einer konvergierenden Spirale. Das Bewusstsein der höheren Ebenen kommt allmählich in den Zustand des Raumes in der Zeit herab. Danach wird es im Raum wie in einem Ei eingeschlossen. Aus dem reinen tiefblauen Raum, für den das Zeichen Stier steht, fällt es als Sternenstaub herab. Der Abstieg hat die Form eines umgedrehten Kegels. Er sieht aus wie eine gewundene Schlange, die in einem Kegel verborgen ist. Vom Schwanz der Schlange fällt Sternenstaub in den Erdzustand vieler Sterne oder physischer Sonnengloben. Das ist der Beginn der Sonnensysteme, die die Seele der Sonne gefangen halten und den Fortbestand der materiellen Welten unterstützen. In der Konstellation des Kleinen Drachen, der Konstellation der Schlange, wird dieser ganze Vorgang symbolisch dargestellt. Die Schlange ist in einem Ei gefangen und wächst für einige Zeit innerhalb der Begrenzung des Eies. Auch der Mensch fällt in die Gebärmutter, wo er die ersten Entwicklungsschritte zu seiner körperlichen Vollendung macht.

Durch den allmählichen Fall verliert der Geist das Geistbewusstsein und wird Materie. „Wenn er den Grund berührt, ist er dunkel wie die Nacht“, heißt es in der Sprache von H.P. Blavatsky. Auf dem umgekehrten Rad vom Skorpion zum Stier erreicht die Materie durch Hunderte von Transformationen die Geistebene der Götter. Aber der Fall des göttlichen Geistes in die Materie erfolgt in kürzester Zeit. Von *Nahusha*, dem Menschen, wird erzählt, er habe hundert Opfer vollbracht, so dass er wie *Indra* wurde. Dann begehrte er *Indras* Frau für sich. Infolge seines Sexualtriebs fiel er als Schlange in die tiefsten Ebenen hinab. Das geschah durch ein Wort von *Agastya*. Doch das ist nur eine Seite des Bildes.

Im Skorpion gibt es ein großes Geheimnis, das wir mit Hilfe des Waageprinzips und dessen Entsprechungen erfassen können. Der Inhalt der ganzen Schöpfung zeigt sich an seiner Oberfläche abwechselnd aktiv und passiv. Seine Aktivität lässt alle Welten in Erscheinung treten, und seine passive Phase atmet die Welten wieder in die eine Essenz ein. In der Geheimlehre wird dieser zweifache Ablauf als göttlicher Atem bezeichnet. Normalerweise glauben wir, dass die gröberen Ebenen das Ergebnis einer Verdichtung der subtileren Materie sind. Tatsächlich ist es genau umgekehrt. Die absolute göttliche Essenz wird immer dünner, bis sie sich in die vielen Materiezustände verteilt hat. Wir können Materie als Unterbrechung im Raum verstehen: 'Fohat gräbt Löcher in den Raum.' Die Löcher werden zu materiellen Welten erweitert. Aus diesem Grund bezeichnet Materie die relative Abwesenheit des Geist-Bewusstseins. Der Skorpion verkörpert diese Abwesenheit des Geist-Bewusstseins, die auch 'Sünde' genannt wird.

Es wurde bereits erwähnt, dass der Geist in Form einer Spirale in die Materie hinabsteigt. Die Windungen dieser Spirale liegen sehr dicht beieinander. Dadurch entsteht ein Gebilde aus vielen immer kleiner werdenden Ringen. Der Körper einer Schlange, eines Skorpions oder einer Schnecke stellt diesen Vorgang dar, und deshalb werden diese Kriechtiere vom Skorpion regiert. Gift führt zur Bewusstlosigkeit, und deshalb sind viele dieser Tiere für den Menschen giftig.

Der Adler ist der Feind der Schlange. Daher verkörpert der Adler im Zeichen Skorpion den gleichen spiraligen Weg, jedoch in umgekehrter Richtung. Er führt den Geist des Menschen auf dem Pfad der Äquinoktien vom Skorpion hinauf zum Stier. Dann wird die Schlange vom Adler besiegt. Der Adler, der aufwärtsführende Pfad, bringt das Lebenselixier herab, um seine Mutter aus der Knechtschaft zu befreien*. Der Aszendent von Lord *Krishna* im Zeichen Stier zeigt uns den Grund für seinen Sieg über die Schlange *Kâliya*.

* Siehe *Garuda* im Anhang II

Die Zeitzyklen werden als Zeitperioden vom Skorpion in Unordnung gebracht. Zyklen bedeuten eine gleichmäßige Geschwindigkeit in kreisförmiger Bewegung, und Perioden zeigen eine gleichmäßige Veränderung in der Geschwindigkeit der Kreisbewegung. Periodizität wird durch die Wiederholung eines Ereignisses in gleichmäßig variierenden Zeitabständen gekennzeichnet. Die Periode der Frau, die periodische Überschwemmung der Flüsse, die Gezeiten der Meere und alle Naturkatastrophen, die auf die konstante Präzession der Äquinoktien und die Polverschiebung zurückzuführen sind, werden von der Aktivität des Zeichens Skorpion beherrscht. Die Rückkehr des Menschen in die Materie, seine Geburt, wird vom Skorpion durch den Krebs herbeigeführt, weil der Skorpion durch einen Trigonaspekt mit dem Krebs verbunden ist. Beide sind Wasserzeichen, und das Wasser ist das befruchtende Mittel der Natur, das die Keimung fördert.

Wenn der Mensch ins Grab der physischen Ebene gelegt wird, bildet die Entwicklung des Fötus in der Gebärmutter das ganze Evolutionsgeschehen nach. Dies ist eine unumgängliche Erfahrung während des Entwicklungsprozesses. Ein weiser, spiritueller Mensch kann sie jedoch umgehen, indem er sie durch höhere Rituale erlebt. Wenn der Mensch unter der spirituellen Führung eines *Gurus* den ganzen Schwangerschaftsprozess nachempfindet, kann er sich durch diese Erfahrung viele physische Geburten ersparen. Ein solches Ritual findet in den Hallen der Einweihungstempel statt, die genauso wie der Uterus gebaut sind. Das ist eins der Geheimnisse der Rituale vom 'sterbenden Gott'.

Durch das Tor von Krebs und Steinbock fällt der Mensch in die Zyklen von Geburt oder geistigem Tod und Tod oder geistiger Geburt. Dies wird der wiederholte Tod des Menschen genannt. Skorpion repräsentiert die Geschlechtsorgane. Man bezeichnet ihn als Grab oder als Tal des Todes.

Der innere Mensch oder die Seele ist *Satyavân*, der Wahrheitsträger, und die Wahrheit ist die geistige Sonne in ihm. Es wurde geweissagt, dass *Satyavân* innerhalb eines Jahres sterben würde, nachdem er *Sâvitrî*, das Licht der Sonne, geheiratet hat. Er heiratet *Sâvitrî* und stirbt, als die Sonne untergeht. *Yama*, dessen Prinzipien durch Pluto zum Ausdruck gebracht werden, führt ihn von seinem Körper weg in die Dunkelheit der niederen Welten. Das ist der Bereich des Skorpions. Dabei verliert der Wahrheitsträger sein Wahrheitsbewusstsein. Seine Frau, das geistige Licht, folgt ihm jedoch in die Unterwelt und holt ihn zurück. So wird der Wahrheitsträger von der nächsten Morgendämmerung wieder zum Leben erweckt. Diese Geschichte bietet den Ritualisten der spekulativen und operativen Ritual-Orden viel Stoff zum Nachdenken.

Der Skorpion ist das Zeichen der Rituale, weil ein Ritual die Nachbildung einer höheren Ordnung auf der materiellen Ebene ist. Da der Ablauf von Fortpflanzung und Tod dasselbe bedeutet, kann sich der Mensch dem Einfluss von Tod und Wiedergeburt entziehen, indem er das Ritual durchführt und die symbolischen Reisen der Seele macht. Die Periodizität ist auch in Ritualen wirksam. Jedes Jahr im Monat Skorpion treten die solaren Götter und die Engel des Tierkreises von ihren Ämtern zurück und nehmen diese zu Beginn des nächsten Monats wieder auf. Auch die Amtsträger des Tages von *Brahmâ* haben ihren Skorpion.

„Der Tod ist nur eine Lücke im Bewusstsein", sagt *Sanat Sujâta*, der vierte der *Kumâras*. Es bedeutet, dass der Mensch auf jeder Ebene eine Lücke hat. Das achte Haus weist auf die Lücken eines Menschen hin und schult ihn darin, diese Lücken zu füllen und zur Vollkommenheit zu führen.

Für Menschen auf der individuellen Ebene ist Mars, der den Geschlechtsakt auf der niedrigsten Ebene regiert, der Herrscher des Skorpions. Einige orthodoxe Astrologen meinen, die Venus regiere den sexuellen Akt. Das stimmt nicht. Zur Venus gehören auf der höheren Ebene die Liebe und auf der unteren Ebene Liebesaffären. Der Ausdruck von Schönheit durch Form ist die höhere Qualität der Venus, und Verblendung durch Schönheit ist ihre niedere Eigenschaft. Sexuelles Verlangen und Reaktion auf die Wärme physischer Berührung, was ein Ausdruck des animalischen Magnetismus von Mann und Frau ist, werden von Mars, dem Planeten der Aktivität, beherrscht. Wer sich auf den Weg macht, um in Ritualen die Ringe der Periodizität durch Symbolreisen zu durchkreuzen, für den übernimmt Saturn die Herrschaft. Saturn ist von schneckenähnlichen Ringen umgeben, die in der einen Richtung den Weg in Bindung, Leiden und Tod darstellen. Folgt man ihnen jedoch in der entgegengesetzten Richtung, gelangt man zur Befreiung.

Das Überwinden der menschlichen Begrenzung durch *Vairâgya,* die Ignorierung der Wünsche, ist ein weiterer Weg, den man im Skorpion gehen kann. Jegliches Verlangen zu vernichten, allen Reichtum und Besitz hinter sich zu lassen und sich in die Einsamkeit von Höhlen und Wäldern zurückzuziehen, um sich dem feurigen Streben zu widmen, ist eine der Aktivitäten dieses Zeichens, denn es stellt das Sterben der Welt der Wünsche dar. Für solche Jünger ist Pluto der Herr dieses Zeichens. Bei allen Skorpion-Jüngern liegt ein Schleier der Verschwiegenheit über ihren Wegen. Ein spiritueller Mensch, der den Wegen dieses Zeichens folgt, entwickelt sich und erreicht Vollkommenheit in absoluter Verborgenheit, genauso wie das Kind in der Gebärmutter. Niemals kann eine Veränderung, die vom Skorpion geleitet wird, von anderen wahrgenommen werden. Das Wachsen einer Blüte, einer Frucht aus der Blüte, eines Samens aus der Frucht und das Wachsen der Pflanze aus dem Samen kann man nicht mit bloßem Auge beobachten.

Auf dieser Erde gab es eine Zeit, in der Mann und Frau wie Geschwister lebten: ohne sexuelle Beziehungen und ohne sich fortzupflanzen. Sie waren Kinder der Natur und bewegten sich frei im Garten Gottes. Weder hatten sie physische Körper noch irgendein Gefühl der Scham. Die Schlange, der nach unten gerichtete spiralige Pfad des Falls in die Materie, führte sie in Versuchung. Sie aßen die Frucht vom Baum der Erkenntnis, dem Ursprung des Denkens, und so kam es zum Fall des Menschen. Gott gab Mann und Frau Mäntel aus Haut, und der Fluch wurde ausgesprochen, der die Bildung der physischen Körper zur Folge hatte. Vorher lebten die Menschen auf der Seelenebene und somit ohne die physische Ebene. Seit jener Zeit kriecht die Schlange auf der Erde. Sie war das Wesen, das den Fall des Menschen herbeiführte. Und seit jener Zeit bringt die Frau Kinder unter Schmerzen zur Welt. Dieser Fall des Menschen ist die Geschichte der Skorpion-Tätigkeit.

In der Erzählung von den Schlangen und Adlern im *Mahâbhârata* werden die guten Schlangen von ihrer Mutter *Kadruva* wegen ihres Ungehorsams dazu verflucht, in einem großen Schlangenopfer verbrannt zu werden. Das Opfer bedeutet, dass die Schlangen des aufwärtsführenden Weges eingesetzt werden, um der gesamten Schöpfung beim Erreichen der göttlichen Ebene zu helfen. Durch dieses Opfer wurden *Nâga* und *Sarpa* unsterblich. *Nâga* oder *Naza*, die weiße Schlange, wurde der Sitz von Lord *Vishnu*. Das heißt, sie wurde zum Zeichen Stier emporgehoben. *Sarpa*, die Existenz oder die sich aufwärtswindende Spirale *Vâsuki*, wurde zur Halskette von Lord *Šiva*. Sie kam aus dem Kehlzentrum in den Zwillingen, aus dem göttlichen Androgyn, hervor. Nachdem das Schlangenbewusstsein der *Kundalinî* aus der Knechtschaft des Basiszentrums *Mûlâdhâra*, des Milzzentrums *Svadhistana* und des Solarplexus *Manipûraka* erhoben worden ist, wird es zum segnenden Wort des Kehlzentrums. Wenn der Jünger das Wort durch Schweigen weiter emporhebt, wird es zur göttlichen geflügelten Schlange im Lotus, der sich zwischen dem Kehlzentrum und dem *Âjnâ-Chakra* entfaltet. Dann erscheint es als

Blick der Gnade, der die Mitmenschen zur Jüngerschaft erhebt. In diesem Zentrum, der zweiten Hälfte des Zeichens Stier, werden Adler und Schlange eins: zur geflügelten Schlange. Das ist die Symbolik von Aarons Stab.

Das Schlangenopfer wurde von einem König der lunaren Rasse durchgeführt. Er hatte die Absicht, die bösartige Schlange *Takshaka* zu töten. *Takshaka* ist Fohat, der Kupferstecher, der Löcher in den Raum gräbt. Aber *Takshaka* konnte nicht getötet werden, weil er sich um *Indras* Thron gewunden hatte und dort blieb. Das bedeutet, dass der Geburtsort von *Indra,* der Raum zwischen Zirbeldrüse und Hypophyse, der vom spirituellen Menschen überbrückt wird, die Fähigkeit besitzt, die Fortpflanzungskräfte des Menschen auf die schöpferischen Ebenen zu erheben.

Die Zahlenpotenz des Skorpions ist die 8. Sie kennzeichnet den Fall oder den Aufstieg der sieben Prinzipien in den nächsten Zustand: entweder in das Grab der Materie oder auf die suprakosmische Ebene. Die sieben Ebenen im Menschen und seine sieben Körper fallen im Skorpion in die Zeugung, den achten Zustand. Wenn sie zum Stier erhoben werden, steigt Lord *Krishna* als achtes Kind in den Menschen herab. Lord *Krishna,* das achte Kind, steht für die achte Ebene oder den Hintergrund der Ewigkeit, dessen Farbe blau ist.

Blei ist das Metall dieses Zeichens, *P* ist sein Klang, und Schwarz ist seine Farbe. Schwarz steht für Dunkelheit. Für den Durchschnittsmenschen symbolisiert die Farbe Schwarz das zeitweilige Aussetzen des Bewusstseins, den Tod. Beim höher entwickelten Menschen bedeutet die schwarze Farbe das Verschwinden des niederen Bewusstseins. Schwarz ist das Symbol der Dunkelheit für den Durchschnittsmenschen und Licht für einen *Yogî.*

Vor allem das Milzzentrum ist der Sitz des Skorpions. Das Basiszentrum hat eine geheimnisvolle Doppelrolle. In ihm sind die höchsten und niedrigsten Funktionen verborgen. Dieses Zentrum verkörpert die latenten Kräfte im Menschen.

In seiner niederen Funktion steht es mit der Aktivität des Milzzentrums und des Solarplexus in Verbindung. Mit diesen beiden Zentren bildet es das untere Dreieck und leitet die Funktion der Nervenimpulse. Somit kontrolliert es die Ausscheidungstätigkeit und auch den Samenerguss. Er erfolgt aufgrund einer ätherischen Aktivität, die durch die Anwesenheit des animalischen Magnetismus ausgelöst wird. Solch ein Magnetismus geht von einem Körper des anderen Geschlechtes aus. Auch die astralen Ströme des Solarplexus tragen dazu bei. Hier ist ein Teil des mentalen Bewusstseins gefangen, um die nötigen Empfindungen, Emotionen und Gefühle zu erzeugen. Dieses untere Dreieck hält den Wunschkörper fest, so dass er nicht entkommen und vom höheren Bewusstsein zerstört werden kann. Das wird *Pâpa Purusha,* die Sünde des Menschen, genannt. Über diesen ganzen Mechanismus und seine Aktivität herrscht der Skorpion.

Die höhere Seite des *Mûlâdhâra* gehört zum nächsten Zeichen, dem Schützen. In der Geschichte von der Schlange und dem Adler wird das höhere *Mûlâdhâra* als der Schwanz des Pferdes bezeichnet. Hier befindet sich der Sitz der *Kundalinî.* Von diesem Punkt aus steigt die *Kundalinî* auf direktem Weg nach oben. Ihr Weg verläuft innerhalb des *Brahmâ Randhra*-Kanals und wird *Sushumnâ,* der gute Faden des Lichts, genannt.

Wenn der *Yoga*-Schüler die *Siddhâsana*-Haltung einnimmt während er auf 'vertikalen Ebenen' (vertical levels) mit seinem 'Äquator gleich' (equator equal)* sitzt, spürt er am unteren Ende der *Sushumnâ* ein Beben. Es wird durch ein

* Siehe die Invokation auf Seite 4 dieses Buches

Pulsieren über der rechten Ferse verursacht, die in der Nähe des unteren Hodenbereichs ruht. Diese Verbindung übermittelt dem *Brahmâ Randhra* einen 'elektrischen Impuls' (electric hint). Wenn der *Yoga*-Schüler dann die Augen schließt, mit Hilfe von *Prânâyâma* sein *Prâna* kontrolliert und zwischen den Augenbrauen über das Stirn-Zentrum meditiert, hat sich sein Denkvermögen zum oberen Ende des *Brahmâ Randhra* verlagert. Dabei erlebt er ein Erschauern, das von der Hypophyse nach unten fließt. Es ist das 'Hypophysensignal' (pituitary hint), das die *Kundalinî* weckt, so dass sie sicher aufsteigen kann, ohne den Gefahren der niederen Regionen ausgesetzt zu sein.

In der Tatsache, dass das Zeichen Fische im physischen Körper nicht nur die Füße, sondern auch die Zirbeldrüse und Hypophyse darstellt, ist ein Geheimnis verborgen. Eine Verbindung zu den Sternen der Plejaden vervollständigt den ganzen Ablauf des '*Agni Yoga* der kosmischen *Kundalinî*' oder des '*Yoga* des kosmischen Feuers'. Die Plejaden befinden sich im Stier, der das Gesicht, das Zentrum der Meditation des Jüngers darstellt. Der Sitz der *Kundalinî* im *Mûlâdhâra* wird vom Schützen regiert. Er liegt zwischen dem größten Stern der Skorpion-Konstellation und *Mûla,* dem 'Stern des Fundaments' im Schützen. Aus diesem Grund gehört das *Mûlâdhâra-Chakra* zum Skorpion und zum Schützen.

B.9 Schütze ♐

Der Schütze ist das neunte Zeichen des Tierkreises. Es entspricht dem neunten Haus des Horoskops, dem Haus der Einweihung. Es regiert lange Reisen, Träume, Ziele und die Verwirklichung der eigenen Pläne. So erlebt es der gewöhnliche Mensch. Für den Schüler des spirituellen Weges handelt es sich bei der langen Reise um die ewige Reise der Seele auf dem aufwärtsführenden Pfad. Er träumt davon, ein Seher zu werden. In ihrer Verwirklichung sind seine Pläne eins mit dem kosmischen Plan. Alle edleren Eigenschaften des Menschen werden durch den Schützen und das neunte Haus ausgestrahlt. Der Schütze wird auch das Zeichen des Richtens genannt. Hervorragende Richter werden unter diesem Zeichen geboren. Im spirituellen Menschen wird der Richter durch die Meditation über die Symbolik des Schützen erweckt. Mit Ehrfurcht und größter Demut treten wir in die Geheimnisse des Schützen ein. Es ist nicht möglich, wenigstens ein Hundertstel der Herrlichkeiten dieses Zeichens zu beschreiben.

Für den Durchschnittsmenschen ist der Schütze ein Zeichen der Spannung. Sie wird durch den Bogen symbolisiert. Gleichzeitig ist er jedoch das Symbol der göttlichen Kraft, die unter der Anspannung der menschlichen Begrenztheit in Form eines Ideals erhalten bleibt. Eines Tages wird die Beschränkung aufgrund seiner edlen Eigenschaften und vernünftigen Ziele zerbrechen. Die abgeschossenen Pfeile treffen das Ziel. Der Schuss geht nie daneben, weil der Richter schießt.

Auf der Ebene seiner Sinne ist der Mensch fünffältig. Sein Körper wird mit einem Wagen verglichen. Er besteht aus den fünf verschiedenen Materiezuständen und wird von den fünf Elementalen dieser Zustände bewacht. Der Mensch birgt fünf Brüder in sich: die *Pândus,* die Söhne des Lichts. Auf der Mentalebene ist er der mittlere Mensch oder der dritte Bruder. In der Allegorie des *MAHÂBHÂRATA* heißt er *Nara*, der Mensch im Menschen, oder der Jünger von *Nârâyana*, dem Gott im Menschen. Die 18 Bücher des *MAHÂBHÂRATA* enthalten die gesamte symbolische Erzählung vom Abstieg des Menschen in die neun Zeichen bis zum Schützen auf dem planetarischen Pfad und von seinem Aufstieg auf dem Pfad der Äquinoktien. In einem Buch mit 18 Kapiteln wird die Botschaft des Herrn an seinen Jünger vermittelt. Auch der Krieg von *Kurukshetra* wird zwischen den 100 Söhnen des blinden Königs und den fünf Söhnen des Lichts geführt. Er dauert 18 Tage, und 18 Schwadrone nehmen daran teil. Nach den Worten des blinden Königs überleben am Ende nur 10 Personen. Dies ist die Mission des erhabenen Herrn, der als Retter herabkommt. So erzählt es das *MAHÂBHÂRATA*.

Zu Anfang braucht ein Schüler auf dem spirituellen Weg sein Ziel lediglich als Widerspiegelung auf der unteren Ebene ausfindig zu machen. Während er seinen Blick fest auf die Spiegelung des sich ständig bewegenden Ziels richtet, wird er das Ziel, das über ihm liegt, schließlich treffen. Er sollte es mit seinen fünf Pfeilen treffen, den fünf Sinnen, die sich in den fünfstrahligen Stern in seinem Herzen zurückziehen. Dann findet die spirituelle Hochzeit statt. Die fünf Brüder in ihm heiraten die eine Jungfrau, die aus dem Licht des Opfers geboren ist. Jetzt befindet sich der Mensch mit dem Bogen und den Pfeilen im Schützen. Sein Ziel liegt im Zeichen Fische und wird als Mechanismus des Fisches bezeichnet. Man sollte daran denken, dass dieses Ziel in der zukünftigen höheren Brücke zwischen Zirbeldrüse und Hypophyse zu finden ist. Die Widerspiegelung des Ziels sieht der Mensch unter seinen Füßen oder in den unteren menschlichen Ebenen. Es sollte beachtet werden, dass auf der physischen Ebene die Füße mit den Fischen in Verbindung gebracht werden.

Die am Opferaltar geborene Jungfrau wird vom Tierkreiszeichen Jungfrau verkörpert, das den Fischen gegenüberliegt.

Wenn das Rad sich in umgekehrter Richtung dreht, wird das Jungfrau-Zeichen von der Erde in den Himmel erhoben, und es findet die Hochzeit statt. Der Jünger kommt mit der jungfräulichen Natur in Berührung, die die Gnade des Herrn ist. Die Hochzeit symbolisiert die höchste Einweihung des Menschen, den Auftrag des neunten Zeichens. Nach dieser Hochzeit lässt der Herr den Menschen *Indras* Wohnort bauen und in der Stadt *Indraprastha* wohnen. Von nun an führt der Mensch ein göttliches Leben. Sein Plan ist der Plan des Herrn, und er lebt als Nachfolger und für den Auftrag des Herrn.

Im göttlichen Leben ist der Nachfolger nur ein Hüter und kein Besitzer des ganzen göttlichen Reiches. Das Reich ist nicht zu seinem Genuss da, sondern er muss dafür Verantwortung übernehmen. Alle Lasten seiner Brüder hat er mitzutragen, und deshalb geht er in den Wald. Er unternimmt die symbolischen Reisen und beginnt mit feurigem Streben. Durch den Anblick von Lord *Mahâdeva* beherrscht er die göttlichen Waffen. Bis zu *Indras* Wohnsitz steigt er empor. Er besteht die Prüfung weiblicher Versuchung, empfängt den Segen und die Waffen *Indras* und trägt *Indras* Krone, jedoch nur, um zu seinen Brüdern zurückzukehren. Für seine Brüder muss er sich dem Kampfgetümmel stellen. So wird die Aufgabe eines Menschen beschrieben, der dem spirituellen Pfad folgt. Als große Einweihungsgeschichte ist sie im Zeichen Schütze verborgen.

Es gibt eine besondere *Râja Yoga*-Übung, die sich vor allem für Menschen mit Schütze-Aszendent eignet. Sie wird *Laya Yoga* genannt. Der Schüler sitzt in der aufrechten *Siddhâsana*-Haltung. Er schließt seine Augen und stimmt leise mit geschlossenem Mund das heilige Wort als gedehnten nasalen Klang an. Sein Denken ist auf die Stimme gerichtet, und in Gedanken versucht er, den Ursprung seiner Stimme ausfindig zu machen. Dadurch wird seine *Kundalinî* direkt zum Kehlzentrum emporgehoben. Wenn er die Ebene erreicht hat, wo sich der Ursprung der Stimme befindet, steigt die *Kundalinî* ins Herzzentrum hinab, und der Schüler entdeckt nun den Ursprung am unteren Ende seines physischen Herzens, das 'die Spitze des Schwertes an seiner linken Brust' genannt wird. Zu diesem Zeitpunkt ist er in der Lage, das Denkvermögen zu beherrschen. Er meditiert nun über jene Stelle, indem er sich die Farbe Orange auf einem hellgrünen Hintergrund vorstellt. Das heilige Wort stimmt er nicht mehr hörbar, sondern gedanklich an. Daraus ergibt sich der nächste Schritt, bei dem die *Kundalinî* zur Ebene des *Sahasrâra* aufsteigt. In diesem letzten Stadium bringt sich der Jünger als das heilige Wort im *Sahasrâra* zum Ausdruck. Dann tritt sein *Guru* an seine Stelle und macht im *Samâdhi* seine eigene Äußerung. Damit ist das Werk vollendet, und der Jünger befindet sich bereits auf der suprakosmischen Ebene.

Aquila, die Konstellation des Adlers im Sternbild Schütze, ist auch der Vogel *Sampathi*, der direkt zum Angesicht der Sonne emporfliegt und dabei verbrennt. Im *Râmâyana*-Epos ist *Sampathi* der Bruder des Vogels *Jatâyu*, der *Râma* berichtet, wo *Sîtâ* sich aufhält. Das Symbol des Schütze-Zeichens ist der Schwanz des Adlers, der sich der Sonne zuwendet, und die Zwillinge stellen das Gesicht des Vogels dar.

Der Schütze ist ein Doppelzeichen. Es wird von einem Bogenschützen dargestellt, dessen Unterkörper der eines Pferdes ist. Schießen, Reiten und Pferderennen werden von diesem Zeichen regiert. Das gilt für den gewöhnlichen Menschen. Am Ende des gegenwärtigen Zeitalters wird der Welterlöser als Bogenschütze auf einem Pferd wiederkehren. So lautet die Prophezeiung in den *Purânen* und in der Offenbarung des Johannes.

Der Schütze ist das dritte Feuerzeichen des Tierkreises. Er verkörpert das geistige Feuer, das in der Form eines Pferdes zur Erde herabkommt. Man sagt, dass Lord *Indra* es auf dem kreisförmigen Pfad reitet, um die Wasserzyklen zu leiten: als

Wolken auf dem aufsteigenden Pfad und als Regen auf dem absteigenden Pfad.

Wenn dem Jünger auf der Rückreise zu seinem *Guru* das Licht der beiden Ohrringe von der listigen Schlange *Takshaka,* dem Löcherstecher, gestohlen wird, folgt er ihr. Er betritt die Höhle und die Welt der Schlangen. Hier findet er zwei Frauen, die ein schwarzweißes Tuch weben. Er trifft auch sechs *Kumâras,* die das Rad mit den zwölf Speichen drehen. Dann sieht er *Indra,* der auf dem Rücken des Pferdes reitet. Er bittet *Indra* um Hilfe, weil er das Licht der Ohrringe zurückhaben möchte. *Indra* erscheint in der Gestalt von *Parjanya.* Auf den Rat von *Indra* hin bläst der Jünger auf dem Schwanz des Pferdes. Aus den Venen des Pferdes treten große Flammen hervor, und die Schlangen sind besiegt. *Takshaka* gibt die Ohrringe zurück. Der Jünger setzt sich auf den Rücken des Pferdes und kehrt zu seinem *Guru* zurück, um dessen Frau die Ohrringe zu übergeben.

Einem Jünger mit Schütze-Aszendenten wird empfohlen, über diese Allegorie zu meditieren und sich mit dem Jünger in der Geschichte zu identifizieren*. Sie wirkt wie ein großes Sakrament. Die symbolische Reise des Jüngers enthält alle geheimen Schlüssel für den Weg des geistigen Feuers.

Die zwei Stunden vor Sonnenaufgang gelten als die wahre geistige Zeit des Tages. In dieser Zeit spirituell zu arbeiten bringt die besten Ergebnisse. Der Jünger erhält die Mitwirkung der *Devâs,* die die unterbewussten Ebenen der schlafenden Seelen darauf vorbereiten, in der Morgendämmerung den solaren Logos zu empfangen. Es heißt, die sieben Herren der Flamme singen um diese Zeit leise die Gebete des Sonnengottes. In einem Göttertag, der unserem Sonnenjahr entspricht, bezeichnet der Weg der Sonne durch den Schützen diese spirituelle

* Siehe *Udanka* im Anhang II

Zeit. Möge der wahre Jünger des kosmischen *Yoga* den ganzen Schütze-Monat für seine Erkenntnis nutzen.

Für die Jünger eines der sieben *Âshrame* ist die elfte Mondphase vor dem Schütze-Vollmond das heiligste Fest. Es ist der Tag von Lord *Nârâyana*. Den ganzen Monat über leben die Jünger nur von flüssiger Nahrung, und sie verbringen den Festtag im *Samâdhi*-Zustand. Alle sitzen so, dass sie ein Dreieck bilden, und sie singen die Hymnen über das spirituelle Feuer aus dem uralten Buch der Höhlentempel. Jeweils 18 Jünger formen ein Dreieck, in dessen Zentrum ein *Guru* sitzt, der das heilige Wort anstimmt.

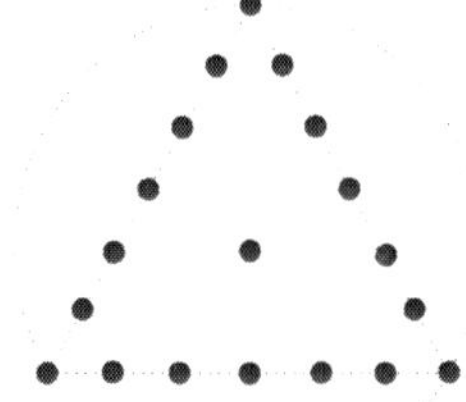

Über dieses Ritual gibt es viel zu erzählen. Eine ausführliche Beschreibung wollen wir uns jedoch für unser Buch über Rituale vorbehalten.

Auf allen Ebenen ist Jupiter der Herr dieses Zeichens. Für alle, die dem Weg des kosmischen *Yoga* folgen, ist Orange die Farbe des Schützen. Für jene auf dem Pfad der Rituale gibt es ein spezielles Symbol mit zwei Farben. Es besteht aus einem goldgelben Ring auf milchweißem Hintergrund. Für alle, die dem geraden Weg zum Angesicht der Sonne folgen, haben wir die Farben schon genannt. Ein besonderes Symbol gibt es für Menschen, die dem Ritual der *Bhagavad Gîtâ* folgen. Es ist der fünfstrahlige Stern in der Farbe des Blitzes. In der *BHAGAVAD GÎTÂ* ist ein detaillierter Tierkreisschlüssel verborgen. Damit werden wir uns in einer eigenen Broschüre befassen. H. P. Blavatsky beschrieb William Q. Judge den groben Umriss dieses

Tierkreisschlüssels, und W. Q. Judge erwähnt ihn in einem sehr kurzen Artikel seines Buches Vernal Blooms.

Alle süßen Früchte, vor allem Trockenobst, stehen unter dem Einfluss des Schützen. Sie eignen sich hervorragend als Nahrung für die Jünger auf dem Pfad des kosmischen Feuers. Auch alle Bohnensorten gehören zum Schützen. *F* ist der Klang dieses Zeichens. Es ist merkwürdig, dass *V, P* und *F*, die Klänge der drei Zeichen Waage, Skorpion und Schütze, Variationen des gleichen Konsonanten sind. Sie alle sind Lippenlaute. Wie die gegenüberliegenden Zwillinge hat auch der Schütze eine besondere Beziehung zum Klangprinzip. Die Zwillinge repräsentieren die Stimmbänder und sind somit die Klangträger. Der Schütze ist die Seele, die durch den Klangträger wirkt. So stellt der Schütze eine tieferliegende Klangebene dar als die Zwillinge. Einweihung durch Klang ist die Besonderheit des Schützen.

Jupiter, der Herr dieses Zeichens, ist vor allem als *Vâkpathi*, als Herr des *Vâk*, bekannt. Er ist die männliche Form von *Saraswathî*. Das heißt, es gehört zu seiner Rolle, als *Guru* das Wort zu sprechen und es den Jünger wiederholen zu lassen. 'Leise vom Mund zum Ohr' führt der Einweihungsweg dieses Zeichens. Die alten *Rishis* teilten die *Veden* hauptsächlich als Klangschlüssel mit. Auf diese Weise vermittelten sie ihren Inhalt nicht durch Unterrichten, sondern durch Beeindruckung direkt von der Seelenebene zur spirituellen Ebene. Merkur, der Herr der Zwillinge, regiert den Ausdruck des Wortes als Sprache und Jupiter die Übermittlung des Wortes als Beeindruckung. Durch diesen Vorgang verschmilzt der *Guru* als heiliges Wort mit dem *Šishya*.

In die *Veden* wird für die Einweihung der Begriff *Svâdhyâya* benutzt. Das Wort bedeutet: sich selbst erreichen. Im *Brahmâ Vidyâ* gibt es eine fünffache Formel, die den fünfstrahligen Stern sehr gut erklärt: Der *Guru*, der Jünger, das Wort und der Ausdruck von beiden gelten als Teile eines Ganzen. Den *Guru* nennt man die erste Form des Wortes und den Jünger die nachfolgende Form. Das Wort ist die bestehende Verbindung, und die wiederholte Äußerung stellt die Verbindung her. Diese vier Teile sind die Bestandteile des vollständigen Wort-Ausdrucks, der das fünfte Element ist.

Die gleiche Formel finden wir

1. in der Anordnung der Welten, im kosmischen Plan,
2. in der Ordnung des Lichts, auf der solaren Ebene,
3. im Einweihungsvorgang,
4. in den Erscheinungsformen der Fortpflanzung und
5. in der Anordnung der Erfahrungen der Seele im Geist.

Diese fünf Bestandteile werden die fünf Unterteilungen der menschlichen Weisheit genannt.

Im Schützen wurde bereits der Vogel der Einweihung beschrieben. Er heißt *Tittiri,* und er ist der Weg der Seele entlang der Bahn des Klangs. Dieser Vogel verkündet die rituelle Weisheit der *Veden,* die *Yajur Veda,* als seinen eigenen Gesang. Es ist der *Taittirîya*-Weg zur *Yajur Veda.* Die fünffache Unterteilung heißt in den *Veden* auch das fünfsilbige Versmaß. Es stellt den Weg dieses Vogels dar. Über den Ursprung dieser Schule gibt es viele unklare Vorstellungen, aber die Eingeweihten jener Schule kennen die volle Bedeutung durch ein esoterisches Studium der *TAITTIRÎYA UPANISHADE.* Gleich welcher Methode man folgt, das Zeichen Schütze herrscht über die Einweihung in die höchste Ebene durch den Klang.

Im Schützen verbirgt sich ein Weg, der nach oben führt, sogar entlang dem planetarischen Pfad. Der Weg vom Schützen über Steinbock, Wassermann und Fische zum Widder hat auf den Schüler die gleiche Wirkung wie der Weg in umgekehrter Richtung. Im physischen Körper herrscht der Schütze über den Bereich zwischen Basiszentrum und Oberschenkelansatz, aber auch über den Weg des *Brahmâ Randhra,* dessen Ausgangspunkt das Basiszentrum ist. Somit hat der Schütze eine körperliche Richtung nach unten und eine spirituelle Richtung nach oben. Das Zeichen übt eine Doppelfunktion aus, und deshalb hat auch das *Mûlâdhâra* eine Doppelnatur. Ungefähr die ersten 13° dieses Zeichens stellen die Verzweigung in die beiden Wege dar. Es ist die Konstellation *Mûla*. Die letzten vier Zeichen des Tierkreises Schütze, Steinbock, Wassermann, Fische befinden sich innerhalb des *Brahmâ Randhra*. Sie bilden die vier höheren Entsprechungen zu den gegenüberliegenden Zeichen, und sie haben die Kraft, die Funktionen dieser Oppositionszeichen von den objektiven zu den subjektiven Ebenen emporzuheben. Die Wirksamkeit der vier Zeichen im *Brahmâ Randhra* wird von der *Kundalinî* durch den Klangaspekt des Wortes erarbeitet, und automatisch werden die *Chakren* durch Lotusse ersetzt.

Das Symbol des umgekehrten Baumes in den *Veden*, in den *Upanishaden* und im 15. Kapitel der *Bhagavad Gîtâ* enthält ein weiteres großes Geheimnis. Der Baum wird *Ašvattha* oder Ficus religiosa genannt. Ein *Yogî* des rituellen Pfades, der im Schützen geboren wurde, wandelt mit Hilft des *Ašvattha* den Mann auf dem Pferd um, indem er das Rad umkehrt. Dann verändert sich das Schütze-Symbol zu einem Mann mit dem Kopf eines Pferdes: Es ist Lord *Hayagrîva*, die pferdeköpfige Gottheit.

In einem Buch über *tantrische* Rituale heißt es: „Setze dich unter einen Ficus religiosa. Iss die Blätter des Baumes. Meditiere über Lord *Hayagrîva* mit Hilfe seines *Mantras*. Trinke Milch. Du wirst zum Herrn aller Schlüssel zwischen Klang und Denkvermögen. Du wirst ein Meister aller Wissenschaften und schöpferischen Künste werden. Du wirst alle Sprachen von Menschen, Tieren, Pflanzen und Mineralien beherrschen. Du kannst alle Zweige und Wurzeln des *Karmas* mit der Axt des Nicht-Festhaltens abschlagen. Die Zweige bedeuten die Wirkungen, und die Wurzeln sind die Ursachen. Stelle das

Mantra des großen Schwans um. So erhältst du das *Mantra* von *Hayagrîva."* Das *Mantra* des Schwans lautet *HAM-SO*. Verbindet man das *H* mit dem *SO*, erhält man *HSOUM*. Dies ist das *Mantra* von Lord *Hayagrîva*. Man sollte ihn in milchweißer Farbe meditieren.

Der Name des Baumes *Aśvattha* bedeutet 'Sitz des Pferdes'. In der gesamten *vedischen* Symbolik ist das Pferd das Symbol des Feuers. Ein rotes Pferd symbolisiert das solare Feuer und ein weißes Pferd das spirituelle Feuer im Menschen. Das Pferdeopfer *Aśvamedha* ist das größte aller Rituale, die dem Jahresgott geweiht werden, um den Glanz des eigenen Königtums zu steigern. Eine vollständige Erklärung des Pferderituals werden wir in unserem Buch über Rituale geben. Der *Aśvattha*-Baum von Lord *Krishna* ist der *Bodhi*-Baum von Lord *Buddha*. *Buddha* gelangte zur endgültigen Erkenntnis, als er unter diesem Baum Schutz suchte.

Für den spirituellen Menschen hat das Bogen- und Pfeilzeichen noch eine weitere Bedeutung. Das Heranziehen des Pfeiles, das in der Mitte der Bogensehne eine Spannung verursacht, wird im Herzzentrum wahrgenommen. Wenn man in der Meditation das Wort bis zu seinem Ursprung zurückverfolgt, wird der Pfeil in die höchste Anspannung bis zum *Mûlâdhâra* heruntergezogen. Dann setzt man die Wölbung des Bogens mit dem Bogen der Augenbrauen gleich. Durch das Brauenzentrum wird das Wort als Selbstausdruck vom *Mûlâdhâra* zum Kopfzentrum durch das *Brahmâ Randhra* geschossen. Der Schuss trifft das Kopfzentrum, und es entsteht der Kopflotus mit tausend Blütenblättern. Die Vorrichtung von Pfeil und Bogen wird *Pranava* genannt. Es wird erzählt, dass *Nara* diesen Bogen zusammen mit dem heiligen Wagen vom Herrn des Feuers erhielt. Der Wagen symbolisiert die Seele als Wohnsitz des Menschen. Dieses Sinnbild ist im *Mahâbhârata* und in den *Upanishaden* zu finden.

Den Schützen kennt man auch als Geburtsort der sieben Richter, die zur Erde herabkommen, um das Gesetz zu bringen. Deshalb ist dieses Zeichen mit der Konstellation des Großen Bären verbunden. Nachdem diese Verbindung hergestellt ist, werden die sieben Bewusstseinsschichten im Menschen umgewandelt. Dann ist der Mensch bereit, seine zehn Gebote durch die zehn Zeichen zu empfangen, sobald der Sonnengott auf dem Berg, dem Zeichen Steinbock, als brennender Busch mit seinem Namen Ich bin Das Ich bin erscheint. Wer dieses Stadium erreicht hat, wird als Gesetzgeber bezeichnet. Er kommt wieder zu seinen Mitmenschen herunter, um sie auf der großen Reise aus der Knechtschaft in das versprochene Land zu führen. Von nun an besteht für ihn kein Anlass mehr, das Rad umzukehren. Für ihn ist der planetarische Pfad der aufwärtsführende Weg nach der Wintersonnenwende. Falls er nicht herabkommt, um seine Mitmenschen zu führen, sondern stattdessen nach persönlicher Erlösung trachtet, wird er erneut in die große Gefahr des Skorpions fallen, aber dieses Mal ist die Gefahr viel größer.

Die spirituelle Kraft des Schützen veranlasst die größten *Gurus*, sich dadurch auf ihrer Ebene zu halten, dass sie ihre Mitmenschen führen und damit ihren eigenen Fall verhindern. Dieses Merkmal haben Löwe und Schütze gemeinsam. Der Löwe Jünger kann die rechte Hand des *Gurus* nicht ergreifen, solange er seine eigene Hand nicht den Mitmenschen reicht, um sie emporzuheben.

Es ist ein interessanter Punkt im praktischen Okkultismus, dass der Weizen, die Nahrung der Löwe-Jünger, auch für Schütze-Jünger besonders förderlich ist. Die Früchte des Zeichens Schütze nähren auch die Löwe-Jünger sehr wirkungsvoll im Hinblick auf die Spiritualität. Aber das ist noch nicht alles. Beide Zeichen sind in ihren spirituellen Pflichten austauschbar. Meister verschiedener Hierarchien und die *Kulapatis* verschiedener *Âshrame*, die durch diese beiden Zeichen arbeiten, können in Zeiten der Not einander ihre Aufgaben mit Leichtigkeit übertragen. Selbst in unserer Zeit, von 1914 bis heute, werden zwischen zwei großen *Gurus* die Aufgaben ausgetauscht.

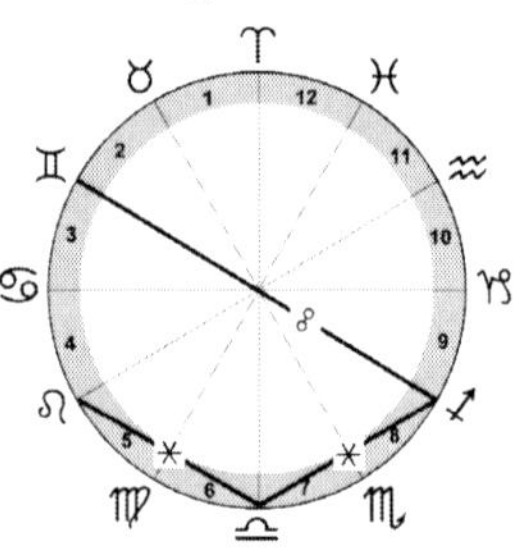

In der Mitte zwischen Löwe und Schütze steht die Waage. Mit beiden ist sie durch einen Sextilaspekt verbunden. Von den sieben Richtern, die durch den Schützen als sieben Bewusstseinszustände im Menschen herabkommen, um das Gesetz zu bringen, wird das ausgewogene Urteil in weltlichen Angelegenheiten durch das Zeichen Waage gefällt. Nach dem Urteilsspruch wird der Mensch vom Löwen durch das Gesetz gerettet. Das Wort des Gesetzes wird durch die Zwillinge zum Ausdruck gebracht. Die Anwendung dieses Schlüssels bleibt gegenwärtig der Intuition des Schülers überlassen.

Die Zahl 3 regiert den Schützen. Die dritte Gruppe der sieben *Lokas* wird mit spirituellem Feuer erbaut. Jupiter, der Herr des Schützen, herrscht über den Ausdruck des Wortes, das den *Guru* und den Jünger zu einer Einheit verbindet. Das Wort wird in drei Tonlagen geäußert: tief, hoch und normal. Auf die gleiche Art werden auch die *Mantren* der *Veden* gesungen.

Zinn ist das Metall des Schützen, denn es wird vom Jupiter regiert. Zinn gilt als Klang unter den Metallen. Es lässt sich mit allen guten Metallen vereinen, verschweißen und kombinieren. Das Gleiche bewirkt das Wort des *Gurus* mit den Seelen aller Jünger.

B.10 Steinbock ♑

Dies ist das vierte kardinale Zeichen des Tierkreises und das dritte der Erd-Dreiheit. Steinbock zeigt die Wiederkehr der warmen Sonnenstrahlen an, die die Lebewesen der Erde aus ihrem Schlaf und aus der Kälte der Nacht befreien. Dies geschieht jeden Tag bei Sonnenaufgang, aber auch im Großen Jahr und sogar in den vergleichsweise noch größeren Zyklen. Alle Zyklen weisen auf das Wiedererscheinen des Erlösers hin. Daher wird Steinbock 'das Siegel Gottes auf dem Angesicht des Menschen' genannt. Auch als Erfüllung der Prophezeiung von der Geburt des Kindes, dem Sohn der Jungfrau, wird dieses Zeichen gepriesen.

Die Aktivität der Morgendämmerung ist ein ewiges Geheimnis. Alle Weisen der Schriften zusammen können sie nicht vollständig erklären. In der *Rig Veda* sind zahlreiche Hymnen den intuitiven Beschreibungen der Morgendämmerung mit all ihren geheimen Schlüsseln aus Klängen und Symbolen voller Hingabe gewidmet. Die Wirkung der Morgendämmerung auf die Wesen der Erde ist nicht so einfach, wie es jeden Tag scheint. Das Geheimnis des Erwachens kann vom objektiven Bewusstsein nicht vollkommen verstanden werden. Die Sonnenstrahlen enthalten spirituelle Aktivität, die in den ersten beiden Stunden nach Sonnenaufgang über die Wesen der Erde ausgegossen wird. Im Jahresablauf entspricht diese Zeit dem Monat Steinbock. In diesem Zeichen begegnet der Geist dem Menschen durch die Seele. Das höchste über der Schöpfung stehende Prinzip ist durch die Steinbock-Aktivität im Menschen verborgen. Der Mensch ist ein Doppelwesen, in dem zwei Lebewesen gleichzeitig existieren, die von zwei verschiedenen Evolutionspfaden kommen.

Die fünfte Gruppe der himmlischen Wesen in den *Purânen* stellt das Geheimnis des Steinbocks dar. In *Paramâtma,* dem großen überpersönlichen Geist, der den Hintergrund des spirituellen *Âtma*-Prinzips bildet, liegt der Anfang der Schöpfung. Er steigt in eine Gruppe der höchsten Gottesprinzipien herab, die eine zweifache Natur haben. Sie werden *Âtma-Buddhi,* Geist-Seele, genannt. Aus ihnen entsteht die nächste Gruppe himmlischer Wesen, die aus *Âtma-Buddhi-Manas,* Geist-Seele-Intellekt bestehen. Sie leben nur als Prinzipien, die die Formen der nachfolgenden Schöpfung wie Erinnerungen in sich tragen. Aus demselben Ursprung stammt eine weitere Gruppe von Wesen. Sie wichen jedoch von diesem Weg ab und gingen in die entgegengesetzte Richtung, um den Kreis zu vollenden und außerdem die Formen der Lebewesen zu erschaffen. Anschließend trat die erste Gruppe in die Formen ein, und jetzt erst war die menschliche Existenz vollständig. Steinbock umfasst die Kräfte dieser fünften Gruppe himmlischer Wesen, die eine Doppelnatur haben: Er enthält den spirituellen und den körperlichen Aspekt des Universums: die zwei Pole der universellen Intelligenz *Mahat* und die Doppelnatur des Menschen, das Geistige und das Körperliche. Die Strahlen der Morgensonne enthalten ebenfalls diese Doppelnatur, und sie bringen jene himmlischen Wesen, die uns täglich wecken.

Die vier Zeichen vom Schützen bis zu den Fischen tragen die duale Natur der doppelten Evolution des Menschen in sich. Deshalb werden diese Zeichen auf zwei unterschiedliche Arten eingesetzt. Vom Widder bis zum Skorpion wird der Aufbau des physischen Körpers in der Gebärmutter vollendet. Vom Schützen an gibt es eine doppelte Gestaltung. Einige Prinzipien dieser vier Zeichen wirken nach unten, um die Schenkel, Knie, Waden und Füße aufzubauen. Die anderen Prinzipien wenden sich nach innen und gelangen durch das *Mûlâdhâra*-Zentrum in die *Sushumnâ*. Dort betätigen sie sich als höhere Gegenstücke der vier Zeichen von Zwillinge bis Jungfrau. Die Zeichen Zwillinge, Krebs, Löwe und Jungfrau liegen an der

Wirbelsäule vom Kehlzentrum bis zum Solarplexus und dienen dem Ausdruck der *Chakren* und ihrer Aktivität. Die vier Zeichen vom Schützen bis zu den Fischen befinden sich auf der Ebene der Lotusse innerhalb und nicht an der Wirbelsäule. Gleichzeitig spielen sie ihre Rolle für die unteren Gliedmaßen.

Somit haben sie eine Doppelnatur, die im Steinbock am stärksten zum Ausdruck kommt. Dieses Zeichen verkörpert die höhere Aktivität des Lotus, der zwischen dem Kehlzentrum und dem Herzzentrum liegt. Viele *Yoga*-Schulen wissen nichts von der Existenz dieses Lotus. Er ist der Sitz von *Nârâyana,* dem höchsten Geist über der Schöpfung. Der Herr im *Chakra* des Herzzentrums ist vollkommen verschieden vom Herrn im Herzlotus. *Vâsudeva,* der zwölfsilbige Name Gottes, der sich selbst opfert, um innerhalb des Rades zu leben, ist der Herr im *Chakra*. Den Herrn im Lotus nennt man *Nârâyana,* den Pfad der Gewässer oder den Herrn, der um das Rad und in dem Rad lebt und auch die Tätigkeit des Rades verkörpert. Leider bemerken viele Schüler auf dem geistigen Weg diesen Unterschied nicht. Infolgedessen sind die Hauptschlüssel zu den *vedischen Mantren*, zur *Bhâgavata* und zur *Vishnu Purâna* verloren gegangen. *Sankarâchârya* und *Râmânujachârya* haben dies alles ausführlich erklärt.

Steinbock ist also der Sitz des Herrn im Lotus. Ein spiritueller Schüler, der in diesem Zeichen geboren ist, findet seinen direkten *Yoga*-Weg durch Meditation über dieses Symbol in der Nähe seines Herzens. Der Lotus sollte milchweiß sein. *Nârâyana* ist indigofarben und sitzt im Lotus. *Nârâyana* und *Vâsudeva* werden genauso beschrieben wie *Vishnu* in der *Bhâgavata*. Die Meister, die dies durch H. P. Blavatsky veröffentlichten, nennen *Nârâyana* im Menschen 'den spirituellen Mikrokosmos'.

Das Zeichen Steinbock gilt als Berg. Es ist der Berg Sinai, den Mose hinaufstieg, um den brennenden Busch im Ich bin

DAS ICH BIN zu erleben. Danach kam er wieder zur Erde herunter und führte seine Mitmenschen auf der großen Reise. Die Formel des brennenden Busches im Menschen wird durch einen Namen ausgedrückt, der aus fünf Wörtern besteht: „Das Gewand, das herrliche Gewand meiner Stärke.“ So nannte es Meister Jesus.

Christus gab das Gewand der Welt erneut durch Jesus. Die Söhne Gottes, die es tragen, kennen das Gesetz und den Tag des Gerichts. Der Stern Kefus, der in dieser Konstellation zu finden ist, wird der Gesetzgeber des letzten Tages genannt. Alle, die in der Materie begraben sind, werden durch den Tod zum Gericht gerufen. Deshalb bezeichnet man den Steinbock als Tor des Todes und das gegenüberliegende Zeichen Krebs als Tor des Lebens. Im Erdenleben sterben die Seelen durch den Krebs, das heißt, sie treten in den Zyklus der Geburt ein und verlieren sich im Grab der Materie. Dann erwarten sie den Ruf des Gerichtstags im Steinbock. Darin liegt eine tiefgründige Symbolik.

Die fünf Worte auf dem Gewand weisen auf den inneren Menschen, die Seele, hin. Sie ist das Gewand des geistigen Mikrokosmos. Dieses Gewand des Herrn leuchtet als fünfstrahliger Stern durch die Tore seiner fünf Sinne. Im Sanskrit heißt das Zeichen Steinbock *Makara*, und das bedeutet: die Hand mit fünf ausgestreckten Fingern.* Aus dem Inneren des Menschen kommt das Gewand als fünfstrahliger Stern hervor und bedeckt ihn schließlich wie ein regelmäßiges Fünfeck, nachdem es dem Jünger vollständig verliehen wurde. Die Brustjuwelen auf dem Gewand des Hohenpriesters sind darin verborgen.

Das Wort *Makara* wird fälschlicherweise als 'Krokodil' gedeutet. Tatsächlich ist es der weiße Drache. Wenn der Mensch

* Siehe THE TWELVE SIGNS OF THE ZODIAC von T. Subba Rao, The Theosophical House in Adyar, Chennai, Indien

aufrecht steht, seine Arme horizontal ausstreckt und die Beine in der Haltung des 'fünften regelmäßigen Schrittes' hält (das heißt, er bildet mit beiden Beinen einen Winkel von 90°), haben wir den Umriss dieses Drachens. Die ausgestreckten Arme, die zwei Beine und der Kopf sind nichts anderes als der fünfstrahlige Stern. In dieser Haltung empfängt der Jünger in vollkommenem Schweigen das Gewand des spirituellen Mikrokosmos. Weder dieser Vorgang noch das Zeichen Steinbock haben den Klang als Schlüssel.

Der subjektivierende Klang *AM*, der das heilige Wort im Herzlotus verbirgt und es 'in einem Akt der Treue' gegenüber seinen Mitmenschen als Geheimnis verschlossen hält, ist der Klang des Steinbocks. *AM* ist ein Doppellaut, aber er wird nicht hörbar angestimmt. Nur als Selbstausdruck des Jüngers gegenüber seinen Mitmenschen wird er als Akt der Treue geäußert. Er kommt durch die Aktivität des Sterns zum Ausdruck, also durch das Verhalten gegenüber den Mitmenschen, das sich in der Tätigkeit der fünf Sinne zeigt.

Wir finden diese Figur auf den Särgen ägyptischer Mumien. Sie gibt uns zu verstehen, dass der Mensch in den Besitz des Wortes kommt und dafür mit dem Tod bestraft wird. Der Mensch sollte in den Tod gehen und gekreuzigt werden, um andere Seelen zu erlösen. Nur wenn ein Mensch das Ziel aufgibt, für sich selbst zu leben, und sich für seine Mitmenschen aufopfert, wird dieses Wort mitgeteilt. „Die *Devâs*, die aus dem *Purusha* hervorkamen, binden den *Purusha* als Opfertier an den Opferstab. Er ist das Opfer, und sie opfern ihn auf den Halmen des heiligen Grases, auf den Sonnenstrahlen bei Sonnenaufgang.“ Mit diesen Worten wird im heiligen Text eines archaischen Buches das Ritual vom Opfer des Menschen, das *Naramedha*, beschrieben. Da es im Zeichen Steinbock geschieht, gilt der Steinbock als Zeichen des Todes. Für einen Jünger, der mit seinem Aszendenten im Steinbock geboren wurde, ist das Opfer des Menschen bei den *vedischen* Sehern oder die Kreuzigung bei den Christen das wirksamste Sakrament, um das Gewand zu erhalten.

Makara oder der sogenannte weiße Drache ist ein geheimnisvolles Tier mit dem Kopf einer Ziege und dem Körper eines Krokodils. Es ist die älteste Darstellung eines Drachens. In der frühesten Symbolik wird dieses geheimnisvolle Tier als Gefährt von *Varuna,* dem Herrn der verborgenen Kräfte im Raum, abgebildet. Durch Uranus gelangen *Varunas* Strahlen zur Erde. In einer späteren Symbolik wird *Varuna* als Herr der verborgenen Kräfte des Äthers, der ätherischen Gewässer oder der Wasser des Lebens beschrieben. Man erzählt, dass sich *Varuna* auf der Wasseroberfläche fortbewegt und sich mit dem Dreizack in seiner Hand den Weg bahnt. Die Tätigkeiten dieser Ebene kommen durch Neptuns Strahlen zur Erde herab. Daher enthält Steinbock die doppelte Wirkung von Uranus und Neptun. Durch Wassermann wirkt nur Uranus und durch die Fische nur Neptun.

Die Geburt eines Universums ist eine kleine Welle auf der Oberfläche des Absoluten. Das Absolute ist jenseits aller Eigenschaften oder *Nirgunas.* Die erste Welle nennt man 'den Willen zu erschaffen'. Sie geht als Schöpfer und als 'Ich erschaffe' von der Ebene des Absoluten aus. Aber von der Ebene des Absoluten, die über dem Schöpfer liegt, heißt die Welle in der Sprache der *Veden*: „Er wollte es“. Nach einer ganzen Reihe von miteinander verketteten Aktionen manifestiert sie sich durch die neptunische Kraft von *Makara.* In diesem Stadium wird die Welle *Kâma,* das Verlangen zu erschaffen, genannt. Als großer Fischgott *Matsyâvatâra,* der die Weisheit als seine eigene Form erneuert, taucht es in seiner ganzen Fülle auf. Diesen Aspekt findet man im Zeichen Fische. *Vaivasvata Manu,* der vollkommene Mensch, gehört zum Wassermann. Die neptunische Wirkung von *Makara* gelangt als kleiner Fisch in den Topf dieses *Manu.* Er wird von dem *Manu* großgezogen bis er herangewachsen ist. Danach entkommt er ins Meer, in die Wasser des Lebens, und er lässt die neun *Prajâpatis* die Flut in einer Bootsladung überqueren.

In der *purânischen* Symbolik herrscht *Mara*, der Sohn von *Nârâyana*, über den Willen zu erschaffen. Beim Durchschnittsmenschen herrscht er über den Willen sich fortzupflanzen und über die sexuelle Anziehung. Er besitzt fünf Pfeile. Bei einem Adepten symbolisieren sie die fünf Strahlen des Sterns und beim Durchschnittsmenschen die fünf Sinne.

Der Jünger sollte über die Bedeutung des Banners von *Mara* nachdenken, das in einem Stadium *Makara* und in einem späteren der Fisch ist. Er erhielt das *Makara*-Banner von dem Bogen, der den Kopf der Weltenmutter umgibt. Das Fisch-Banner bekam er von den Augen, den Blicken der Gnade der Weltenmutter. Aus ihrer Hand erhielt er auch die fünf Pfeile. Das bedeutet: all diese Prinzipien gehören auf einer sehr hohen Ebene zur Weltenmutter, die im Kapitel über das Zeichen Jungfrau beschrieben wurde. *Mara* erhält diese Prinzipien im dritten und vierten Stadium der Äußerung des Logos. Die neptunischen Aktivitäten von Steinbock und Fische sind durch einen Trigon- und einen Sextilaspekt mit der Venus-Aktivität des Stierzeichens verbunden. Man sollte darüber meditieren, dass *Mara* der Sohn von Lord *Vishnu* ist. Er wurde von *Lakshmî* geboren, die in *Vishnus* Herz wohnt. *Mara* ist der Wille zu erschaffen, und der Stier bringt Schönheit durch Form zum Ausdruck.

Da Steinbock und Krebs den Sonnenaufgang und Sonnenuntergang der Welten darstellen, verbinden sie den Osten mit dem Westen des Jahres. Daraus ergibt sich jene horizontale Linie, die der Höchststand des Wassers genannt wird. Das Aussprechen des heiligen Wortes und das Aufbrechen der Verschwiegenheit der Schöpfung in die Objektivität schließt auch die 'große Strafe' mit ein, bei der der Körper verbrannt und die Asche auf jenen Höchststand des Wassers geworfen wird. Das bedeutet, dass sich der Mensch im Steinbock über die Ebene des Wassers erhebt. Der Ziegenkopf verkörpert ein Landtier und der Körper des Krokodils ein Wassertier. In den viel größeren Zyklen entwickelt sich im Laufe der Steinbock-Periode das Tierreich von den Wassertieren zu den Landtieren. Der Steinbock weist auch auf den Aufstieg des Menschen von der Seelen- zur Geistebene hin.

Varuna nutzt den Steinbock als Gefährt und den Krebs als Wohnort. *Varuna* ist der Vater von *Bhrugu*, einem Eingeweihten des siebten Grades. Der Dialog zwischen Vater und Sohn enthält fünf Reisen und fünf Gesprächseinheiten.* Jedesmal, wenn *Bhrugu* fragt, antwortet *Varuna*: „Erkenne DAS, den Ursprung deiner Frage, durch feuriges Streben." Bei jedem Schritt eröffnet sich eine Erkenntnis, und am Ende erkennt *Bhrugu* das Absolute. Diese Begebenheit ist ein Zwiegespräch zwischen Seele und *Antahkarana*. Sie ist eine der großen Einweihungen im Steinbock, dem Symbol einer Hand mit fünf ausgestreckten Fingern. Dieses Symbol des Vaters, der seine Hand ausstreckt, wird *Abhaya Mudrâ* genannt, das Symbol der Furchtlosigkeit. Der wahre Jünger, der im Steinbock geboren wurde, kann den sakramentalen Wert dieses *Mudrâs* empfangen, wenn er das Ritual durchführt. Er erhält es unter dem Einfluss *Varunas* durch Uranus. Darüber wird mehr in einem Buch über Rituale erklärt.

Da der Steinbock die Morgendämmerung der Götter anzeigt, gilt er als Eingangstür zum Tempel der höheren Einweihungen. Die sechs Zeichen von Steinbock bis Krebs bilden den nördlichen Bogen, *Makara Thorana*. Er ist der göttliche Bogen, und der untere ist der königliche Bogen. Nachdem der Einweihungskandidat den Tod durchschritten hat und in das neue Leben eingetreten ist, steigt er in die Tiefen der Erde hinab, um nach den verborgenen Schätzen zu suchen. Sobald

* Siehe *TAITTIRIÎYA UPANISHADE*, Buch III

er durch die Tür zu den höheren Einweihungen im Steinbock eingelassen wurde, steigt er den göttlichen Bogen hinauf.

Die Symbole aller Götter und Göttinnen in den Hindu-Tempeln sind mit dem göttlichen Bogen um den Kopf geschmückt. Er ist nichts anderes als der Geist im Menschen, und er umgibt den Kopf der Götter als Heiligenschein. Auf den letzten Stufen gibt es den göttlichen Bogen zwischen Mensch und Gott. Wenn der Mensch den Bogen überquert, befindet er sich bereits im Allerheiligsten und ist eins mit Gott, aber nicht Gott.

Am Frühlingsäquinoktium, dem höchsten Punkt dieses Bogens, hängt ein Schwert. Der Kopf des Kandidaten wird als Opfer durch dieses Schwert abgetrennt, und dadurch wird er zum Juwel in der Halskette am Herzen Gottes. Ein Hierophant der höchsten Rituale kennt die volle Bedeutung dieser Symbolik.

Das Ritual des Opfers von *Daksha,* bei dem der Kopf des Opfernden abgeschnitten und durch den eines Widders ersetzt wird, ist das höchste und letzte Ritual eines bestimmten Ordens. Nach diesem Ritual versammeln sich alle Götter und *Rishis* um den Herrn des Rituals und preisen ihn als 'Herrn im Schatten des großen *Banyan*-Baumes'. Durch Schweigen offenbart er ihnen das Wort.

In diesem Stadium wird der Herr *Dakshinâmûrti* genannt. Exoterisch bedeutet dies 'Herr der Toleranz' und esoterisch 'der Herr, der nach Süden gewandt ist'. Der Meridian hat eine spirituelle Verbindung zum Süden, wo sich der Nordpol des Erdmagneten befindet. Das Frühlingsäquinoktium, der Sitz des nach Süden blickenden Herrn, ist der Meridian der Götter. Der *Deva,* der über die 'hohe Zwölf' oder den kosmischen Meridian herrscht, übt sein Amt aus, indem er die *Devâs* des Tages von der Arbeit zur Erholung und von der Erholung wieder zur Arbeit schickt. Er sitzt im Süden. Der Kandidat, der seine Suche nach dem Licht im Westen beginnt, empfängt von seinem *Deva* des Südens das, was er auf seinem Weg nach Osten braucht.

Für alle weltlichen Menschen regiert Saturn, der Herr des Todes, den Steinbock. Die beiden kalten Planeten Saturn und Mond drücken auf zwei verschiedenen Zeitebenen das Gleiche aus. In zweieinhalb Tagen durchquert der Mond ein Zeichen. Saturn braucht dafür zweieinhalb Jahre. Der Mond herrscht über die physische Geburt oder den geistigen Tod. Saturn herrscht über den physischen Tod und die geistige Geburt. Diese zwei Planeten sind die Regenten der beiden Sonnenwenden im Krebs und im Steinbock.

Im Horoskop jener Menschen, die dem planetarischen Pfad folgen, herrscht Saturn über den Steinbock. Uranus regiert alle, die in der *Antahkarana* leben und offenbart ihnen die letzten drei Einweihungen. Neptun lenkt alle, die sich auf der Gruppenebene der Seele befinden, und er führt sie auf dem Pfad der Hingabe zur dritten, vierten und fünften Einweihung. *Vyâsa, Nârada* und *Sanat Kumâra* leiten diesen Pfad.

Für alle, die das Gewand empfangen, weil sie die Richtung des Rades umkehren, freiwillig zum Skorpion hinabsteigen und sich opfern, um ihre Mitmenschen aus dem Elend zu befreien, ist Mars der Herrscher. Daher steht Mars im Steinbock erhöht. Das Gewand wird von jener großen Hierarchie verliehen, die ihren *Âshram* auf dem Planeten Mars hat. Aus vielen geheimen Gründen gehört der Nordosten zum Skorpion. Die Waage, der Nadir, ist der Norden. Steinbock ist der Osten der Götter, und somit befindet sich der Skorpion im Nordosten.

Wer dem Pfad von Neptun folgt, hat Indigo als Farbe des Steinbocks. Wer dem Pfad von Uranus folgt, hat die Farbe Grau. Und hellgelb, die Farbe des aufgehenden Mondes, ist die Farbe jener, die das Gewand empfangen haben.

Die numerische Potenz des Steinbocks ist 10. Dies ist die erste Doppelzahl. Von den Ritualisten wird sie das Glücksrad genannt. Sie enthält 'das Alpha und das Omega' der Offenbarung. Diese Zahl weist auf die Wiederkehr des Erlösers hin.

„Durch 10 Zahlen trat er in Erscheinung“, heißt es im Buch der Weisheit.

Uran ist das Metall dieses Zeichens. Sein Gebrauch in der Spiritualität wird nicht einmal den Jüngern der letzten Einweihungen von den Meistern der Weisheit enthüllt. Bei Meister *CVV*, dessen Mission im nächsten Zeichen Wassermann liegt, strahlte ein Funke dieses Metalls von seinem Herzlotus aus. Er bewirkte die Freisetzung der Aktivität, die von diesem Metall hervorgebracht wurde, in die kosmische Ebene dieser Erde. Dadurch stimulierte er die planetarischen Prinzipien seiner Jünger. Er verband die Aktivität der kosmischen *Kundalinî* mit der *Kundalinî* seiner Anhänger und erreichte dadurch zweierlei: Er schuf eine Möglichkeit, die spirituelle Evolution des Menschen zu beschleunigen, ohne die bestehenden Naturgesetze zu stören, und er errichtete als nächstes einen spirituellen Kanal, um das kosmische *Prâna*-Prinzip anzurufen. Dadurch wurde die Tätigkeit seiner Träger unterstützt.

Hydrocotile asiatica, das Kraut *Brahmi*, hat eine magische Wirkung auf die mentalen Kräfte des Menschen. Es ist die Pflanze, die zum Steinbock gehört.

Die Hauptfunktion der nördlichen Sonnenwende ist, den planetarischen Engel dieser Erde aus der Materie in den Geist zu erheben. In der *purânischen* Symbolik wird dieses ganze Phänomen, das durch ein *Kalpa* (das sind 71 *Mahâ Yugas*) abläuft, die Inkarnation des Herrn als großer Eber *Varâha* genannt. Deshalb meditiert man im Steinbock über diese Inkarnation des Herrn. Die Offenbarung der Formel des Ebers ist die höchste Ebene der Weisheit im Menschen. In einer Allegorie wird von *Buddha* erzählt, dass er am Knochen eines Ebers gestorben sei. Die darin enthaltene großartige Bedeutung konnten nichteingeweihte Buddhisten nicht verstehen. Gerade das Zeichen Steinbock, dessen Symbol einen Teil vom 'Siegel Gottes auf dem Angesicht des Menschen' bildet, ist voll von höchsten Einweihungsgeheimnissen.

B.11 Wassermann ♒

Wassermann, das heiligste Tierkreiszeichen, ist das vierte fixe Zeichen und das dritte der Luft-Triade. Es repräsentiert die Einsetzung des Menschen auf der vierten Ebene und im dritten Zustand der Luft, der spirituellen Luft. Wenn der Mensch sich im vierten Zustand befindet, ist er im *Para*-Zustand von *Vâk,* dem Wort. Im Sprechenden existiert *Vâk,* das Wort, als er selbst. 'Am Anfang war das Wort' ist der Zustand, der dem 'und das Wort war Gott' vorangeht. Im *Para*-Zustand gibt es daher keinen Unterschied zwischen dem Wort und Gott. Für das Wort existierte kein Gott, und kein Wort existierte für Gott. Dieser Zustand lässt sich nur dadurch beschreiben, dass man alle anderen Dinge verneint, weil er nicht in Worte gefasst werden kann. Sogar die *Veden* beschreiben ihn so: „Es gab keine Nicht-Existenz, aber auch keine Existenz, und er war der Hintergrund für beide." Auch der große *Sankarâchârya* bezeichnete diesen Zustand als *Advaita,* Nicht-Zwei. Lord *Krishna* nennt ihn: „Ist, ist nicht und der Hintergrund von beiden." Er definierte ihn deshalb als 'jenseits dessen und nur vorstellbar als DAS, welches'.

Das Zeichen Wassermann stellt diesen Zustand dar, wenn er überhaupt als Zustand bezeichnet werden kann. In ihm verbergen sich zwei Potenzen: 'ist' und 'ist nicht'. Sie kommen als zwei großartige Kräfte von der suprakosmischen Ebene herab, als 'der Messende und der Umfassende': *Mitra* und *Varuna.* Beide empfangen den großen Innewohnenden von der suprakosmischen Ebene als *Vasištha* und von der kosmischen Ebene als *Agastya.* Diese beiden Seher sind die Führer der spirituellen Bewohner auf ihrer Ebene. Sie selbst befinden sich über der spirituellen Ebene. „Die höchste Gruppe der Schöpfungshierarchien besteht aus den sogenannten göttlichen Flammen. Man bezeichnet sie auch als feurigen Löwen oder als die Löwen des

Lebens. Sie sind die formlosen feurigen Atemzüge", sagt H. P. Blavatsky über die Bewohner dieser Ebenen.

Dies können wir bis zu einem gewissen Grad verstehen, wenn wir uns daran erinnern, dass der Löwe dem Wassermann gegenüberliegt, dass Wassermann die subtileren Löwe-Prinzipien in der *Sushumnâ* verkörpert und dass Löwe im Tierkreis das fünfte Zeichen, das Zeichen der Kinder ist. Mehr kann darüber nicht gesagt werden.

Von der suprakosmischen Ebene kommen *Mitra* und *Varuna* als Zwillingspferde mit Flügeln herab. Sie sind die *Aśvins,* die zwei sich ergänzenden Teile des göttlichen Atems und die göttlichen Heiler. Beide stellen den unermesslichen Ausdruck des göttlichen Atems als Zeit und Raum dar. Zugleich bilden sie den besonderen Maßstab der Schöpfung auf der kosmischen Ebene. Daher werden sie im *MAHÂBHÂRATA* als *Vimâna,* als unermessliche Maße, bezeichnet. Man nennt sie auch *Nâsatyas*: 'nicht unwahre Wesen', denn sie sind über dem Wirklichen und Unwirklichen. Auf die solare Ebene kommen sie als *Suparnas,* als zwei Vögel herab, die zusammen ein einziges Paar bilden. Ein Vogel gelangt bis zur planetarischen Ebene. Dort isst und genießt er die Früchte des Baumes. Der andere bleibt auf der solaren Ebene und freut sich über diesen Anblick.

Die beiden Linien des Wassermann-Symbols bewegen sich sehr nah beieinander und laufen parallel wie zwei Blitze. Auf der solaren Ebene symbolisieren sie das Licht- und Klangprinzip vor ihrer Trennung. Im Waage-Symbol wird ihre Trennung auf der planetarischen Ebene deutlich. Klang erzeugt Raum, und Licht erzeugt Zeit. Beide stellen das solare und das lunare Prinzip im Bereich der kosmischen Ebene dar. In dieser Funktion sind sie wie zwei vertikale Säulen, und dies können wir im Zwillinge-Symbol erkennen. So stellt sich die Beziehung der Luft-Dreiheit dar. Sie ist die erste Auswirkung der Prinzipien im Tierkreis. Wassermann, Zwillinge, Waage sind die drei ältesten Zeichen. In dieser Reihenfolge entstehen sie um jeden planetarischen Körper, der in Erscheinung tritt. Das Wassermann-Prinzip ist der erste Impuls. Die erste Objektivierung erfolgt durch das Zwillinge-Prinzip, und durch das Waage-Prinzip findet die erste Manifestation statt.

Der Wassermann ist das elfte Zeichen im Tierkreis. Daraus ist zu erkennen, dass er die Angelegenheiten des elften Hauses regiert. Die Verwirklichung von Idealen ist der Grundton des elften Hauses und Zeichens. Das Ideal der Menschheit als ein Ganzes ist das Ziel der Hierarchie. Durch die Zeitalter wird es im Herzlotus des einen Weltenlehrers dieser Erde verwirklicht.

Der Weg der Äquinoktien durch den Wassermann in den kleineren Zyklen wird als Wassermann-Zeitalter bezeichnet. Es macht den Menschen 'radio-aktiv'. Dem wissenschaftlichen Menschen dieses Zeitalters ist es möglich, Raum und Zeit zu bewältigen, ohne dass er sich dafür woanders hinbegeben muss. Auf allen Ebenen der menschlichen Entwicklung gibt es eine plötzliche Beschleunigung. Hierarchien werden in Erscheinung treten. Jüngerschaft und Einweihungen werden durch Gruppenkontakte in großem Umfang durchgeführt. Religionen, die im Denken der Menschen unumgängliche Begrenzungen schufen, zerbrechen, um dem einzigen Pfad den Weg frei zu machen. Alle Vorstellungen über Rassen, Nationen und Regierungen werden großen Erschütterungen unterworfen. Sie geben den Weg für das Reich Gottes frei, in dem der Mensch als Weltbürger lebt. Damit sich alle planetarischen Prinzipien zu einem vollkommenen Ganzen verschmelzen können, ist die Vermischung der Rassen erforderlich.

Es wird eine neue Rasse mit allen vereinigten Prinzipien geben, und diese Rasse wird auf der Gruppenebene unter dem Einfluss des Löwen vorbereitet. *Vaivasvata Manu*, das himmlische Urbild des vollendeten Menschen, übernimmt die Rolle des Herrschers der neuen Rasse. *Maitreya* arbeitet als Weltlehrer. Mit der Unterstützung von zweien ihrer Hauptjünger führen sie die gesamte Arbeit aus. Sie selbst wirken als Verbindungskräfte zwischen den Menschen der neuen Rasse und den Bewohnern der kosmischen Ebene. Die sieben Sterne des Großen Bären, die Plejaden, Sirius, Kastor, Pollux und die Sterne der Richter werden durch die zwei Weisen *Agastya* und *Vasištha* mit der neuen Rasse verbunden. *Nârada* wird als Stern erscheinen und *Sanat Kumâra* helfen, die Jünger auf dem Pfad der Hingabe zu führen. In den verschleierten Allegorien der *Purânen* und geheimen Stellen der *Veden* werden noch viele weitere Einzelheiten dieses Zeitalters genau geschildert.

Durch schmerzliche Erfahrungen, Mühsal, Prüfungen und Entbehrungen, die für das *Kali Yuga* charakteristisch sind, wird das regierende Zeichen Indiens vom Steinbock zum Wassermann wechseln. Bevor das Zeichen wechselt, wird die Moral der indischen Bevölkerung auf die tiefste Stufe sinken. So ist es in den *Purânen* geweissagt. Reiner Materialismus, Unglläubigkeit, Gesetzlosigkeit, Unordnung, Revolution und Blutvergießen werden das Land im *Kali Yuga* vor diesem Wechsel kennzeichnen. Auf das Erscheinen der neuen Rasse unter der Herrschaft des *Manu* weist eine spirituelle Ehe zwischen Indien und Frankreich hin. Man sollte beachten, dass Frankreich den Löwen als regierendes Zeichen hat.

Manche Astrologen vertreten den Standpunkt, dass wir uns heute im ersten Viertel des *Kali Yuga* befinden. Dies beruht auf der Berechnung, dass das *Kali Yuga* mit seiner Dauer von 432000 Jahren zur Zeit des *Mahâbhârata*-Krieges begann. Doch dies ist eine Tarnung. Die zeitliche Dauer der *Yugas*, die in den *Purânen* angegeben wird, ist nicht falsch. Doch die Anzahl der Nullen in den Zahlenwerten der *Yugas* enthalten die höchsten Geheimnisse. Sie beruhen auf bestimmten verborgenen Wahrheiten über astronomische Phänomene und auf entsprechenden Auswirkungen, die als astrologische

Einflüsse zutage treten. Zweck und Anwendungsart auf jeder Verständnisebene bestimmen die Anzahl der erforderlichen Nullen. Die 432000 Jahre, die in den *Purânen* für das *Kali Yuga* angegeben werden, beziehen sich auf jenen *Yuga*-Zyklus, der sich auf die geographischen und geologischen Phänomene der Erde auswirkt. Sie gelten nicht für die Rassen und Nationen der Menschheit.

Die ganze Berechnung ist so angeordnet, dass die größeren Zyklen viele kleinere Zeitzyklen enthalten. Der kürzeste Zeitzyklus dauert 432 Jahre, der nächste ist zehnmal länger als der vorhergehende und so weiter. Jede dieser Subperioden oder Zyklen hat einen Bezug zu den Rassen, Unterrassen, Nationen, Familien und auch zu den Wiedergeburtszyklen der einzelnen Menschen. An dieser Stelle reicht es aus mitzuteilen, dass die Ziffern des *Kali Yuga*, 432 mit einer Null, das Ende einer Subperiode angeben. Dieser Zeitpunkt bezeichnet die Wiedereröffnung einer spirituellen Schule auf dieser Erde. Lehrer der verschiedenen Ebenen haben ihre Arbeit wieder aufgenommen und beginnen zu arbeiten. Addieren wir noch 1/10 der oben genannten Zahl als Übergangsperiode hinzu, dann erhalten wir das Ende eines Unterzyklus des *Kali Yuga*. Diese Zeitspanne zeichnet sich durch große Reformationen und die Ankunft des Weltlehrers aus. Das Ende des Fische-Zeitalters und der Anfang des Wassermann-Zeitalters fallen in den nächsten Unterzyklus. Daraus ergibt sich die Möglichkeit, dass eine neue Menschenrasse erscheinen kann.

Das Wassermann-Zeichen wird vollständig von Uranus beherrscht. Im gegenwärtigen Zeitalter bewirkt Uranus eine plötzliche Erweiterung der Gedanken und Vorstellungen des Menschen. Jedes Gedankensystem wird erweitert. Der Mensch erreicht die Meisterschaft über die physische Ebene und tritt in die Geheimnisse des Raumes ein. Wissenschaftler und spirituelle Menschen entdecken den höheren Sinn von Klang und

Licht. Im Menschen wird der spirituelle Kern angeregt und die geistige Evolution beschleunigt. In der Verdunstung des Wassers und der Wolkenbildung am Himmel zeigt sich, wie die Materie in den Geist erhoben wird. Man nennt dies *Uttarâyana* oder den aufsteigenden Weg der Gewässer. Er wird durch das Wassermann-Zeichen gebildet. Auf der kosmischen Ebene ist *Agastya* der Herr, der die Meere austrinkt, um die Dämonen der niederen Regionen zu töten. Die Gewässer des Skorpions, des dritten fixen Zeichens, werden im Wassermann erhöht und gereinigt.

Der Jünger, der zum Wassermann gehört, kann seine sexuellen Impulse leicht in den Griff bekommen. Danach ist er in der Lage, mit Leichtigkeit in jenem Lotus in der *Sushumnâ* zu verweilen, der sich zwischen dem Herz- und Kehlzentrum befindet. Er beherrscht die fünf Materie-Zustände im Inneren und Äußeren. Zu seinem Weg gehört die Meditation über das Absolute ohne Farbe, Form und Zahl. Während sein bewusstes Denken schläft, kann er vieles lernen und Anweisungen, Einweihungen und Ausbildung durch Gruppenkontakte erhalten. Ihm ist es möglich, im *Samâdhi*-Zustand zu leben und gleichzeitig auf allen objektiven Ebenen tätig zu sein und auch den Mitmenschen gegenüber seine Pflichten zu erfüllen. „Bewusste und gleichzeitige Existenz des Menschen auf allen Ebenen", lautet seine *Yoga*-Definition. Häusliche und gesellschaftliche Verpflichtungen müssen für die Arbeit auf diesem Weg nicht unterbrochen werden. Bloßes Denken an den *Guru* mit Hilfe der laut gesprochenen Anrufung wird die Verbindung auf der Gruppenebene herstellen und die *yogische* Arbeitsweise zur Vollendung führen.

Es gibt eine Zahlenpotenz für das Zeichen Wassermann, die den meisten Menschen unbekannt ist. Verborgen in Zeit und Raum existiert sie außerhalb des gedanklichen Fassungsvermögens. Sie liegt zwischen den Zahlenpotenzen 9 und 1 und wird fälschlicherweise als 0 verstanden. Der allgemeine Begriff der 0 vermittelt den Eindruck, dass sie etwas Negatives ist. Eine genaue Kenntnis der 0 macht den Menschen zum Schöpfer und Zerstörer der Atome. Dann kann er jede einfache oder zusammengesetzte Substanz aus dem Raum erschaffen oder zerstören. Die Zahlenpotenz der 0 füllt die Lücke zwischen den Atomen und dem Raum. Durch die Potenz dieser Zahl sind die Atome aller Ebenen mit dem Raum verbunden, und der Raum ist wiederum mit dem kosmischen Denkvermögen verbunden. So ist die Zahlenpotenz des Wassermannzeichens beschaffen.

Von den *vedischen* Sehern wird diese Zahl *Pûrnam,* vollfüllend, genannt. „Das, die Null, ist *Pûrnam.* Dies, die Eins, ist *Pûrnam.* Sie entsteht aus sich selbst. Dennoch bleibt sie sie selbst," lautet eine mögliche rätselhafte Beschreibung dieser Zahl. „Die positive Fülle ist nicht die negative Stille", sagt ein großer Seher. Meditiert ein Adept sehr hohen Grades über diesen Unterschied, kann es in seltenen Fällen geschehen, dass sich ihm diese Zahl offenbart. Die Arithmetik der Raum-Zeit-Berechnungen im Dezimalsystem mit allen bekannten Zahlen ist so unendlich wie die Schöpfung. Der Grund dafür ist die Wirkung jener Zahl, die von den Adepten als *Pûrnam* verstanden und beschrieben wird. *Kumbha,* das Symbol des Wassermanns, stellt bezeichnenderweise eine teilweise geöffnete Kugel dar.

Die Farbe des Wassermanns ist eine Schattierung zwischen Tiefblau und Violett. Dem bloßen Auge erscheint sie als farblos. Der mentale Farbsinn kann, wenn er durch einen *Guru* ausgebildet wird, auf diese Farbe eingestellt werden.

Im menschlichen Denkvermögen gibt es eine Bewusstseinsebene, auf der Farbe und Ton eins sind. Diese Ebene findet im Wassermann ihren Ausdruck. In den *Veden* wird sie die Ebene der *Gandharvas* genannt. *Vena,* der Musiker, der den ganzen Kosmos aus 7^{X} Sonnensystemen umkreist und dabei fröhlich das Lied des Lichts singt, wird in den *vedischen* Hymnen erwähnt. Für eine Gruppe von Adepten, die versucht, unseren Raumglobus mit einem anderen Raumglobus zu verbinden, ist er der Herrscher dieses Zeichens. Jegliche Aktivität der Sonnensysteme auf allen Ebenen ist der Aktivität dieses suprakosmischen Engels nachgebildet. Infolge des Niedergangs im wissenschaftlichen Denken des Mittelalters wird Apollo fälschlicherweise mit dem Sonnengott gleichgesetzt. Er ist jedoch niemand anders als *Vena* aus den *Veden*. Seinem Einfluss ist es zu verdanken, dass die Klang- und Licht-Prinzipien auf der kosmischen, solaren und planetarischen Ebene in identischen Maßeinheiten ausgedrückt werden.

Wer eine Verbindung zur Tätigkeit dieses Engels herstellt, kann die materielle Existenz des Universums in der erforderlichen Weise formen. Die Adepten der entsprechenden Ebene bilden jene Gruppe von *Devâs,* die die Entwicklung auf allen Ebenen leiten. Da diese Ebene von den Adepten des schwarzmagischen Pfades nicht erreicht werden kann, gibt es im Universum notwendigerweise stets eine Entwicklung zum Besseren. Dies geschieht im Einklang mit dem *Sankalpa* des höchsten Herrn der Welten. Auf der Ebene dieses *Gandharva* kann man die Musik der kosmischen Sphären hören. Zusammen mit *Venas* Musik besingen *Nârada* und *Tumbura* die Herrlichkeit des höchsten Herrn. Musik bildet einen der *Yoga*-Pfade.

Wassermann regiert nicht die Musik, die aus hörbaren Klängen besteht, sondern die Musik des Seelenausdrucks. Die hörbare Musik kann den Musizierenden auf diese Ebene führen, falls er die Schwingungen der hörbaren Musik in dieser Absicht verwendet.

Während ein Schüler des spirituellen Weges die *Antahkarana* erbaut, öffnet sich sein drittes Auge. Es liegt über dem *Âjnâ-Chakra* in der Mitte des Kopfes. Das dritte Auge unterscheidet sich von der Zirbeldrüse und der Hypophyse. In der *Antahkarana* bildet es die 'höhere Brücke'. Es existiert genauso wie der Funke der Bogenlampe, der die beiden Kohlestäbe überbrückt. Das dritte Auge ist die vereinte Aktivität von Fische und Stier. Im Menschen gibt es noch ein weiteres Auge, das Auge *Šivas*. Das dritte Auge ist die fortgeschrittene Kraft des Menschen, während das Auge *Šivas* die durch den Menschen geoffenbarte Kraft Gottes ist. Es liegt zwischen dem dritten Auge und dem Kopfzentrum. *Pûrnam*, die Zahl des Wassermanns, ist im Auge *Šivas* verborgen.

Wenn das Ende der Welten, das *Pralaya*, bevorsteht, öffnet sich dieses Auge. So ist es bei einem Jünger und beim Kosmos. Das Auge *Šivas* kennzeichnet das *Pralaya* jeglicher Aktivität. „Alle schöpferischen Kräfte gehen in die Pupille dieses Auges ein und verschwinden darin. Dann folgt eine Pause, und erneut wird der ganze Prozess umgedreht. Das *Parašu* und *Damaru* des *Mahâdeva* treten hervor. Es sind die Axt und die Trommel. Sie symbolisieren den Lichtfunken und das Ausströmen des Klanges. Alle *Chandas* (Metren oder Maßeinheiten), alle *Devâs* (schöpferischen Potenzen) und alle *Rishis* (Bewusstseinseinheiten oder *Gurus* der Weisheit) kommen aus diesem Auge hervor und preisen den Herrn des Auges.

Durch seine uranische Aktivität verschmilzt *Varuna* auf der kosmischen Ebene die ganze Schöpfung in diesem Auge. Dann kommt er durch seine neptunische Aktivität als *Mitra-Varuna* wieder aus dem Auge hervor. *Vena*, der *Gandharva*, lebt auch in der Lücke dazwischen weiter.“ So berichten es die *tantrischen* Texte.

Alle Zahlen, die wir kennen, wirken in einer ununterbrochenen Aufeinanderfolge, aber die Zahl des Wassermanns arbeitet gleichzeitig mit den anderen. Man kann sie als Zahl der Gleichzeitigkeit verstehen oder als Zahl, die die ewige Gegenwart darstellt. Sonnensysteme, Universen und Lebewesen treten durch den Einfluss der anderen Zahlen nacheinander auf und verschwinden der Reihe nach wieder. Ist jedoch die Zahl des Wassermanns aktiv, verschwindet alles auf einmal, und alles tritt gleichzeitig wieder in Erscheinung, um erneut mit der Kette der Tätigkeiten zu beginnen. Die Lücke dazwischen ist die wahre Bedeutung dessen, was wir 'die Flut' nennen. Der Herr, der dem *Mahâdeva* als Herrn des Auges von *Šiva* gegenüber steht, bewahrt in der Form eines großen Fisches die Schöpfung während der Flut und eröffnet anschließend erneut den gesamten Schöpfungsablauf in angemessener und alter Form.

Die *Devâs,* die nach der Öffnung des Tempels entdecken, dass sie existieren, bemerken, dass die Werkzeuge des Schöpfungsrituals als ewige Wesenheiten bei ihnen sind. Daraufhin „opfern sie das Opfer, indem sie das Opfer nachahmen". „Die *Devâs* erwachten nach der Öffnung. Wie kann dann irgendjemand etwas über die Öffnung wissen?", heißt es in einer *vedischen* Hymne, die die Nacht beschreibt.

Dieses Beenden und Eröffnen der ganzen Handlung wird im Wassermann und in den Fischen symbolisiert. Die kleineren Perioden des Schließens, die *Layas,* werden vom Skorpion und die *Pralayas* werden vom Wassermann angezeigt. Kleinere Wiedereröffnungen erfolgen durch den Menschen auf dem Pferd, die größeren durch den Fisch-Gott. Jupiter ist das Symbol des Menschen auf dem Pferd, Neptun symbolisiert den Fisch-Gott. *Vena,* der *Gandharva,* ist die Verbindung zwischen beiden. Er ist der *Mârkandeya* der *Purânen.* Während der Schöpfung wird er *Gandharvâ* genannt, und in der Zwischenpause heißt er *Mârkandeya.*

Es gibt eine Entsprechung zwischen den Phänomenen 'Jungfrau-Skorpion' und 'Fische-Steinbock'. Das zweite ist die Umkehrung des ersten. In der Zwischenpause gab es nur den Wassermann. Später, als die kosmische Sonne den aufwärtsführenden Weg anzeigte, löste sich daraus das Zeichen Fische. Das heißt, zuerst existierte der Wassermann. Die beiden anderen Zeichen traten zu Beginn der neuen Schöpfung gleichzeitig in Erscheinung. Das ist die Tätigkeit jener Ebene, die sich jenseits und oberhalb der Entstehung des Kosmos befindet. Die Aktivität von Jungfrau-Skorpion ist eine Erscheinungsform bei der Entstehung des Kosmos und des Menschen.

B.12 Fische ♓

Normalerweise werden die Fische als das letzte Zeichen im Tierkreis verstanden. Tatsächlich sind sie das erste und das letzte Zeichen. Darauf weist das Symbol der zwei Fische hin, die sich in entgegengesetzte Richtungen bewegen. Wenn der Steinbock das 'Alpha und Omega der ganzen Schöpfung' ist, dann stellen die Fische das 'Alpha im Omega' und das 'Omega im Alpha' der Schöpfung dar. Für den Durchschnittsmenschen endet dieses Zeichen mit dem Frühlingsäquinoktium, aber für den Menschen auf dem umgekehrten Rad beginnt es an diesem Punkt. Wer diese Tatsachen miteinander zu verbinden weiß, erreicht das Licht.

Im physischen Körper repräsentiert dieses Zeichen die beiden Füße. Auch die Fische haben eine Doppelnatur, und daher liegen sie – genauso wie die drei vorhergehenden Zeichen – an der *Sushumnâ*. Die beiden Fische dieses Zeichens finden wir wiederum in der Zirbeldrüse und in der Hypophyse. Für alle Durchschnittsmenschen haben diese Drüsen keine Funktion. Dem Jünger, der seine *Antahkarana* erbaut, helfen sie, das Licht zu erzeugen, das die höhere Brücke erbaut. Dieses Licht ist die Vereinigung von zwei großen *yogischen* Impulsen, dem Anfang und Ende der Schöpfung, die sich durch den Menschen fortwährend als Zeitablauf ausdrücken. Der Ausdruck 'die Zeit hintergehen' in der *tantrischen* Literatur meint das Leben des Menschen in der ewigen Gegenwart. Vergangenheit und Zukunft bewegen sich in entgegengesetzte Richtungen, und sie treffen sich im Menschen. Im *Yogî* gibt es nur ein Licht, die ewige Gegenwart.

Das Licht, das aus der Vereinigung entsteht, wird der eine Fisch oder der Fischgott genannt. Er ist der Herr der Erneuerungen, und man sagt, dass er als Inkarnation von *Vishnu*, dem Herrn der Existenz oder des Gleichgewichts, hervortritt, um die Weisheit der ganzen Schöpfung zu erneuern und dadurch die Welten zu retten. Die Geschichte vom Fischgott *Matsyâvatâra* ist eine der achtzehn heiligen Formeln der *purânischen* Symbolik. Auf astronomischer Ebene gibt es einen Sternenhaufen, der die beiden Fische der Fische-Konstellation miteinander verbindet. Von der Erde aus betrachtet hat dieser Sternenhaufen die Form eines Lichts. Im Jünger herrscht er über die Fähigkeit, die höhere Brücke zu erbauen. Die großen Seher der Weisheit kennen den Aufbau des einen Fisches, das Alpha im Omega, und sie erneuern die Weisheit. Sie nennen diesen spirituellen Prozess 'fischen'. Als Jesus diese Weisheit verkündete, forderte er seine Jünger auf: „Lasst uns Menschenfischer sein."

Der Höhepunkt des Menschen als Gott wird durch dieses Zeichen verkörpert, genauso wie der Wassermann auf den Höhepunkt des vollendeten Menschen hinweist. Dieser Höhepunkt des Menschen als Gott oder als Gottessohn wird durch die Wirksamkeit der Gnade der Weltenmutter erreicht, und deshalb sind Jungfrau und Fische gegenüberliegende Zeichen.

Steinbock kennzeichnet die Stufe, auf der dem Menschen das Gewand verliehen und er zum Erlöser oder Gesetzgeber wird. Dies weist auf den Abstieg Gottes in den Menschen hin. Die Fische bezeichnen den Aufstieg des Menschen in Gott, nachdem er durch die letzte Pause, die Flut der Schöpfung gegangen ist. Im Steinbock ist der Sohn Gottes bei seinen Mitmenschen, in den Fischen ist er beim Vater im Himmel und eins mit ihm. Diese beiden Wege nähern sich dem Jünger aus zwei entgegengesetzten Richtungen und treffen sich in ihm. „Alle Impulse der dualen, zentripetalen und zentrifugalen Kräfte sind auf einen Punkt ausgerichtet – den Menschen", sagt H. P. Blavatsky. „Der Mensch ist das Ziel, auf das sich seit dem Erscheinen der ersten paläozoischen Fische die ganze Schöpfung der Tierwelt hinentwickelt hat", sagt Agassiz in seinen GRUNDLAGEN DER ZOOLOGIE. Das ist die Symbolik des Fisches, wie sie sich auf biologischer Ebene auswirkt.

Die biologische Evolution, die Entwicklung des Körpers, beginnt bei den Lebewesen im Wasser, die vom Fische-Zeichen regiert werden, und sie endet mit dem menschlichen Körper, der vom Wassermann regiert wird. Die spirituelle Entwicklung beginnt im Steinbock und endet mit den Fischen in umgekehrter Richtung des Rades. Die Entwicklung der Persönlichkeit beginnt in der Waage, und sie folgt dem planetarischen Pfad. Die Entwicklung der Seele beginnt am gleichen Punkt und folgt dem Pfad der Äquinoktien. Beide treffen sich im Widder. Hier geht die Persönlichkeit in der Seele auf. Die Entwicklung des individuellen Bewusstseins beginnt mit dem Tod des universellen Bewusstseins, mit der Unterscheidung von der Gruppenseele. Das Bewusstsein folgt dem Weg der Mond-Zyklen und dem gleichen planetarischen Pfad, bis es in der Waage dem universalen Bewusstein als der Manifestation von Objektivität und Sexualbewusstsein begegnet.

Die Fische sind das dritte Wasserzeichen des Tierkreises. Alle drei Wasserzeichen stehen für das Ende von Dingen. Krebs bezeichnet das Ende des Lebens nach dem Tod. Skorpion deutet auf das Ende des Bewusstseins oder das Ende eines physischen Lebens hin. Die Fische zeigen das Ende eines spirituellen Zyklus an, was den Beginn eines besseren bedeutet. Skorpion ist der mentale und Krebs der physische Tod. Die Fische stellen das spirituelle Entkommen vor dem Tod dar. In diesem Zeichen ist das Geheimnis der Langlebigkeit verborgen. Die zwei Fische dieses Zeichens werden als 'die beiden nicht zwinkernden Augen der Mutter' beschrieben.

Ein Jünger, der in diesem Zeichen geboren ist oder unter seinen Einfluss gerät, kann durch die Augen Gnade empfangen und übermitteln. Man sagt, dass die Larven eines bestimmten Meeresfisches durch den Blick ihrer Mutter ausgebrütet werden. Das Segnen durch die Gnade des Blicks ist eine der Fähigkeiten, die ein Jünger dieses Zeichens erbt.

Die Fische regieren alle philantropischen Tätigkeiten der Welt, so wie das gegenüberliegende Zeichen Jungfrau den Dienst an der leidenden Menschheit lenkt. Krankenhäuser und Wohlfahrtseinrichtungen sind den Fischen zugeordnet, ebenso werden Dichtkunst, Malerei und Musik von sehr hohem Rang von ihnen beeinflusst, da sie durch einen Sextilaspekt mit dem Stier verbunden sind.

Venus, die Herrscherin des Stiers, findet in den Fischen ihren vollkommensten Ausdruck auf der höchsten Ebene. Deshalb ist die Venus in den Fischen erhöht. Gelingt es dem Schüler des geistigen Weges, mit Hilfe seines *Gurus* durch dieses Zeichen den Einfluss der Venus auf sein Wort, seinen Selbstausdruck und seinen Blick anzuwenden, dann kann er in Gottes Reich die feinsten Ausdrucksformen der Schöpfung hervorrufen. Solche Menschen arbeiten mit den schöpferischen Potenzen der Natur zusammen, indem sie ihre Sprache, ihre Gedankenformen, ihren Willen und ihren Blick in Übereinstimmung mit dem göttlichen Plan benutzen.

In der Symbolik der *Purânen* wird ihr Ausdruck *Satyavatî*, Wahrheitsträger, genannt. Die allegorischen Geschichten des *MAHÂBHÂRATA* erzählen, dass *Satyavatî* nach Fisch riecht. Die Tatsache, dass sie den Weisen *Vedavyâsa* als Sohn des großen Weisen *Parâsara* gebar, ist rein symbolisch zu verstehen. Es wird dadurch bekundet, dass *Vedavyâsa* bereits auf allen Gebieten der Weisheit vollendet war, als er geboren wurde. Durch die Einweihung des Wortes, das als Träger der Wahrheit wirkte, war er ein vollendeter Weiser geworden. Für diese Einweihung wird die Gegenwart einer Frau benötigt. Das Wort sollte nur durch eine Frau vermittelt werden, und die Mutter sollte eine Jungfrau sein. *Vyâsa* ist der Sohn einer Jungfrau. Dieser Aspekt wird ausführlich in unserem Aufsatz WEIBLICHE HIERARCHIEN erklärt.

Die drei Wasserzeichen des Tierkreises stehen für die drei Wasserarten auf dieser Erde. Skorpion verkörpert das Wasser, das mit Erde vermischt ist oder auch stehendes Wasser. Es bedeutet das Leben, das durch Materie und die menschliche Sünde verunreinigt wurde. Krebs repräsentiert das Salzwasser der Meere: Ebbe und Flut der Emotionen, die charakteristischen Merkmale der astralen und ätherischen Ebenen. Die Fische verkörpern das Wasser in den Wolken: das Leben als ätherische Gewässer, die vom Schmutz und den Salzen der Erde gereinigt wurden.

In der *purânischen* Symbolik ist der Wasserfluss, die Wasser des Lebens, durch drei Stadien gekennzeichnet: *Gangâ*, ein Symbol des Wassers, wird als *Tripadhaga* beschrieben: ein Fließen in drei Richtungen. Bevor es zur Erde heruntergebracht wird, ist es das Wasser der Himmel, *Viyat Gangâ*. Auf der Erde wird es *Mandakini*, sanftes Fließen genannt. In den unteren Regionen wird es zu *Bhogavathi*, zur Göttin mit der Schlangenhaube, zum Wasser der Leidenschaft und des Genusses. Man sagt, die Schlangen schwimmen in dieser Region als keimende Geschöpfe umher. Diese drei Stadien erklären die Phänomene der Wirkungen von Fische, Krebs und Skorpion. Die betreffenden Allegorien in den *Purânen* stellen alle Einzelheiten dieser Auswirkungen auf den Vitalkörper dieser Erde dar.

Das Gleiche gilt für den Vitalkörper des Menschen. *Bhagîratha*, ein Sonnenkönig, der sich im Löwen, dem Zeichen der Sonne, aufhält, lässt durch seine feurige Aspiration *Gangâ* herabkommen, um seine Vorfahren zu erlösen. Er schickt sie auf den aufwärtsführenden Pfad und reinigt ihre Asche mit dem Wasser von *Gangâ*. Im gegenüberliegenden Zeichen Wassermann, das von *Mitra* und *Varuna* regiert wird, finden wir *Agastya*. Durch die aufsteigenden Strahlen der nördlichen Sonne erbaut er den aufwärtsführenden Weg des Wassers, indem er das Wasser der

Meere austrinkt. Der aufsteigende und absteigende Weg des Wassers bildet einen vollständigen Kreislauf. Er wird *Nârâyana*, der Weg der Wasser genannt. Das Zeichen Fische markiert den Null-Punkt oder den Punkt des Gleichgewichts, an dem sich die Wasserströme kreuzen. Er wird durch die beiden in entgegengesetzte Richtungen schwimmenden Fische angezeigt.

In seiner Funktion als Neptun herrscht *Varuna* über das Zeichen Fische. Der Strahl Neptuns führt zur Ekstase. Neptun verleiht die Gabe, das niedere Denkvermögen im Hintergrund der Seele zu verlieren. Daher führt er den Weg der Jünger durch Hingabe zu höheren Einweihungen. *Bhakti Yoga* oder der Pfad der Hingabe stellt einen der drei Hauptwege zur Befreiung dar. Er führt den größten Teil der Jünger zur Gnade der Weltenmutter, die sich im gegenüberliegenden Zeichen Jungfrau befindet. Jedoch führt er auch zum Pfad der Schönheit oder zur Annäherung durch Meditation über den Herrn als Kuhhirten. Dieser Weg ist durch ein Sextil mit dem Stier verbunden. Der Pfad der Bruderschaft im Löwen und der Pfad der Verleihung des Gewandes im Steinbock führen zum Weg des *Karma Yoga*, der von der Vorstellung des Herrn als Schafhirte regiert wird. Diese Vorstellung gehört zum Zeichen Widder. Es ist mit dem Löwen durch einen Trigon-Aspekt und mit dem Steinbock durch Mars verbunden, der dort erhöht ist.

Neptun ist der alleinige Regent der Fische, und er hat eine Doppelfunktion. In seiner Rolle als *Varuna* muss er mit den Jüngern arbeiten, so dass sie ihr niederes Bewusstsein, die Persönlichkeit, im höheren Bewusstsein oder Gruppenbewusstsein aufgehen lassen. Diese Arbeit führt er aus, bis der Bau der höheren Brücke beendet ist.

Für jene, die dem Weg der Gnade folgen, reflektiert Neptun die geheimnisvollen Strahlen einer anderen, höheren kosmischen Kraft, die *Indra* genannt wird. Diese Funktion beginnt mit dem Verschmelzen der *Chakren* und findet seine Vollendung im Erblühen des Lotus, der sich in der Nähe des *Âjnâ-Chakra* im *Brahmâ Randhra* befindet. *Indras* Aufgabe ist, das Seelenbewusstsein des Jüngers zu erweitern, so dass es im spirituellen Bewusstsein auf der Ebene von *Shambala* über die Hierarchie seinen vollsten Ausdruck findet.

Für alle auf der individuellen Ebene, die nicht auf die neptunische Aktivität reagieren können, ist Jupiter der Herrscher der Fische. Er bietet ihnen Gelegenheiten, sich durch soziale, politische und wirtschaftliche Tätigkeiten zum Persönlichkeitsbewusstsein zu erweitern. Venus ist die Herrscherin des Fische-Zeichens für alle, die dem Pfad der Liebe folgen. Dieser Weg wird von Lord *Maitreya* geleitet, aber gegenwärtig wird seine Aufgabe aus verschiedenen Gründen von *Gautama Buddha* durchgeführt.

Es ist seltsam, dass die Zahlenpotenz der Fische ebenfalls die 7 ist. Jungfrau und Fische drücken die Schwingung dieser Zahl in ihren positiven und negativen Aspekten aus. Die synthetisierende Kraft der 7 wird als positive Potenz und ihre analytische Kraft als negative Potenz bezeichnet. Jungfrau verkörpert die negative Seite dieser Zahl, weil sie den Regenbogen manifestiert. Die Fische stehen für den positiven Aspekt, weil in diesem Zeichen die verschiedenen Aspekte des niederen Bewusstseins in die Einheit des höheren Bewusstseins münden. Ein Fische-Typ kümmert sich mehr um das Allgemeine, während ein Jungfrau-Geborener sich mit dem Spezifischen beschäftigt. Daher ist Jungfrau das Zeichen der Analyse und Fische das Zeichen der Synthese. Jungfrau ist das Zeichen der Wissenschaftler und Fische das Zeichen der Künstler. Die beiden gegensätzlichen Lebensströme sind in den Fischen harmonisch miteinander verbunden, und in der Jungfrau werden sie erklärt.

Die Fische sind ein Zeichen der Fotografie. Sie bewahren Eindrücke. Alle Geschichten und Verbindungen aus vergangenen Lebenszyklen werden im Menschen durch die Fische aufgezeichnet. Die Fische stellen 'die Tafel des Universums' dar, auf der ein Eingeweihter die Vergangenheit, Gegenwart und Zukunft der ganzen Schöpfung lesen kann. Adepten verschiedener Schulen unterrichten ihre Schüler im Lesen der *Âkâsha*-Chronik und der unsichtbaren Bücher in den Höhlentempeln, indem sie die Fische-Aktivität in den Schülern stimulieren. Dazu verbinden sie die Aktivität 'des Stier-Auges' mit der Aktivität der beiden Fische, der Zirbeldrüse und der Hypophyse. Aldebaran wird das 'Auge des Stiers' genannt. Er herrscht über die Fähigkeit des Hellsehens. Bei diesem Training wenden die Adepten der verschiedenen Schulen für die Ausbildung ihrer Schüler eine neue Methode an, die Beeindruckung genannt wird. Mit Hilfe dieser Methode kann ein Jünger im Schlaf ausgebildet werden. Er wird dahin geführt, dass er sich an viele Einzelheiten der unterschiedlichen Themenkreise erinnern kann, ohne den ganzheitlichen Blick zu verlieren. Im Schlafzustand kann dies viel effektiver geschehen als im Wachzustand. Das ist die Bedeutung der Aussage, dass das Zeichen Fische die Fotografie regiert.

Das Symbol dieses Zeichens nennt man das Siegel *Indras*, und die Meditation über dieses Symbol führt zu jenem Punkt, der oben als Geburtsort *Indras* beschrieben wurde. Das Symbol besteht aus zwei Fischen, die in entgegengesetzte Richtungen schwimmen und durch eine horizontale Linie miteinander verbunden sind. Diese Linie ist das Symbol der höheren Brücke. Nach dem Bau der höheren Brücke verändert das Symbol seine Form. Die zwei Fische kommen so zusammen, dass der 'Kopf am Schwanz, der Schwanz am Kopf und das Herz am Herzen' liegt. Sie drehen sich in entgegengesetzte Richtungen und treffen sich, um einen Kreis zu bilden. Die horizontale Linie wandelt sich zu einer vertikalen Linie, und die ganze Figur wird zu einem Kreis mit vertikalem Durchmesser. Wieder ist der kosmische Meridian erreicht. Auf diese Weise füllt der Kandidat die Lücke zwischen den Fischen und dem Widder und bildet dabei selbst das Äquinoktium.

Das Gleichgewicht im Menschen entspricht dem Äquinoktium des Jahres und dem Meridian des Tages oder 12 Uhr mittags. Genauso wie das Äquinoktium das Gleichgewicht zwischen Nacht und Tag darstellt, so steht das innere Gleichgewicht oder der *Yoga*-Zustand für den ausgeglichenen Zustand aller Unausgewogenheiten in den Impulsen und Äußerungen des Menschen. „*Yoga* ist Gleichgewicht", sagt Lord *Krishna*. Hat der Mensch das Gleichgewicht erreicht, dann zieht sich sein Bewusstsein in den Hintergrund eines höheren Bewusstseins zurück: in das Seelenbewusstsein. In diesem Stadium erscheint das Fische-Symbol als Linie, die den umgebenden Kreis nicht berührt. Wie jeder Freimaurer der höheren Grade weiß, ist dies ein sehr nützliches Werkzeug, um etwas zu erbauen oder zu erschaffen.

Als nächstes zieht sich der Kandidat in das solare Bewusstsein zurück. Dann ist das Symbol ein Kreis mit einem Mittelpunkt, der deshalb als Symbol der Sonne gilt. Von dem Ort dieses Punktes im Menschen wird der Kandidat weder fehlgehen noch auf Abwege geraten. Der Punkt lässt keinen zweiten Punkt mit ähnlichen geometrischen Eigenschaften im Kreis zu. Das nächste Stadium ist das kosmische Bewusstsein. Es wird von einem Kreis ohne Mittelpunkt dargestellt. Im *Samâdhi*-Zustand existiert der Kandidat als Punkt in jedem Lebewesen. 'Danach werden die Werkzeuge der Freimaurerei zerbrochen. Der Kandidat hat kein Haus, um darin zu wohnen, und keinen Platz, um seinen Kopf zu verbergen.'

Dies ist die Existenz des Menschen im suprakosmischen Zustand. Nur ein *Yogî* kann ihn erreichen. „Ich lebe in allen. Weil sie in mir leben, lebe ich in ihnen und über ihnen allen", sagt Lord *Krishna*. Das ist der Weg der Meditation über das Fische-Zeichen. Es hat vor allem mit den größeren Mysterien der Einweihungstempel zu tun.

In den Fischen werden die Geheimnisse der menschlichen Gestalt und ihre Beziehung zur Gestalt des kosmischen Menschen als 'Fotografien' bewahrt, verborgen und in den Bewusstseinstiefen des Jüngers widergespiegelt.

Die Farbe des Fische-Zeichens ist mit Worten schwer zu beschreiben. Sie entspricht dem klaren Himmel bei strahlendem Tageslicht, und sie besteht aus zwei Phasen. Sie erscheint blau, ist aber so weiß wie die strahlende Magnesiumflamme. Manche bezeichnen sie als Hellblau, andere als leuchtendes oder transparentes Weiß. Doch das ist alles nur eine Wortspielerei. Die wahre Farbe wird vom *Guru* immer zur Zeit der Einweihung vermittelt. Schon der Begriff Farbe, eine Wahrnehmung des Einzelwesens, unterscheidet sich von Mensch zu Mensch. Die gemeinsame Sprache von Farbe und Klang kann nur auf der Seelenebene erlernt werden. Auf den beiden unteren Ebenen kennt der Mensch nur die Wirkungen der Farben als die Farben. Genauso kennt er auch nur die Wirkung des Klangs als Klang.

Zu den Fischen gehört Magnesium als Metall. Beim Durchschnittsmenschen wirkt der Laut *PH* durch dieses Zeichen. Für jene, die auf der Seelenebene leben, ist *F* Ausdruck des Fische-Zeichens.

TEIL 2

Abschnitt C

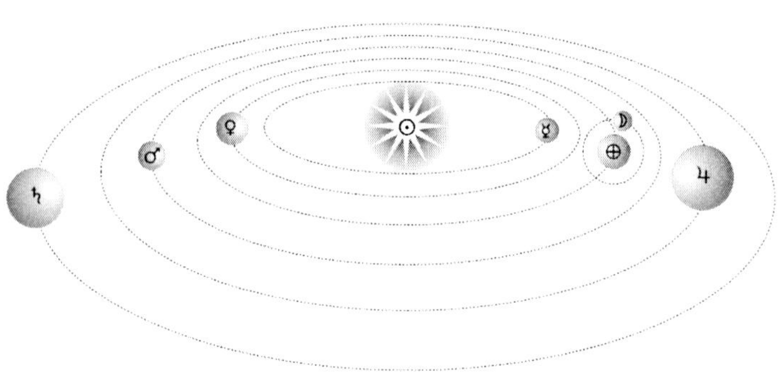

C.1 Einige Grundbegriffe zu den Planeten

Bevor wir das Wesen und die Wirkung der Planeten darlegen, ist es notwendig, ihre Stellung in der Astrologie zu würdigen. Jedes Sonnensystem bildet eine selbstständige Einheit. Die Sonne ist das Zentrum des Sonnensystems, und die Planeten umkreisen sie. Für uns ist jedoch die Erde das Zentrum des Erd-Tierkreises. Die Bewegung der Planeten um den Erd-Tierkreis ist daher nur eine scheinbare Folge der tatsächlichen Drehung der Planeten um den Sonnen-Tierkreis. Der Weg der Planeten um die Sonne vermittelt die wahren Geheimnisse der Allegorien des Tierkreises. In unserem Studium der Astrologie können wir die widergespiegelten Wirkungen der Planetenumläufe erkennen. Es sind 'Ersatz-Geheimnisse'.

Durch Einweihungen kann der Mensch die wahren Geheimnisse entdecken. In den Häusern, die bei seinem Aszendenten beginnen, und in den verschiedenen Zeichen des Erd-Tierkreises kann er außerdem über die scheinbaren Wirkungen der Planeten hinausgelangen. Durch Einweihungen kann er die planetarischen Auswirkungen des Sonnen-Tierkreises erleben. In diesem Stadium tritt er in das Seelenbewusstsein des Sonnensystems ein, und dies ist das erste der größeren Einweihungsgeheimnisse.

Danach passt sich der Mensch dem Tierkreis der zentralen Sonne eines größeren Sonnensystems an. Das Sonnensystem, in dem wir leben, ist nur eins von zwölf Systemen, die um die zentrale Sonne kreisen. Damit betritt der Mensch den kosmischen Pfad. Beim nächsten Schritt stellt er sich auf die Drehung um das geometrische Zentrum dieses Universums ein: auf unseren Raumglobus mit den vielen Sonnengalaxien unterschiedlicher Ordnung. Dies ist das Ziel, von dem ein Mensch im gegenwärtigen Entwicklungsstadium jedoch nur träumen kann.

Im Laufe dieses ganzen Vorgangs erlebt er die Ebenen der verschiedenartigen Sonnen, die sich in unterschiedlichen Entwicklungsstadien befinden. Wir dürfen nicht vergessen, dass es Sonnen gibt, die auf der Evolutionsspirale viel weiter fortgeschritten sind als unsere Sonne.

Das gesamte Universum ist ein 'Mensch', der sich im Ei dieses Raumglobus entwickelt. Er ist wie ein Embryo in der Gebärmutter. Eines Tages wird er geboren, das heißt, aus allen Teilen seines Körpers entstehen viele Universen. Im absoluten Raum gibt es genauso viele solcher Eier wie in den Eierstöcken einer Frau, und in ihrer unterschiedlichen zyklischen Entwicklung folgen sie alle dem gleichen Muster. Jedes Ei hat seinen Eisprung und seine Flut, die dem Vollmond und Neumond seiner eigenen Zeitskala entsprechen. Die Zeiteinteilungen zwischen jenem Neumond und Vollmond entsprechen unseren Mond-Phasen oder *Tidhis.** Zwischen zwei Neumonden haben wir 30 *Tidhis*. Außer dem Neumond und Vollmond gibt es 28 Unterteilungen. 14 von ihnen haben die Wirkung des zunehmenden Mondes, die übrigen 14 haben die Wirkung des abnehmenden Mondes. Die 14 Abschnitte des weißen Pfades oder des zunehmenden Mondes entsprechen den *Manvantaras*, und die 14 Unterteilungen des schwarzen Pfades oder des abnehmenden Mondes gehören zu dem passiven Zustand, der *Pralaya* genannt wird. Außerdem wird der Zeitraum, der unserem Lunarmonat entspricht, als ein *Kalpa* bezeichnet.

Jedes *Manvantara* umfasst eine Serie kosmischer Ereignisse. In den *Purânen* erscheint die Reihe der 14 *Manvantaras* als allegorische Geschichten. Es sind die Geschichten der 14 *Manus*. Diese Erzählungen lassen sich auf die Mondphasen unseres Sonnenmonats übertragen. Im Allgemeinen kann man dadurch

* Siehe Tabelle 3 im Anhang I

die Reihe der Ereignisse im Leben der Menschen erkennen, die in den jeweiligen Mondphasen geboren wurden. Anhand der Position von Sonne und Mond in den 12 Tierkreiszeichen können außerdem besondere Merkmale und die genaue Abfolge der Ereignisse erforscht werden. Alles in allem kann man somit 12 Gruppen von jeweils 14 Mondphasen studieren.

Auf die gleiche Weise kann man die Unterschiede zwischen den 12 Gruppen von *Manvantaras* auf der kosmischen Ebene erkennen. Weitere Einzelheiten über den Menschen kann man herausfinden, wenn sein Aszendent bekannt ist. Alle Ausführungen in Bezug auf eine Person können nach dem Gesetz der Entsprechungen auf die *Manvantaras* angewandt werden, wenn wir 144 verschiedene Gruppen von *Manvantaras* haben, die gleichzeitig auf der suprakosmischen Ebene existieren. Im Großen und Ganzen wird der astrologische Schlüssel in dieser Weise auf die verschiedenen Prophezeiungen der *Purânen* angewandt.

Für einen Schüler, der diesen Schlüssel kennt und ihn auf sich und andere anwendet, sind die Geschichten der *Purânen* verborgene Symbole und geoffenbarte Allegorien des einen Lebens im Kosmos und in ihm selbst. Er erkennt, dass ein und dasselbe Leben im Menschen wie im Universum pulsiert, und er errichtet das Modell des Menschen im Himmel. Mit Hilfe dieses Schlüssels spricht der Mensch mit Gott in der Sprache der Himmel. Dieses ganze Modell ist die einzige Schrift, durch die der Mensch den Willen Gottes erfährt. Alle anderen Schriften der Welt wurden von ihr durch den Menschen kopiert. In ihr offenbart sich Gott dem Menschen, und deshalb ist sie das Evangelium. Aus diesem Grund sind das Buch der Himmel ebenso wie seine Kopien die unpersönlichen Schriften Gottes, die dem Menschen offenbart werden. Der menschliche Wille arbeitet mit dem Willen Gottes zusammen, damit 'sein Wille geschehe, im Himmel wie auf Erden'.

Einem Leser, der diesen Schlüssel nicht besitzt, erscheinen die Geschichten wie von Menschen geschriebene schöne Märchen. Daher verstehen manche Leute diese Schriften nur als Bücher zu bestimmten Wissens- und Erfahrungsbereichen. Solche Leser bleiben in einer Wüste der Verworrenheit stecken, und sie verlieren sich in der Weite und den scheinbar komplizierten Einzelheiten dieser Bilderwelt, in der der heilige Zweck und Auftrag der Schriften enthalten ist.

Man muss die Wirkung der Planeten in den einzelnen Zeichen, die Bedeutung der Planetenaspekte und die innewohnende Natur eines jeden Planeten kennen, um den oben erwähnten Plan enthüllen und die verschiedenen Allegorien deuten zu können. Dieser Wissenszweig gilt als die wahre Astrologie, und wir schlagen vor, sie spirituelle Astrologie zu nennen. Ohne diesen astrologischen Schlüssel ist die gesamte Literatur der Weltschriften wie ein Buch mit sieben Siegeln.

Der Tierkreis ist das Weisheitsbuch der Zeitalter, und die Planeten legen das erforderliche Zeitalter fest. Man kann den Tierkreis auch mit dem Zifferblatt einer riesigen Uhr vergleichen. Die Planeten dienen als Zeiger, die die Zeiteinheiten in unterschiedlichen Geschwindigkeiten anzeigen. Wenn jeder Zeiger auf dem Zifferblatt eine bestimmte Einteilung oder Stunde anzeigt, weist dies auf einen Abschnitt des großen Tages hin. Den Zeitplan jeder Stunde kann man aus den Schriften ablesen und befolgen.

Der gesamte Zeitplan des großen Tages wird *Mahâ Kalpa* genannt. Mit dem Wort *Kalpa* bezeichnet man auch das praktische Detail eines großen Rituals. Ein *Kalpa* wird vom *Karma*-Gesetz gelenkt. Die Kraft, die diese zwangsläufige Ordnung oder Routine aufrechterhält, heißt *Satya*, das Gesetz der Existenz. In immer wiederkehrenden Zeitabständen manifestiert sie sich durch einen latenten Einfluss, der *Rita* genannt wird: Es ist der Rhythmus der musikalischen Natur der Wahrheit. Die Ursache dieser periodischen Manifestation gilt als Ursache aller Ursachen. Sie ist die Äußerung des Wortes *Abhithat,* das heißt 'So sei es', aus dem ewig-bewussten Zentrum des Sprechenden, der das Wort selbst ist, bevor er es ausspricht.

Bevor sich der Leser den Details zuwendet, wird ihm nochmals geraten, sich eine klare Vorstellung von der oben beschriebenen grundsätzlichen Einheit zu machen.

Nun wollen wir die Einzelheiten der ersten Schicht erklären. Die 14 *Manvantaras* des zunehmenden Mondes werden in zwei Gruppen eingeteilt: in heilige und nichtheilige. Die 14 *Manvantaras* des zunehmenden Lichts entsprechen in umgekehrter Reihenfolge den 14 *Manvantaras* des abnehmenden Lichts. Beispielsweise entspricht das erste *Manvantara* des zunehmenden Lichts dem vierzehnten *Manvantara* des abnehmenden Lichts usw.

Jetzt stufen wir die erste Gruppe ein. Das zweite, dritte, fünfte, siebte, zehnte, elfte und dreizehnte *Manvantara* sind heilig. Sie haben eine spirituelle Natur und zeigen Harmonie und Fortschritt an. Mit Ausnahme des achten *Manvantaras* haben die verbleibenden *Manvantaras* eine materielle Natur und weisen auf Disharmonie und Unausgeglichenheit hin. Das achte *Manvantara* steht für große Veränderungen und Unruhen, die jedoch von spiritueller Art sind.

Das erste *Manvantara* entspricht dem Neumond und wird als Morgendämmerung bezeichnet. Es weist auf das Erwachen einer Schöpfung hin. Jenes *Manvantara,* das dem Vollmond entspricht, nennt man das große Licht. Es kennzeichnet ein weiteres großes Erwachen einer Schöpfung. Diese Analyse kann man auf die Mondphasen im Lunarmonat anwenden. Wer in einer heiligen Mondphase geboren wurde, kann sich auf dem spirituellen Pfad mühelos entwickeln, während alle, die in einer nichtheiligen Mondphase geboren wurden, einen rauen, harten Weg gehen. Ihnen wird geraten, über die Geschichte jener Manifestation Gottes zu meditieren, die in den *Purânen* im Zusammenhang mit dem entsprechenden *Manvantara* als Inkarnation beschrieben wird. Das hier Dargelegte stellt nur einen groben Umriss des Themas dar.

Jeder lunare Monat gilt als ein Tag der *Pitris*. Der Neumond entspricht ihrer Mitternacht, das Ende des ersten Viertels ist ihre Morgendämmerung, der Vollmond ist ihr Mittag, und das Ende des letzten Viertels entspricht ihrer Abenddämmerung. In dieser Einteilung ist ein ritualistischer Schlüssel enthalten. Der Mond ist das Tor zwischen den Menschen und den *Pitris*. Das heißt, durch das Licht des Mondes kehren die verstorbenen Seelen zur Geburt zurück. Ein Ei im Körper der Frau wird durch den Einfluss des *Soma*-Strahls über den Mond befruchtet. Jedes Ei hat seinen eigenen Neumond und Vollmond. Die Zeit der Menstruation ist der Neumond, und der fünfzehnte Tag danach zeigt den Vollmond an. Vier Tage vor und vier Tage nach seinem Vollmond ist das Ei für eine inkarnierende Seele aufnahmebereit. Denn am Vollmondtag steht die Erde zwischen Sonne und Mond. Beide stehen in der Natur für das Vater- und Mutterprinzip. An diesem Tag empfängt die Erde die Sonnenstrahlen, die vollkommen auf den Mond reflektiert werden. Der Sonnenstrahl verkörpert das reinkarnierende Ego und der reflektierte lunare Strahl die zur Erde zurückkehrende Seele. Das bedeutet, die Seele steigt in die Materie hinab und bringt einen Körper hervor.

Der sichtbare Weg des Mondes in einem Monat wird in vier Viertel eingeteilt. Jedes Viertel umfasst ungefähr sieben Sonnentage. Vom Anfang bis zum Ende eines Viertels beschreibt der Mond einen sichtbaren Winkel von 90°. Eine Woche nach der Befruchtung wird der Fötus beseelt, und nun erlebt das in der Gebärmutter eingenistete Ego eine Veränderung seines Zeitmaßstabs. Es folgt dem Weg des Sonnenjahres und entwickelt sich während eines dreiviertel Jahres in der Gebärmutter.

Dann wird es geboren, um als Mensch auf dieser Erde das restliche Viertel zu vollenden. Vom Augenblick seiner Geburt in das Erdenleben gibt es wiederum eine Veränderung im Zeitmaßstab. Jeder Tag des verbleibenden Viertels wird als ein Sonnenjahr gerechnet. Daraus ergibt sich die Lebensspanne auf dieser Erde. Alle Aspekte der Planeten und Häuser, die in den 90 Tagen nach seiner Geburt stattfinden, manifestieren sich in den 90 Jahren seiner Lebensspanne. Wenn ein Mensch länger als 90 Jahre lebt, trifft die Progression nicht mehr zu.

In diesen 90 Jahren umrundet Saturn dreimal den Tierkreis. Während jeder Runde schafft er Möglichkeiten, um die Wirkungen der normalen Progression der Planeten zu transzendieren. Allgemein gesprochen kennzeichnet das 30. Lebensjahr die Saturn-Position zur Zeit der Geburt. Dies ist günstig für eine Einweihung. Der Mensch kann den Verlauf seiner Entwicklung verändern: vom Pfad der Wiederkehr oder Wiedergeburt zum Pfad der Jüngerschaft, dem aufwärtsführenden Pfad. Das erreicht er, wenn er dem rituellen Pfad folgt und die Neu- und Vollmonde nutzt. Am Neu- und Vollmondtag und auch schon am Tag vorher sollte er nur von flüssiger Nahrung leben. Dann sollte er in der *Siddhâsana*-Haltung sitzen, meditieren und *Prânâyâma* üben. Außerdem sollte er die volle Bedeutung des Neu- und Vollmondes für den spirituellen Weg studieren. Er sollte sich den Neumond als Vollmond und den Vollmond als Neumond vorstellen und darüber meditieren. Der nächste Abschnitt erklärt die tiefere Bedeutung dieser Methode und die Wirkung der umgekehrten Reihenfolge.

C.2 Die Bedeutung der Lunationen

Unsere Erde stellt den grobstofflichen Körper des Menschen dar. Der Mond steht für das menschliche Denken und die Sonne für die Quelle des Denkens oder das Bewusstsein. Vom Denkvermögen wird das Bewusstsein empfangen und als Widerspiegelung durch die mentale Aktivität des Menschen in das objektive Universum ausgeströmt.

Daher ist der zunehmende Mond ein Symbol für zunehmende objektive Tätigkeit. Sie bedeutet zugleich einen Rückgang der subjektiven Tätigkeit, und das gilt auf den spirituellen Ebenen als Dunkelheit. Für das innere Bewusstsein stellt dies somit den Neumond dar. Am Neumondtag kann die mentale Aktivität eines spirituellen Menschen sich selbst reflektieren. Das heißt, der lunare Strahl geht zu seinem Ursprung zurück. Aus diesem Grund ist der Neumondtag besonders günstig für die Meditation. Wenn ein Jünger am Neumondtag nur flüssige Nahrung zu sich nimmt und im Zentrum zwischen den Augenbrauen meditiert, gelingt es ihm, die Ströme der astralen Materie in seinem Körper im Zaum zu halten.

Der Solarplexus ist das Ausdruckszentrum astraler Aktivität. Wenn man im Brauenzentrum meditiert, wird die Aktivität des Solarplexus allmählich zum *Âjnâ-Chakra* emporgehoben. Meditiert man auf diese Weise an einem Vollmondtag, gewinnt man die Kontrolle über die magnetischen Ströme des Ätherkörpers. Alle Zentren des Verlangens werden nach oben ausgerichtet, und der ganze Energiestrom bewirkt einen Zug nach oben.

Zu Anfang kann der Jünger nicht jeden Tag durch seine Meditation diese Ebenen erreichen, vor allem dann nicht, wenn der Mond im Quadrat zur Sonne steht.

Allmählich bekommt er jedoch durch seine Meditationen an Neu- und Vollmondtagen den physischen, astralen, mentalen und den Wunschkörper in den Griff. Dann erreicht er das Stadium der 'persönlichen Sonne'. Die Position seiner Geburtssonne reagiert auf den Umlauf des Mondes. Anschließend sollte der Jünger an jenen Tagen meditieren, wenn der Mond in Konjunktion oder Opposition zu seiner Geburtssonne steht. Dadurch lernt er, seine Persönlichkeit zu beherrschen, und später verlieren diese Konjunktionen und Oppositionen ihren Einfluss auf sein Denken.

Im nächsten Stadium erreicht er die Ebene des 'persönlichen Mondes'. Die Position seines Geburtsmondes beginnt auf die Konjunktionen und Oppositionen der Jahressonne zu reagieren, und er sollte vor allem an diesen beiden Tagen meditieren. Damit schwindet der Einfluss des Geburtsmondes. Von nun an erreicht er das Stadium des 'persönlichen Aszendenten'. Er sollte zur Meditation jene beiden Tage wählen, an denen der Mond jeden Monat eine Konjunktion oder Opposition mit seinem Aszendenten bildet. Bald darauf wird der Mond seinen Aszendenten nicht mehr beeinflussen. Als nächstes sollte er die zwei Tage wählen, an denen die Jahressonne in Konjunktion oder Opposition zu seinem Aszendenten steht. Es wird nicht lange dauern, bis die Sonne seinen Aszendenten nicht mehr beeinflussen wird. Danach erreicht er das Stadium des progressiven Aszendenten. Zur Meditation sollte er die zwei Tage wählen, an denen die Jahressonne in Konjunktion und Opposition mit seinem progressiven Aszendenten steht, und schon bald wird die Sonne auch diesen Punkt nicht mehr beeinflussen.

Wenn er nun seinen Aszendenten in die entgegengesetzte Richtung vorrückt, erhält er die Position seines neuen Aszendenten. Zu diesem Zeitpunkt lebt er bereits über der Persönlichkeitsebene und hat gerade die Gruppenebene betreten. Jetzt sollte er die beiden Tage zur Meditation wählen, an denen die Jahressonne in Konjunktion bzw. Opposition mit seinem neuen Aszendenten steht. Rasch wird sich ihr Einfluss auf diese Punkte verringern. Anschließend sollte er über jenes *Chakra* meditieren, das sich im Zeichen seines Geburtsjupiters befindet. Schon nach kurzer Zeit wird er mit seinem *Guru* in Verbindung kommen. Falls Jupiter in seinem Geburtshoroskop von Saturn, Mars, Uranus oder Neptun ernsthaft angegriffen wird, sollte er das von Jupiter angezeigte *Chakra* meiden und stattdessen jenes *Chakra* wählen, das von einem Planeten bestimmt wird, der in seinem Geburtshoroskop nicht angegriffen ist. Außerdem sollte er besonders das *Chakra* meiden, in dem sein Geburtssaturn steht, sowie jenes, das zum transitierenden Saturn gehört.

Folgt der Jünger diesem Verlauf, wird er sich bald in den Händen eines *Gurus* auf dem *Râja Yoga*-Pfad befinden.

Von nun an ist er auf einer Ebene frei von allen Planeteneinflüssen. Er sollte nicht länger nach seiner eigenen Methode arbeiten, sondern unbedingt den Schritten folgen, die sein *Guru* ihm vorschreibt. Aber bis dahin sollte er sich an das oben erwähnte Verfahren halten, um in kürzestmöglicher Zeit zufriedenstellende Ergebnisse zu erhalten. In dieser Zeit sollte der Jünger die Quantität seines Essens einschränken und mehr auf Qualität achten. Außerdem wird ihm empfohlen, häufig zu duschen oder zu baden und viel Wasser zu trinken. Ernährung, Farbe, Symbol, Zeichen, Zahl und Klang jenes Tierkreiszeichens, das seinem Meditations-*Chakra* entspricht, werden ihn in unglaublich kurzer Zeit den *Guru* erreichen lassen.

C.3 Praktische Anleitungen

Auf dem spirituellen Weg sind die ersten Schritte immer schwerer als die späteren. Ein Schüler, der noch keiner Gruppe angehört, braucht die praktische Anleitung durch Bücher. Sobald seine intuitive Verbindung mit den betreffenden Arbeiten der Gruppe hergestellt ist, erhält er klare Anweisungen von den Intelligenzen seines Gruppenursprungs. Schon wenige Monate nach Beginn seiner spirituellen Übungen erfährt der Schüler große Unordnung in seinem Leben. Unerwartete Hindernisse, Änderung des Wohnortes, der Lebensumstände und Überzeugungen werden auf ihn zukommen. Es entstehen Zweifel, Verzögerungen, und die Ereignisse nehmen einen Lauf, der völlig unberechenbar erscheint. Der Schüler sieht sich gezwungen, mentale Höchstleistungen zu vollbringen, um alles in eine Ordnung zu bringen. Je mehr er versucht, bestimmte unangenehme Situationen zu vermeiden, desto stärker wird er zu ihnen hingezogen.

Er sollte den Entschluss fassen, dass er nicht versucht, irgendetwas zu vermeiden. Ebenso sollte er darauf vorbereitet sein, sich jeder Situation zu stellen und sie zu bewältigen – nicht mit mentaler Anspannung oder falschem Mut, sondern ganz entspannt. Verantwortungen und Lasten sollte er übernehmen sowie Gelegenheiten ergreifen, um anderen zu dienen. Es geht nicht darum, Wünsche oder Forderungen anderer zu erfüllen, sondern ihnen das zu geben, was sie wirklich brauchen. Das erfordert ein feines Unterscheidungsvermögen. In diesem Stadium ist die Astrologie der einzig zuverlässige Schlüssel zum praktischen Okkultismus.

Die erste Stufe dieser Anleitung ist der solar-lunare Schlüssel. Mit seiner Hilfe sollte der Schüler seine günstigen und ungünstigen Zeitpunkte erkennen. Dieses Wissen sollte er nutzen, um seine höheren Schwingungen zu verstärken und disharmonische Schwingungen seiner niederen Natur zu beseitigen. Für den geistigen Fortschritt ist der Weg des geringsten Widerstandes gegenüber der Umwelt absolut notwendig.

Die vier Viertel des Mondes in jedem Lunarmonat geben ihm erste Anleitung. Im Erleben jedes einzelnen Menschen bewirken sie vier verschiedene Schwingungsarten, entsprechend seinem *Karma* aus der Vergangenheit. Die äußere *karmische* Wirkungsebene manifestiert sich durch die solar-lunaren Zyklen. In jedem Viertel ändert sich der Lauf der Dinge in der Ordnung seines persönlichen bzw. gedanklichen, familiären bzw. häuslichen, gesellschaftlichen und beruflichen Bereichs. In der gegebenen Reihenfolge muss jeder Mensch vom Neumond an jeweils in einem dieser vier Bereiche arbeiten. Jedes Mal, wenn im gewohnten Gang der Ereignisse eine Störung auftritt, sollte er beobachten, welcher der Bereiche auf ihn einwirkt. Er muss damit zurechtkommen, dass sich die neue Richtung von jenem Tag an sieben weitere Tage fortsetzen wird. Im Laufe der Zeit wird er lernen, den Einfluss der vier Viertel vorteilhaft zu nutzen.

Sobald man das obige Muster der Ereignisse beherrscht, wird man als nächstes erkennen, dass jedes Viertel wiederum Unterteilungen hat, von denen jede nicht ganz zwei Tage dauert und ihre eigenen Ereignisse entwickelt. Diese Unterteilungen lassen die guten und schlechten Auswirkungen des Planeten zutage treten, der uns beeinflusst. In einem günstigen Zwei-Tage-Abschnitt lebt man in harmonischer Beziehung zu seinen Mitmenschen, und in einem ungünstigen Zwei-Tage-Abschnitt macht man eher gegenteilige Erfahrungen. Jeder Planet, der mit dem Mond einen Aspekt bildet, nimmt entscheidenden Einfluss auf die Natur der Ereignisse, die dem Menschen begegnen. Menschen, Bücher und Situationen, die diesem Planeten entsprechen, begegnen dem Schüler entweder hilfreich oder hinderlich. Je nachdem, ob solch ein Zwei-Tage-Abschnitt vorteilhaft oder ungünstig ist, wird er den Menschen in seiner Ausdruckskraft unterstützen oder hemmen.

In vorteilhaften Subperioden sollte man versuchen, seinen persönlichen Magnetismus durch Meditation und *Prânâyâma* zu verstärken. In den ungünstigen Subperioden ist es empfehlenswert, sich mit seiner Umgebung zu beschäftigen, ohne gedanklich unruhig oder angespannt zu sein. Indem man sich darin übt, Ausgeglichenheit zu bewahren, sollte man versuchen, die Schwingungen der eigenen Impulse zu neutralisieren. Unermüdliche Geduld und Toleranz sind absolut notwendig. Nicht das Unterdrücken der Impulse wird uns helfen, sondern das Bewahren einer entspannten inneren Haltung und Sportsgeist, d.h. bewusste Akzeptanz.

Sobald der Schüler den oben dargelegten Schritt beherrscht, entdeckt er, dass es noch weitere Subperioden gibt, die ihn im Laufe eines Tages beeinflussen. Auch ein Tag besteht aus vier Vierteln von je sechs Stunden. Das erste Viertel dauert von Sonnenaufgang bis Mittag, das zweite von Mittag bis Sonnenuntergang, das dritte von Sonnenuntergang bis Mitternacht und das vierte von Mitternacht bis Sonnenaufgang. Jene vier Viertel haben abwechselnd günstige und ungünstige Auswirkungen. Das entspricht der geometrischen Wahrheit: Wenn zwei Geraden sich schneiden, sind die gegenüberliegenden Winkel gleich.

An den Reaktionen auf die ersten Personen oder Ereignisse, die einem begegnen, kann man die Tendenz des ersten Viertels erkennen und entscheiden, ob es günstig ist oder nicht. Seine Tendenz bleibt die nächsten sechs Stunden gleich. Je nachdem, ob es sich um eine günstige Richtung handelt oder nicht, sollte man warten oder seine Angelegenheiten weiterverfolgen.

C.4 *Karma* und die Planeten

Zu Anfang besteht die ganze spirituelle Praxis darin, *Karma* zu neutralisieren und zur Ausgeglichenheit zu finden. Die Unebenheiten des *Karmas* aus der Vergangenheit zeigen sich als Unausgewogenheiten in der Mentalität, in der Persönlichkeit und im Verhalten des Menschen. Somit ist das Verhalten lediglich eine Reaktion auf die Umgebung in Übereinstimmung mit den eigenen Gewohnheiten oder dem *Karma*. Diese Reaktion bildet wiederum die Grundlage für zukünftiges *Karma*. Jeder Schritt wird so lange korrigiert, bis Ausgewogenheit erreicht ist. Nach der *Bhagavad Gîtâ* ist der *Yoga*-Pfad Ausgewogenheit in Ernährung, Ausdruck und Verhalten.

Bei der Geburt liegen die Neigungen des *Karmas* aus der Vergangenheit an den Graden des Tierkreises als Häuser- und Planeten-Positionen wie Samen, die aufgehen wollen. Im Laufe des Lebens werden sie durch Planeten-Transite immer wieder zum Keimen gebracht. Ganz deutlich beeinflussen die Transite das Verhalten des animalischen Menschen. Da sie jedoch immer wiederkommen, verliert ihr Einfluss bald an Intensität. Jeder Planetenübergang ist Ausgangspunkt einer Erfahrung. Der nächste Transit desselben Planeten wird den Menschen nicht mehr so stark beeinflussen. Normalerweise beeinflusst ein Transit beim erstenmal die Gesundheit und verhilft zu einer bewussten Ernährung. Je langsamer sich ein Planet bewegt, desto tiefer geht das Erleben.

Der Einfluss der Transite schwindet sehr rasch, sobald ein Mensch sich spirituellen Übungen zuwendet. Danach wird er nur noch durch Progressionen beeinflusst. Die Transite wirken auf sein bewusstes Denken ein, und deshalb kann er sie schneller beherrschen. Progressionsaspekte beeinflussen die unbewusste Ebene. Sie stimulieren die tieferen *Karma*-Ebenen, die als Verbindungen oder Beziehungen im menschlichen Wunschkörper liegen. Solange der ätherische, astrale und mentale Körper des Menschen nicht durch ständige Übung mentaler Leichtigkeit gereinigt ist, steht er unter dem Einfluss der Progressionen.

Die Stimulierung des *Karmas* durch Progression läuft auf drei Ebenen ab:

1. Progression der Planeten, die mit anderen Planeten Aspekte bilden,
2. Planeten, die mit Häusern Aspekte bilden,
3. Progression der Häuser, die Aspekte mit den Geburtsplaneten bilden.

In der gegebenen Reihenfolge wird der Einfluss immer tiefgreifender. Die erste Gruppe von Aspekten beeinflusst den Ätherkörper, die zweite den Astralkörper und die dritte den Mentalkörper. Wenn die Impulse, die von diesen drei Progressionsarten ausgelöst werden, vollständig neutralisiert sind, hört die Persönlichkeit auf zu existieren. Zum ersten Mal in seinem Leben nimmt der Mensch die Existenz und das Erleben seiner Seele bewusst wahr. Personen und Ereignisse der Umwelt hören für ihn auf zu existieren, obwohl er seine normalen Pflichten ihnen gegenüber erfüllt. Im Laufe der Zeit wird er zu einer spirituellen Gruppe hingezogen und beginnt die Gegenwart der Personen und der Aktivität auf der Gruppenebene zu spüren.

Von nun an reagiert sein Horoskop auf Gegenrichtungen. Das heißt, es sollte in entgegengesetzter Richtung vorgerückt werden. Aufgrund ihrer Progressionswirkung schwinden sein Geburtsmond und seine Geburtssonne allmählich bis zur Bedeutungslosigkeit. Nur der progressive Aszendent und das zehnte Haus in der entgegengesetzten Richtung beeinflussen ihn von nun an auf der Gruppenebene.

C.5 Der Aszendent und die Häuser

Ein Mensch auf der niedersten Ebene hat eine unregelmäßige Lebensweise. Von jeder Auswirkung seines Horoskops wird er aus der Fassung gebracht. Seine Reaktion beruht auf den folgenden Tatsachen:

a) Ein Mensch im niedersten Zustand hat im Tierkreis zwölf Punkte, die unregelmäßig verteilt sind. Sie sind sehr schwierig zu finden.

   In seinem Fall reagieren die zwölf Häuserspitzen, die normalerweise von den Astrologen berechnet werden, nicht richtig. Jene zwölf magnetischen Punkte, die in seinem Horoskop wirklich reagieren, sind die vier Himmelsrichtungen, die unabhängig vom Aszendenten, vom Mond und von der Geburtssonne berechnet werden. Transite, Progressionen, Lunationen und Eklipsen auf diesen Punkten wecken in seinem Wunschkörper Reaktionen. Sie drücken sich auf der unteren Ebene als Instinkte, Emotionen und Verhaltensweisen aus.

b) Im Horoskop eines durchschnittlichen, gebildeten Menschen, der gerade genügend Disziplin besitzt, um ein zivilisiertes Leben zu führen, werden die oben erwähnten zwölf Punkte durch die normalen zwölf Häuser ersetzt, die von seinem Aszendenten aus errechnet werden.

   In diesem Fall gibt es wieder drei Häusergruppen:

   1. Das kardinale Häuserkreuz besteht aus dem ersten, vierten, siebten und zehnten Haus. Diese Häuser stimulieren sein *Karma*, so dass es sich auf den aktiven Verhaltensebenen auswirkt.
   2. Das fixe Häuserkreuz besteht aus dem zweiten, fünften, achten und elften Haus und regt ihn zu Tätigkeiten an, die Menschen, Ereignisse und Besitz (Nahrung, Obdach, Schutz und Reichtum) in sein Leben bringen.

3. Das veränderliche Häuserkreuz besteht aus dem dritten, sechsten, neunten und zwölften Haus und spornt ihn zu Pflichtbewusstsein, Durchhaltevermögen, Geduld, Achtung vor dem Gesetz, Wahrnehmung höherer Gedanken, zum Lesen von Büchern und zum Streben nach der edleren Seite des Lebens an.

c) Im dritten Stadium findet der Mensch zum vollsten Ausdruck seiner Persönlichkeit. Er beginnt auf die höhere Seite des objektiven Lebens zu reagieren.

Hier findet man den Denker, das Genie, den Künstler, Wissenschaftler, Arzt und Rechtsanwalt – alle, die für eine Verbesserung der Gesellschaft arbeiten. Auch der Pädagoge und der Mäzen befinden sich auf dieser dritten Ebene, da sie ein Stadium erreicht haben, in dem sie über die Fehler und Begrenzungen anderer hinwegsehen können. Auf dieser Stufe hat der Mensch fortschrittliche Ideen. Bedeutung und Ziel der Religion beginnen ihm bewusst zu werden. In diesem Stadium möchte er wissen, was Gott und seine Schöpfung sind. Die meisten spirituellen Schüler beginnen ihr *Sâdhana* auf dieser Ebene. Für diese Menschen verliert die Wirkung der zwölf Häuser des zweiten Stadiums allmählich an Bedeutung. Die Häuser werden durch Tierkreiszeichen ersetzt, und Planeten wirken nur durch die Zeichen. Für einen solchen Menschen sollten die Häuser vom Widder aus gezählt werden. Nur dann erhält man beim Lesen des Horoskops zufriedenstellende Ergebnisse.

Die Zeichen werden wieder in drei Gruppen eingeteilt:

1. Zum kardinalen Kreuz gehören Widder, Krebs, Waage und Steinbock.
2. Zum fixen Kreuz gehören Stier, Löwe, Skorpion und Wassermann.
3. Zum veränderlichen Kreuz gehören Zwillinge, Jungfrau, Schütze und Fische.

Diese drei Gruppen lassen den Menschen in der gegebenen Reihenfolge auf die physische, spirituelle und mentale Seite von Problemen reagieren. Wenn er mit der Ausübung von *Yoga* beginnt, wirken die Zeichen paarweise: Widder-Waage, Stier-Skorpion, Zwillinge-Schütze, Krebs-Steinbock, Löwe-Wassermann, Jungfrau-Fische. Die Kraft der Unterscheidungsfähigkeit zwischen höheren und niederen, groben und feinen Lebensprinzipien sowie zwischen der guten und schlechten Seite der Dinge wirkt durch ihn, um die niederen Prinzipien zu neutralisieren und sein Bewusstsein in den höheren Prinzipien zu verankern. Ist beispielsweise in seinem Horoskop ein Planet durch Progression in das Zeichen Stier eingetreten, belebt er gleichermaßen die Eigenarten von Stier und Skorpion. Diese Erkenntnisebene führt langsam das Waage-Prinzip, die Ausgewogenheit der Dinge, in den Menschen ein. Dadurch werden die Wirkungen der Progression neutralisiert, und das Rad wird angehalten. Von nun an bewegt es sich in die entgegengesetzte Richtung. Damit ist das vierte Stadium erreicht.

d) Im vierten Stadium wird der Mensch gruppenbewusst und aufgrund seines Seelenkontakts in einen geheimen spirituellen Orden aufgenommen.

Abermals gewinnt der Aszendent an Bedeutung. Vom Zeichen seines Aszendenten aus öffnet sich der Kandidat für die Erfahrungen des zwölften, elften und zehnten Zeichens. Dabei geht er im zwölften Zeichen zum Erleben seiner vergangenen Geburt zurück.

Das zwölfte Haus enthält das Fische-Prinzip, das die 'Fotographien' vergangener Leben aufbewahrt. Jene Bewusstseinsschicht, die man *Chetas* nennt, wird angeregt. In der alten Weisheit ist mit *Chetas* eine Unterströmung des Bewusstseins gemeint, die sich über viele Leben erstreckt.

Im elften Zeichen erreicht der Schüler spirituelle Weisheit, und im zehnten meistert er die Arbeit seiner Seele. Von fortgeschritteneren Jüngern wird er im neunten Zeichen direkt zum *Guru* geführt und ihm als 'blindes Kind der Sterblichkeit' vorgestellt, denn er beherrscht noch nicht den Durchgang zwischen den subjektiven und objektiven Ebenen. Noch lebt er in der Objektivität. Für einen *Yogî* bedeutet Objektivität Dunkelheit. Bis zu dieser Stufe erhält er mit Hilfe der älteren Jünger seines *Gurus* die ersten drei Einweihungen.

An der Spitze des neunten Hauses empfängt er die erste Einweihung der höheren Ebene. Er wird als Erbauer angenommen, weil er mit dem Bau seiner *Antahkarana* betraut wurde. Die *Antahkarana* wird vom achten Haus regiert. Sobald seine *Antahkarana* vollendet ist, geht sein Aszendent vom achten in das siebente Haus.

Wenn der Aszendent den Punkt des siebten Hauses im siebten Zeichen überschreitet, wird ein neuer Mensch geboren. Der Schleier der Objektivität, der seine Vision bisher verdunkelte, wird entfernt. Dann betritt der Schüler die Regionen der Dunkelheit, in denen er zum ersten Mal das wahre Licht findet.

Die sechs Hauser über dem Horizont repräsentieren die Objektivität und die restlichen die Subjektivität. Damit endet die erste symbolische Reise.

Dies kennzeichnet ein bestimmtes Stadium in der spirituellen Entwicklung des Menschen. Fortan gibt es eine große Veränderung in seinem Horoskop vom Pfad der Äquinoktien zum 'Pfad des größeren Tages'. Sie umfasst zwei Stadien:

1. Die Geheimnisse seiner gesamten Lebensspanne sind auf einer bestimmten Ebene in der Tageszeit verborgen statt in den Tierkreiszeichen. Die ersten sechs Stunden nach seiner

Geburt enthalten das gesamte Bild seiner Verbindung mit der Hierarchie. Während die Planeten unverändert bleiben, dreht sich die Erdachse in sechs Stunden um 90°. Man sagt, dass sich der Mensch in diesem Zeitraum auf seine eigenen Beine stellt. In sechs Stunden erreicht sein Geburtsaszendent sein zehntes Haus, den höchsten Punkt der Erleuchtung.

Man rückt den Aszendenten und die Häuser pro Jahr ein Grad vorwärts. Die Aspekte, die sich dabei bilden, zeigen seine Lebensereignisse in diesem Zeitraum an. Daraus lässt sich ablesen, wie eine Person mit einigen Intelligenzen der Hierarchie verbunden ist. Die meiste Zeit lebt der Jünger in seinem Herzzentrum und empfängt höhere Unterweisungen. Wenn sein Horoskop eine weitere Veränderung anzeigt, wird er allmählich zur Ebene des *Âjnâ*-Zentrums emporgehoben.

2. Auf dieser zweiten, höheren Stufe wird er wieder mit dem Gruppenbewusstsein der Menschheit als Ganzes verbunden. Über seinen *Guru* wird er nun von der Hierarchie mit gewissen Pflichten und Verantwortungen betraut, damit er sich weiter verbessern und das nächste Stadium erreichen kann. Jetzt ist die frühere Progression unwirksam. Die Richtung des Rades muss umgedreht werden, aber der Vorgang ist der gleiche wie oben. Während die Geburtsplaneten unverändert bleiben, bewegt man den Geburtsaszendenten in die entgegengesetzte Richtung um ein Grad pro Jahr vorwärts. Auf diese Weise zeigt sich das Arbeitsgebiet des Jüngers und die Art der ihm anvertrauten Pflichten.

Im nächsten Stadium, das den Beginn der dritten Phase seiner Jüngerschaft darstellt und die letzten drei Einweihungen umfasst, wird der Kandidat zur Ebene des *Sahasrâra* erhoben und direkt mit *Shambala* verbunden. Dies ist das Ende seines Horoskops. Jetzt ist er nur noch in den Progressionen des Horoskops dieser Erde zu finden.

Dies sind die Stadien des spirituellen Wegs, die man durch das Horoskop eines Menschen verfolgen kann. Alle Expansionen und Verbindungen auf diesem Weg wurden von Alice A. Bailey in ihrem Buch ESOTERISCHE ASTROLOGIE ausführlich dargelegt. Deshalb beschränken wir uns vorerst auf die obigen Ausführungen und greifen ein anderes Thema auf. Alle erwähnten Progressionsmethoden – außer der Umkehrung des Rades – wurden bereits von Alan Leo in seinem Buch PROGRESSIVES HOROSKOP aufgeführt. Das Geheimnis des umgekehrten Rades wurde in englischer Sprache von den Meistern erstmals durch Alice A. Bailey veröffentlicht. Zum ersten Mal wurde es von dem Weisen *Parâsara* offenbart. Die Geheimnisse der Methode wurden vom tibetischen Meister allein durch Alice A. Bailey vollständig ausgearbeitet.

C.6 Schulung durch planetarische Schwingungen

Es ist unsere Aufgabe, positiv auf die höheren Schwingungen zu reagieren, die regelmäßig immer wieder zu uns kommen. Während unser Geburtsaszendent den Tierkreis umrundet und dabei die vier kardinalen Punkte des Tages berührt, erreichen uns täglich Schwingungen. Außerdem gibt es die täglichen Schwingungen des Mondes bei seiner Durchquerung der Tierkreiszeichen. Dazu kommen die wöchentlichen, monatlichen und jährlichen Schwingungen anderer Planeten. Es gibt auch höhere, stärkere und wichtigere Schwingungen, die einmal in zwei, drei Jahren oder in noch größeren Abständen zu uns kommen. Besonders wichtig sind jene, die einmal alle zwölf oder dreißig Jahre kommen: die Schwingungen von Jupiter und Saturn.

Alle sieben Jahre wechselt Uranus in ein anderes Zeichen des Tierkreises und in ein anderes Haus unseres Horoskops. Dann schafft er für uns neue Gelegenheiten in der Spiritualität und ermöglicht uns einen Neubeginn. In einem größeren Maßstab tut Neptun alle vierzehn Jahre das Gleiche. Noch größere Gelegenheiten bieten sich, wenn Jupiter, Saturn, Uranus oder Neptun eine Konjunktion oder Opposition, ein Quadrat, Trigon oder Sextil zu unserer Geburtssonne, unserem Geburtsmond oder zum Aszendenten bilden. Das Quadrat und die Opposition sind sogenannte schlechte Aspekte, weil sie den Durchschnittsmenschen dazu anregen, die negative Wirkung seines *Karmas* aus der Vergangenheit, das zur Eigenart von zwei Planeten gehört, auszudrücken. Eine Konjunktion zwischen den sogenannten schlechten Planeten gilt als schlecht, eine Konjunktion zwischen guten Planeten gilt sie als gut. Die übrigen Aspekte werden von exoterischen Astrologen als gut gewertet, weil sie das gute *Karma* des Durchschnittsmenschen zur Wirkung bringen. Sonne, Venus und Merkur schaffen im

Laufe des Jahres solche Gelegenheiten. Alle 2½ Tage erschafft und stimuliert der Mond diese Schwingungen für den Durchschnittsmenschen, je nach den Positionen seiner Geburtsplaneten. Abwechselnd lässt der Mond günstige und ungünstige Gedankenströme aufeinanderfolgen.

Bei günstigen Schwingungen können wir spirituelle Fortschritte machen, und während der sogenannten ungünstigen Schwingungen üben wir uns darin, unsere Polarität mit der objektiven Welt zu neutralisieren. Im Laufe der günstigen Subperiode von 2½ Tagen begegnen dem spirituellen Neuling positive Menschen, Gedanken, Bücher und Gelegenheiten, die ihn ermutigen. Er sollte diese Flut ergreifen, um so gut wie möglich Fuß zu fassen. Wenn er nur die Leichtigkeit der günstigen Zeit genießt, vergeudet er die guten Früchte seines *Karmas* der Vergangenheit. Ungünstige Menschen, Gedanken, Bücher und Situationen kreuzen seinen Weg, um zu prüfen, wie viel Niedergeschlagenheit, Abneigung, Wut, Hass usw. in seinem Verhalten und Ausdruck vorhanden sind. All dies ist nichts anderes als die Folge seiner Polarität mit der objektiven Welt. Er sollte nicht vergessen, dass die Intensität seiner Polarität von der Menge und Art seines schlechten *Karmas* aus der Vergangenheit abhängt. Das sollte ihn nicht entmutigen. Je heftiger es ihn trifft, desto fröhlicher und geduldiger muss er werden, um seine eigenen unvorteilhaften Schwingungen zu neutralisieren.

In den Anfängen seines spirituellen Weges sollte der Schüler daran denken, dass auf jede ungünstige Schwingung eine günstige folgt. Unter allen Umständen muss er die Hoffnung bewahren. Nachdem er gewisse Fortschritte gemacht hat, sollte er sich immer daran erinnern, dass auf jede gute Schwingung mit Sicherheit eine entgegengesetzte folgen wird. Deshalb muss er in der Zeit der guten Schwingung den höchsten Nutzen für seinen Fortschritt ziehen. Vor keiner Veränderung im Leben sollte er sich fürchten. Veränderungen geschehen unter dem Einfluss der sogenannten schlechten Schwingungen.

Jede Veränderung ist eine Neuordnung und eine neue Gelegenheit, um spirituelle Fortschritte zu machen. Veränderungen des Wohnorts, im Beruf, in der Umgebung und im Wesen der Menschen um uns weisen auf eine Zeit neuer Erfahrungen hin. Uns wird eine Gelegenheit geboten, unsere psychischen Fähigkeiten in Übereinstimmung mit unserem spirituellen Plan neu zu ordnen. Bei jedem Schritt müssen wir unsere Emotionen und Impulse neutralisieren und sie entsprechend angleichen. Tut der Anfänger dies heiter, erfolgreich, ohne Motive und schweigend, rückt das Lebenselixier näher in seine Reichweite.

Wir sollten Toleranz, Barmherzigkeit und Dienst üben. Sie sind das einzige Mittel, um unser schlechtes *Karma* der Vergangenheit zu neutralisieren. Etwas von anderen zu erwarten und sehnsüchtig vermeintlich gute Dinge für die Zukunft zu erhoffen, führt auf Schritt und Tritt zu Fehlschlägen, Enttäuschungen und Hindernissen. Wir müssen das tun, was wir aufrichtig als gut empfinden, und das annehmen, was zu uns kommt. Unbequemer Arbeit und unangenehmen Pflichten sollten wir nicht ausweichen. Jeglichen Versuch, etwas über unsere eigene oder die Zukunft der anderen zu erfahren, sollten wir strikt vermeiden. Wir sollten uns daran erinnern, dass die Zukunft von uns selbst gestaltet wird, und die gestaltende Gottheit (die falsche Vorstellung vom Schicksal) ist durch unsere eigene Begrenztheit und Festlegung in uns eingeschlossen. Die Zukunft des Menschen wird immer durch den Vorhang der verschiedenen Möglichkeiten verschleiert, die sich durch sein eigenes Zaudern, seine Zweifel und Fehleinschätzungen und sein Übertreiben ergeben. Es ist grundverkehrt, die Zukunft durch astrologische Prophezeiungen erfahren zu wollen. Die Astrologie zeigt die Vergangenheit, Gegenwart und Zukunft des gesamten Universums, und sie lässt die höheren Kräfte erkennen, die im Universum arbeiten. Stets hat die Natur gewisse verborgene Tätigkeiten im Plan, und für das menschliche Denken sind Details immer von einem Element der Unbeständigkeit und Ungewissheit umgeben. Außerdem ist ein Mensch dieser Erde zu klein, um die Einzelheiten des Lebens in der Natur so deutlich sichtbar auszuarbeiten, dass er sie entziffern könnte.

Wird einem Menschen auf der weltlichen Ebene ein gutes Ereignis vorausgesagt, erhebt sich mit dem Zeitpunkt der Erwartung eine neue Gedankenwelle. Von Zeit zu Zeit erzeugt sie durch immer wiederkehrende Vorfreude eine Reihe von Gedankenformen. Sie speichern sich in seinem Gedächtnis und regen seinen Wunschkörper dazu an, auf die Vorfreude zu reagieren. Zwangsläufig entsteht dadurch eine Bewegung auf höherer Ebene im Astralkörper und auf niederer Ebene im ätherischen Doppel.

Auf diese Weise werden die Gedankenformen langsam zu tatkräftigem *Karma* aktiviert. Diese Veränderung prägt der Umwelt regelmäßig ihre Frucht des Vorherwissens auf. So entsteht eine telepathische Verbindung zwischen dem Denken des Erwartungsvollen und dem Denken seiner Freunde, Feinde, Verwandten, Anhänger und allen, mit denen er zu tun hat. Sein Denken erzeugt in ihnen instinktive Reaktionen auf seine eigene verstärkte Denktätigkeit. Damit erschafft er eine riesige Welt wirrer Gedankenformen um sich.

Jedes Mal, wenn ihm an der Voraussage Zweifel kommen, erzeugt er unerwünschte Schwingungen, die Unschlüssigkeit, Enttäuschung und Kummer verbreiten. Auch sie werden in seinem Gedächtnis gespeichert, und wenn die Zeit naht, in der die Prophezeiung eintreffen soll, hat er einen Körper aus unaufhaltsamem *Karma* geschaffen, der so stark ist, dass er eine weltliche planetarische Schwingung hinwegfegen kann. Auf der weltlichen Ebene der Ereignisse ist die Wirkung der Planeten nur der Ausdruck einer begrenzten Möglichkeit. Jedes vorausgesagte Ereignis hat Tausende von Manifestationsmöglichkeiten. Die Willenskraft – Mars auf der Mentalebene – bindet die Möglichkeit an ein Ereignis, das die erforderliche Form und Richtung besitzt. Unglücklicherweise fehlt dem Durchschnittsmenschen eine solche Willenskraft.

Der indische Astrologe *Varâhamihira* stellte fest, dass ein Ereignis, das auf der weltlichen Ebene durch eine Planetenschwingung herbeigeführt wird, bei einem schwachen Horoskop in ernstes Nachdenken oder in einen Traum darüber abgelenkt werden kann.

Die meisten Menschen haben nicht genügend Willenskraft, um das Ereignis vor zusätzlichen Gedankenformen zu schützen. Daher können die meisten Voraussagen guter Ereignisse im Allgemeinen kaum Wirklichkeit werden. Bei einer schlechten Prognose ist das Gegenteil der Fall. Aus Angst bringen der Betroffene und jene, die ihm wohlgesonnen sind, einige Willenskraft auf, um dafür zu sorgen, dass das schlimme Ereignis nicht eintritt. Jedoch der Durchschnittsmensch weiß nicht, wie er die Willenskraft steuern soll. Er hat einen unheilvollen Steuermann, und das ist seine Angst. Sie treibt die Gedanken in eine Richtung, die das Ereignis plötzlich herbeiführen kann.

Einem Menschen, der dem spirituellen Weg folgen will, schadet es somit doppelt, wenn er nach einer Voraussage fragt. Bestenfalls kann der Durchschnittsmensch die Richtung seines Lebensausdrucks erfahren und von einer guten Selbstanalyse profitieren. Durch das Horoskop kann man seine starken und schwachen Seiten kennen lernen. Mit Hilfe der Astrologie sollte man um guten Rat bitten, aber nicht nach guten Voraussagen fragen. „Diese Wissenschaft ist ein Licht, welches das *Karma* unserer Vergangenheit beleuchtet", sagt *Varâhamihira*.

Mit diesen Anmerkungen als praktischem Wegweiser kommen wir zum nächsten Thema: zur Deutung der Symbolik planetarischer Aspekte.

C.7 Planetarische Aspekte

Schon viel wurde von großen Astrologen über den Einfluss der Aspekte erklärt. Hier wollen wir uns nur mit der Symbolik der Aspekte beschäftigen, da dies dem Schüler auf dem spirituellen Weg hilft. Ein planetarischer Aspekt ist die wechselseitige Beziehung zweier Planeten, der ihre vereinte Bemühung erkennen lässt. Wenn ein Mensch geboren wird, ist diese Wirkung nicht zu erkennen. Erst im Laufe seiner Entwicklung tritt sie zutage. Ein Aspekt existiert im Menschen als Neigung. Sie ist nichts anderes als eine Verbindung aus vorausgegangenen Geburten. Die Saat des *Karmas* aus der Vergangenheit beginnt zu keimen, sobald der Boden dafür günstig ist. Wenn man die wahre Deutung eines Aspektes kennt, gibt er die Kraft zur Selbstanalyse. Dann kann sich der Mensch entscheiden, ob er diese Neigung neutralisieren oder auf der weltlichen Ebene als Ereignis in Erscheinung treten lassen will. Echtes astrologisches Wissen lehrt uns, was wir tun sollen, während das Verlangen nach Prognosen darauf hinweist, dass wir etwas von anderen erwarten.

Viele planetarische Aspekte wurden von den Astrologen erklärt. Hier wollen wir nur die wichtigsten von ihnen besprechen, nämlich jene, die in der spirituellen Schulung als Orientierungspunkte dienen.

Es gibt fünf wichtige Aspekte:

- In der weltlichen Astrologie gelten Quadrat □ und Opposition ☍ als schlechte Aspekte,
- Trigon △ und Sextil ⚹ als gute Aspekte.
- Eine Konjunktion ☌ zwischen guten Planeten wird als gut und zwischen schlechten Planeten als schlecht bezeichnet.

Doch in der Spiritualität gibt es nichts, was schlecht an sich ist. Alles strebt seinem folgerichtigen Ziel entgegen.

Das Quadrat □

Wenn von der Erde aus gesehen zwei Planeten einen scheinbaren Winkel von 90° bilden, nennt man dies einen Quadrat-Aspekt. Er gilt als schlecht, weil er die üble Seite eines Menschen hervortreten lässt. Seine schlechte Seite hat ihren Grund jedoch nicht im Quadrat-Aspekt, sondern in der menschlichen Neigung. Sie verdunkelt seine wahre Natur und wirkt als zwangsläufige Begrenzung. Somit bleibt die sich ewig entfaltende höhere Natur im Menschen unter seinen eigenen früheren Verbindungen verborgen.

Tatsächlich verschleiert das Quadrat die beiden Punkte des sich ewig erweiternden menschlichen Horizonts. Auch nachdem der Horizont von der Begrenzung befreit ist, hört das Quadrat nicht auf zu existieren. Dann dient es als freiwillige Einschränkung und als bereitwilliger Gehorsam gegenüber dem Gesetz. So wird es zu einem Symbol der Gleichheit und Gerechtigkeit.

Immer wenn im Horoskop ein Quadrat angeregt wird, ergibt sich eine Begrenzung oder ein Hindernis. Die Begrenzung bietet eine Möglichkeit zur Entfaltung. Nur durch Quadrat-Aspekte kann ein Mensch wachsen und sich entwickeln. Alle Helden dieser Welt mussten 'ihre Quadrate abrunden', bevor sie heldenhaft werden konnten. Tritt man den Lebenssituationen, die durch ein Quadrat ausgelöst werden, mutig entgegen, kann man diesen Aspekt überwinden. Versucht man solchen Situationen jedoch auszuweichen, wird man in die Enge getrieben und bekommt die Folgen zu spüren. Wenn sich beispielsweise jemand weigert, einem bedürftigen Kranken zu helfen, wird er einem Kranken dienen müssen, der ihm besonders nahe steht, und in diesem Fall ist die Notwendigkeit noch zwingender. Das gilt noch mehr, wenn jemand gerade die ersten Schritte auf dem spirituellen Weg macht. Wenn er aus dem zerklüfteten

Felsen seines inneren Gesteins einen vollkommenen Würfel formen will, muss er beim ersten Schritt dem Quadrat gegenübertreten. Ohne das Quadrat zu gestalten, kann er keinen vollendeten Würfel meißeln.

Die Opposition ☍

Auch sie bringt die unerwünschte Natur des Menschen zum Vorschein. Auf rätselhafte Weise hat dieser Aspekt mit den sexuellen Impulsen zu tun. Die Verbindung eines Sonnenzeichens mit dem gegenüberliegenden Zeichen stimuliert auf der grobstofflichen Ebene die Angelegenheiten des siebten Hauses. Vom Wesen der betreffenden Planeten wird die Eigenart der sexuellen Impulse gefärbt.

Eine Opposition im Horoskop zeigt uns, dass wir unsere sexuellen Impulse neutralisieren müssen.

Alle schlechten Aspekte können wir leichter neutralisieren, wenn wir ein besonderes Verfahren anwenden: Wir beleben die Kräfte jenes Planeten, der die Eigenschaften besitzt, die zum Gegenstück des angegriffenen Planeten gehören. Haben wir in unserem Horoskop zum Beispiel eine starke Opposition zwischen Saturn und Mars, dann können wir sie wirkungsvoll und schnell neutralisieren, wenn wir die Schwingungen von Venus und Jupiter beleben. Venus stellt das Gegenüber von Mars und Jupiter das Gegenüber von Saturn dar. Die schönen Künste, spirituelle Liebe und Dienst bilden die höheren Schwingungen der Venus. Religiöse Literatur, Gesetz und Logik sind Ausdrucksformen von Jupiter. Wenn wir uns diesen Tugenden zuwenden, wird die Gegenwart von Personen, die von Jupiter und Venus beeinflusst sind, den Charakter in der gewünschten Weise formen. Auf diese Weise werden die edleren Empfindungen der Menschen angeregt und die sexuellen Instinkte mühelos überwunden.

Haben wir eine Opposition zwischen zwei Planeten, die sich gegenseitig ergänzen, sollten wir einen anderen Planeten aussuchen, um die Schwingungen zu neutralisieren. Ein Planet, der mit einem von beiden einen guten Aspekt bildet, wird sich als günstig erweisen. Falls wir keinen solchen Planeten finden, sollten wir den Einfluss jenes Planeten wählen, der im Horoskop dem Meridian am nächsten steht. Ist dieser Planet ebenfalls angegriffen, sollten wir uns für Planeten entscheiden, die erhöht stehen oder für zwei beliebige Planeten, die einen starken, guten Aspekt bilden. Auf keinen Fall sollte ein Anfänger auf dem geistigen Weg die Schwingungen eines angegriffenen Planeten verstärken.

Die Opposition weist ebenfalls auf einen Konflikt in der Persönlichkeit hin. Mit Sicherheit ist ein solcher Mensch impulsiv, und er neigt dazu, Risiken einzugehen. Normalerweise sind seine ersten Eindrücke falsch. Deshalb sollte er nicht aufgrund seines ersten Impulses handeln, sondern warten, bis die Dinge ihren Lauf nehmen. Er sollte nicht andere Menschen zum Handeln auffordern, sondern abwarten und sich denen anschließen, die bereits aktiv sind. Unpassender Ärger und unangebrachtes Vertrauen gehören ebenfalls zu seinen typischen Eigenschaften. Geduld und nochmaliges Überdenken neutralisieren diese Mängel. Zeiten der inneren Unruhe verleiten zu Aktivitäten, die Misserfolge nach sich ziehen. Sobald der Betreffende eine solche innere Unruhe spürt, sollte er sich von anderen Menschen fernhalten.

Eine Opposition im Horoskop weckt die Neigung, Dinge aufzuschieben und mit höchster Anspannung in letzter Minute zu arbeiten. Wenn man versucht, pünktlich zu sein und im Tagesablauf einen Plan einzuhalten, kann man diese Schwächen ausgleichen. Eine Opposition zwischen vorteilhaften Planeten ist nicht so schwer zu neutralisieren wie eine Opposition zwischen zwei schwierigen Planeten.

Die Konjunktion ☌

Eine Konjunktion zwischen zwei Planeten mit übler Auswirkung verwirrt das Denken. Zwischen den empfangenden und deutenden Kräften des Menschen fehlt eine Verbindung. Mangelnde Klarheit, Missverstehen anderer und falsche Darstellung von Dingen sich selbst oder anderen gegenüber sind bei einem solchen Menschen normal. Um diese Schwächen zu beheben, ist es nützlich, irgendein Thema sorgfältig zu studieren und zu verstehen, besonders wenn damit die Anordnung und Einteilung sehr vieler Einzelheiten verbunden ist. Intensive Beschäftigung mit Mathematik, Logik, Astronomie, Physik oder Chemie wird sich als äußerst hilfreich erweisen. Auch Statistik, Buchhaltung und Buchführung sind von Nutzen. Übersetzungsarbeiten, Bibliothekswissenschaft, das Zusammenstellen von Lexika und vergleichende Studien von zwei Fachgebieten können diese Schwächen im Denken beheben. Eine Konjunktion zwischen einem günstigen und einem ungünstigen Planeten ist nicht so schwer zu neutralisieren.

Es besteht eine Neigung zur Faulheit und zum Genießen physischer Annehmlichkeiten. Auch in diesem Fall bringt die oben beschriebene Methode die erforderliche Korrektur.

Das Trigon △

Dieser Aspekt regt das gute *Karma* vergangener Leben an. Bei Astrologen gilt er daher traditionell als guter Aspekt. Vom spirituellen Standpunkt aus enthält er jedoch seine eigenen Gefahren. Das Trigon baut das gute *Karma* der Vergangenheit ab. Spirituell gesehen ist er daher selten förderlich. Fehlt im Horoskop ein schlechter Aspekt, verführt das Trigon den Menschen dazu, bequem und sorglos zu leben. Es ist allgemein bekannt, dass ein Trigon, an dem ein schnell laufender Planet beteiligt ist, sich unfehlbar zu einem Quadrat oder zu einer Opposition entwickeln wird.

Der Durchschnittsmensch versteht ein gutes Ereignis als Anfang von etwas Gutem. Ein spiritueller Mensch sieht es als Höhepunkt oder Abschluss einer besseren Tätigkeit. Darin besteht der ganze Unterschied. Ein spiritueller Schüler sollte die Gelegenheit eines Trigon- oder Sextil-Aspekts aufgreifen, indem er seine freie Zeit und die Ausgeglichenheit des Denkens nutzt, um sich einer würdigen Arbeit zu widmen und für die Zukunft etwas aufzubauen.

Ein Trigon weist jedoch auf eine gute Mischung planetarischer Prinzipien hin. Ein Mensch mit Trigon-Aspekten ist in seinem Ausdruck nicht impulsiv. Sein Denken ist ausgeglichen, und durch die Planeten, die an einem Trigon beteiligt sind, hat er die Fähigkeit, Dinge zusammenzuführen und Verbindungen herzustellen.

Das Sextil ⚹

Alles, was über das Trigon gesagt wurde, trifft auch auf das Sextil zu. Darüber hinaus hat es die Kraft, Personen mit dem Gruppenbewusstsein der Menschheit zu verbinden. Wenn man jedes zweite Tierkreiszeichen miteinander verbindet, entsteht das heilige Hexagon. Im Jahresablauf stellt das Sextil einen Abschnitt von zwei Monaten dar. Dieser wird *Rutu* genannt und lässt die Herrlichkeiten der Jahreszeiten entstehen. Durch das Sextil verbinden sich die vier Zustände der Materie äußerst vorteilhaft miteinander und ergänzen sich.

Beispielsweise wird das Feuer im Widder oder das Feuer im Löwen durch den Sextil-Aspekt mit der Luft in den Zwillingen noch strahlender. Die Erde in den Zeichen Stier und Jungfrau wird vom Wasser im Krebs durch diesen Aspekt fruchtbar gemacht. Ebenso verleiht das Sextil das richtige Verstehen, um die verschiedenen *Chakren* und ihre Ausdrucksarten in höchst wünschenswerter Weise miteinander zu verbinden. Es ist bemerkenswert, dass der Aufbau der höheren Prinzipien im Menschen – die *Antahkarana,* die höhere Brücke und die Lotusse – durch die Tätigkeit der Sextil-Aspekte erfolgt. Zur Wirkung des Sextil-Aspekts gehört auch die Verbindung der *Kundalinî* mit dem *Anâhata*-Zentrum und anschließend mit dem *Âjnâ*-Zentrum. Danach kommt die *Kundalinî* wieder zum *Anâhata* herab, um der reinen Liebe in Verbindung mit der reinen Weisheit vollkommeneren Ausdruck zu geben. Ein Sextil-Aspekt lässt die positive Natur zweier Planeten erkennen.

Wenn wir die Wirkung der verschiedenen Aspekte betrachten, kommen wir zu zwei wichtigen Folgerungen:

1. Quadrate und Oppositionen im Horoskop sind absolut notwendig, damit ein Mensch spirituell werden kann. Das Gleiche gilt auch für die sogenannten schlechten Konjunktionen.
2. Um das spirituelle Feuer in einem Menschen anzufachen, ist es für ihn absolut notwendig, mit Personen zusammen zu sein, deren Geburtsplaneten gute Aspekte zu Planeten seines eigenen Horoskops bilden. Als besonders wichtig erweist sich dies, wenn Planeten der anderen Person gute Aspekte zu solchen Planeten im eigenen Horoskop bilden, die an einem Quadrat, einer Opposition oder einer schädlichen Konjunktion beteiligt sind. Dieser Magnetismus wirkt sich am stärksten aus, wenn Planeten der beiden Horoskope Sextile miteinander bilden. Besteht zwischen den Planeten am Himmel ein guter Aspekt, haben die beiden Personen meist auch guten Kontakt zueinander. Der Magnetismus drückt sich durch das Band der Freundschaft und Liebe aus. Werden nach diesem Prinzip Ehen geschlossen, entwickeln die Partner einen starken spirituellen Magnetismus

und kommen auf dem Pfad schnell voran. Schon nach kurzer Zeit beginnen sie auf den unsichtbaren Ebenen gemeinsam zu arbeiten. Als Nachkommen ziehen sie weit fortgeschrittene Seelen an. In solchen Fällen wirkt eine Ehe als Sakrament. Im *Râja Yoga* steht das Ehe- und Familienleben dem spirituellen Fortschritt nicht im Weg. Wir müssen uns daran erinnern, dass die Meister und *Rishis* auch vorbildliche Haushaltsvorstände und Väter vollkommener Kinder sind, bis sie die Stufe erreichen, auf der sie als planetarische Prinzipien leben. Sogar auf jener Ebene und auch für die Wesen der kosmischen Ebene gibt es die Heirat. Große Seher wissen, dass Planeten die Planeten anderer Sonnensysteme 'heiraten'. Auf der kosmischen Ebene gehen Sonnen und Sonnensysteme Ehen ein. Selbst der winzigste Mensch auf dieser Erde ist ein potentielles Sonnensystem. Ein Mensch ist das Versprechen Gottes, dass ein Sonnensystem geboren werden wird. Auf der solaren Ebene führt Neptun Hochzeiten durch. *Višvâvasu,* der genauso wie *Vena* ein *Gandharva* ist, leitet die Hochzeiten von Sonnensystemen auf der kosmischen Ebene. Die 'Hochzeiten im Himmel' und die 'Hochzeiten der Himmel' dienen als Archetypen unserer Hochzeit auf der Erde. In einem früheren *Mahâ Yuga* des gegenwärtigen *Kalpa* heiratete unsere Erde die Venus – selbstverständlich die Venus eines anderen Sonnensystems. Dadurch wurde Lord *Sanat Kumâra,* der von jener Venus kommt, mit uns verwandt.

Dies alles sind Auswirkungen des Sextil-Aspekts auf der kosmischen Ebene und nicht das Resultat des Oppositions-Aspekts. Selbst auf unserer Erde entstehen Ehen höherer Ordnung durch den Sextil-Aspekt. Ein gutes Sextil zwischen Venus und Neptun begründet die höheren Ehen. Wie wir wissen, werden Ehen der niedereren Ebene durch den Trigon-Aspekt geschlossen, der für die Angelegenheiten des fünften Hauses steht. Beim Trigon steht ein Planet im fünften Zeichen oder fünften Haus des Partners. Liebesaffären, Zuneigung und Kinderkriegen gehören zum fünften Haus. Ehen der untersten Ebene kommen durch den Einfluss des Oppositions-Aspekts zustande. Aus diesem Grund regiert im Horoskop vieler Leute das siebte Haus die Ehe und alle damit verbundene Angelegenheiten.

Nur wenige Wesen der suprakosmischen Ebene schließen keine Ehe und beteiligen sich nicht am schöpferischen Prinzip. Sie gehören zur Welt des *Sankalpa*. Von Zeit zu Zeit werden sie auf die materielle Ebene hinabgeschickt. Dort dienen sie ausschließlich als Instrumente oder Prinzipien, um eine Gruppe höherer Egos zu erlösen. Sie sind die ewigen Zölibatäre, und zu ihnen gehören *Nârada, Suka, Ânjaneya, Mârkandeya,* die *Kumâras* sowie einige der *Gandharvas*. In den *Purânen* werden sie als jene beschrieben, die auf *Nâradas* Rat hin 'sich weigerten zu erschaffen'. Vom Schöpfer wurden sie dazu verdammt, sich auf die niedersten materiellen Ebenen zu begeben. Doch selbst dort bleiben sie in ihrer Entschlossenheit unbeirrt. Sie sind ewige Kinder. Nur über einen von ihnen wissen wir viel, doch er steigt nicht in die Materie hinab. Es ist *Kumâra,* Lord *Subrahmanya, Šivas* Sohn.

TEIL 2

Abschnitt D

①
②
③
④
⑤
⑥
⑦
⑧
⑨

D.1 Sonne ☉

Stellen wir uns einen Punkt vor, der von 7^x Kreisen mit verschiedenen Radien umgeben ist. Wir gehen davon aus, dass x für eine unendliche Anzahl von Unterteilungen in jeder der sieben Schichten jedes Kreises steht. Dann stellen wir uns einen Planeten vor, der diesen Kreis als eine seiner Ebenen hat. Nun können wir uns vergegenwärtigen, was das Wort 'Sonne' bedeutet. Das Zentrum eines jeden Raumglobus bezeichnet man auf der kosmischen Ebene als Sonne. Ein solcher Raumglobus enthält unzählige Sterne, die als numerische Potenz 7^x angeordnet sind. Jeder Stern ist ein Sonnensystem.

Das Sonnensystem besteht aus einem zentralen leuchtenden Globus und einigen Körpern oder Planeten, die ihn umkreisen. Den zentralen Globus bezeichnet man als Sonne jener planetarischen Ebene und das geometrische Zentrum der planetarischen Sonne als Sonne der Solarebene. Aus diesem Grund wird die kosmische Sonne 'das Vielfache von 7' oder *Sapta Sapthi* genannt.

Da das Sonnenprinzip auf der kosmischen, solaren und planetarischen Ebene existiert, gilt die Sonne als *Trayî Vidyâ,* dreifache Weisheit. Periodisch offenbart sich die kosmische Sonne durch den Ausdruck der Klangpotenz *A*. Sobald sie auf die solare Ebene herabkommt, nimmt sie mit Hilfe der Klangpotenz *U* die Form von Globen an, und durch die Klangpotenz *M* wird sie bis zur planetarischen Ebene vom äußerlich sichtbaren Lichtglobus überdeckt. Die drei Klänge *A-U-M* bilden die Bestandteile DES WORTES, des heiligen Namens Gottes. Der erste Klang *A,* der von göttlicher Natur ist, steht für *Agni,* das Entzünden. Der zweite Klang *U* ist solar und heißt *Savita*: das Erschaffende oder Ausstrahlende. Der dritte Klang *M* ist lunar und wird *Soma* genannt: die Erscheinungen der Widerspiegelung. Unsere sichtbare Sonne ist nur eine Widerspiegelung der solaren Sonne auf der planetarischen Ebene durch das Geheimnis von *Aithareya*, der Objektivität.

Jede der oben erwähnten drei Phasen des Sonnenprinzips hat natürlich wieder sieben Unterprinzipien, und diese drei Gruppen von je sieben Unterprinzipien bilden die Körpergewebe des suprakosmischen Menschen *Purusha*. Das Gleiche gilt für den Körperaufbau jedes Menschen. „7 Schichten und 3 x 7 Brennhölzer für *Purusha*", heißt es im geheimnisvollen Text eines archaischen Buches der *Rig Veda*. Die kosmische Sonne ist die spirituelle Sonne. Für uns ist sie unsichtbar und unbegreiflich. Die solare Sonne ist die Seele der Sonne, und der planetarische Sonnenglobus ist der physische Körper der Sonne. Es gibt eine Sprache, in der die solare Sonne 'Sol' genannt wird. In einer anderen Sprache heißt die spirituelle Sonne 'OM', und in einer weiteren Sprache ist 'Aan' die physische Sonne. Diese dreifache Sonne ist der große König 'Sol-OM-Aan' oder Salomon.

Unsere Sonne ist die Grundlage der vier Kardinalpunkte dieser Erde. Jene vier Positionen der Sonne im Verhältnis zu unserer Erde lassen die solare Aktivität viermal herabströmen. Daher bezeichnen manche Seher die Sonne als einen Körper mit vier Seiten. Osten und Westen, Medium Coeli und Nadir bilden eine Gruppe von Kardinalpunkten. Aus ihr geht auf der horizontalen Ebene die zweite Gruppe hervor: Osten, Süden, Westen und Norden. In der alten Handschrift MANTRA PUSHPA heißt es: „Die Gottheit der Anordnung hat sich selbst als 'Jener' sinnbildlich dargestellt. Der Herr der Sakramente, welcher der Meister der Weisheit ist, hat Ihn in vier Richtungen kundgetan." Weiter lesen wir in jener Schrift: „Wer von Ihm behaupten kann: ‚Ich erkenne Ihn als *Purusha*', wird die Stufe des Herrn erreichen, der durch den Sprechenden sagt: ‚Ich erkenne Ihn als *Purusha*'. Außer diesem gibt es keinen anderen Pfad zur Vollendung."

Der Name des inneren Gottes, der in allen Religionen durch die Sonnengottheit verehrt wird, lautet in allen Sprachen ICH BIN DAS ICH BIN.

Aus der obigen Erläuterung können wir entnehmen, dass die Sonne ein dreifältiges wie auch ein vierfältiges ausstrahlendes Prinzip ist. Sie ist der Ursprung der Maßeinheit des siebenfältigen Sonnenstrahls, aus dem die zwölf Monate des Jahres entstehen. Im 'Buch Dzyan' in der GEHEIMLEHRE schreibt H.P. Blavatsky: „Aus dem ewig verborgenen Hintergrund wird der Eine – der Punkt – geboren. Um den Einen wird die Null – der Globus – geboren. Aus diesen beiden kommt das dreifache Wesen hervor, und aus der Drei entsteht die Vier. Drei und Vier vereinen sich. So werden sie zur Sieben. Sie multiplizieren sich und werden zur Zwölf. Das ist die Runde."

Da die Sonne die vier kardinalen Punkte der Erde entstehen lässt, schafft sie Strukturen, die die vier Abschnitte eines Kreises auf dieser Erde enthalten. Alle geometrischen Eigenschaften eines Punktes, Kreises, rechten Winkels, Quadrats und Dreiecks werden auf der Erde als himmlische Muster offenbart. Es gibt eine Pflanze, bei der die aufeinanderfolgenden Blätterpaare im rechten Winkel zueinander stehen. Eine solche Anordnung bezeichnet man als kreuzgegenständige Blattstellung. Vor langer Zeit nannten die Menschen diese Pflanze *Arka*, Pflanze des Sonnengottes. Es ist die weiße Calotropis, die der Ritualist am Tag der Wintersonnenwende für sein Bad verwendet. Universelle Wahrheiten überleben als Feuerfunken unter der Schale von Tradition und Aberglauben. Die Wurzel der weißen Calotropis erweckt die solaren Prinzipien im Menschen, so dass sein bewusstes Denken auf sie reagiert und zur Einheit der Schöpfung gelangt. Mit diesem Kraut werden Gottesbilder zur Andacht vorbereitet.

Die magnetischen Pole der Erde sind durch die Sonnenenergie entstanden. Zwei unterschiedliche Schwingungen solarer

Energie, von denen die eine vom Polarstern und die andere von der Sonne ausgeht, treffen im geometrischen Zentrum unserer Erde in einem rechten Winkel aufeinander. Ihren Treffpunkt nennt man *Uttâna Pâda,* Entstehung der verstärkten Strömungen. Während sich die Erde um ihre eigene Achse dreht, wirkt der scheinbare Kreis, den die Sonne durch ihre tägliche Bewegung zieht, wie eine Induktionsspule und macht die Erde zu einem Magneten. Die Umdrehung der Erde wiederum bewirkt, dass sie wie ein Magnet elektrische Ladung in die ätherischen Ströme um die Erde induziert. Jene ätherischen Ströme umkreisen die Erde und berühren ihre beiden Pole.

Die so erzeugte elektrische Ladung, die durch die Induktionsspule der ätherischen Ströme kreist, tritt als Vitalkörper der Erde in Erscheinung und wird als Leben der *Jivâs* über die Erde verteilt. *Jivâs* sind ewige Egos, die die Erde von Zeit zu Zeit besuchen. Zeit bedeutet hier Äonen. Für jene Egos stellt das Leben der Erde die passenden Körper bereit. Diese verkettete Tätigkeit wird vom *Karma*-Gesetz geführt, und der Sonnengott beobachtet, überwacht und bringt das *Karma* dieser Erde zur Wirkung.

Auf der planetarischen Ebene wirkt die Sonne wie ein Planet, der das Bewusstsein aller Wesen lenkt. Da ihr Strahl siebenfältig in Erscheinung tritt, existieren Licht und Klang in Siebener-Skalen. Alle Mineralien der Erde sind in sieben Gruppen eingeteilt. Die Materie vom Raum bis zur Erde hat sieben Dichtheitsstufen. Das Sonnensystem schwebt inmitten von sieben Ebenen. Auch jeder Planetenkörper existiert gleichzeitig auf sieben Ebenen, obwohl er regelmäßig auf einer der sieben Ebenen aktiv ist. Ein Planet wird sichtbar, wenn sein Bewusstsein die Erdebene erreicht. Danach zieht er sich wieder in die feineren Ebenen zurück. Siebenmal läuft dieser Vorgang ab, bevor der Planet aus der Existenz zur Solarebene übergeht. Der menschliche Körper besteht aus sieben Geweben. Diese Übereinstimmung der siebenfältigen Natur im gesamten Universum beruht auf der Aktivität der Sonne. Für alle Lebewesen der verschiedenen Planeten ist die Sonne das Tor, durch das sie mit den Intelligenzen der kosmischen Ebene in Verbindung treten können. Ein *Yogî* muss das Sonnenzentrum durchschreiten, um sich in den höheren Ebenen zu entfalten.

Auch unsere Erde hat ein Sonnenzentrum, und das ist *Shambala*. Mit Hilfe der Hierarchie stellt ein *Yogî* den Kontakt zu *Shambala* her. Die Verbindung geht vom Kopfzentrum aus, und deshalb gilt es als höchster Erleuchtungspunkt seiner Sonne. Der Kopf eines Menschen, der auf der Erde steht, weist auf seinen Meridian hin. Aus diesem Grund bezeichnet man den Meridian als Ort seiner Einweihung. Wenn die Sonne sich an ihrem Meridian befindet, erhält der Mensch die Verbindung zur Hierarchie. Jedes Lebewesen trägt ein Sonnenzentrum in sich: sein eigenes Bewusstsein, sein ICH BIN. Es ist das Zentrum seines Kreises, seines Horizonts oder Standpunkts. Dieses Zentrum hat sein Gegenstück im Sonnenzentrum unseres Sonnensystems. „Die eine Sonne wird von jedem Lebewesen als seine Sonne wahrgenommen", heißt es in der *Bhâgavata*.

Ihrem Wesen nach ergänzen sich das individuelle und das universale Sonnenzentrum. Beide sind wie die zwei Beine eines Zirkels. Sie sind in dem Quadrat verborgen, das die vier Kardinalpunkte miteinander verbindet. Es geht vom Meridian jedes Lebewesens aus. Sobald ein Mensch geboren wird, gibt es auch das Quadrat, in dessen Zentrum er steht. Er kann es neutralisieren, wenn er sich selbst im Zentrum des Kreises findet. Aber vorher muss er alle Wissenschaften und Künste der Welt beherrschen und ein umfassendes Verständnis der Geometrie des Universums erwerben. Durch den vierten Teil des Kreises wird die ganze Schöpfungsweisheit offenbart. Nur den vierten Teil des gesamten Schauspiels vom Universum lässt die Sonne erkennen. Sie leitet die Schöpfungsmysterien. Alle großen Rituale der Welt enthalten eine reiche Sonnensymbolik. Die höheren

Schöpfungsmysterien werden von diesem Meister des Ostens geleitet. Auf der Mentalebene werden alle Mysterien von der Mondgottheit nachgebildet. Dadurch entsteht die Reihe der geringeren Mysterien. Sie sind nur Ersatzformen der höheren Mysterien.

Sonne und Mond werden das rechte und linke Auge *Vishnus* genannt. Diese Aussage ist sehr tief und teilt dem praktischen Okkultisten viele Geheimnisse mit. Obwohl die beiden menschlichen Augen in ihrem Aufbau und ihrer Sehfunktion identisch zu sein scheinen, enthalten sie für einen Schüler der spirituellen Anatomie viele Unterschiede. *Idâ* und *Pingalâ* leiten den lunaren und solaren Strom im Menschen. *Pingalâ* ist die solare Pulsierung und mit dem rechten Auge verbunden. Sie wird zur Tätigkeit angeregt, wenn man das Denkvermögen durch Meditation auf das rechte Auge ausrichtet. *Idâ,* die lunare Pulsierung, ist mit dem linken Auge verbunden. *Sushumnâ* ist die kosmische Pulsierung. Sie verläuft zwischen den beiden anderen und ist mit dem Zentrum zwischen den Augenbrauen verbunden. In den *Veden* werden diese drei Ströme als drei *Devîs* bezeichnet: *Idâ, Lakshmî* und *Saraswathî. Saraswathî* oder die *Sushumnâ* wird auch als Fluss beschrieben, der im Untergrund verläuft. In den *Purânen* heißen die drei Gottheiten *Gaurî, Lakshmî* und *Saraswathî.*

Die *Sushumnâ* verläuft vom Kopfzentrum senkrecht zum *Mûlâdhâra*. Der solare Strom beginnt im Kopfzentrum, fließt die *Sushumnâ* entlang und macht dann eine Biegung nach links, während der lunare Strom nach rechts abbiegt. Im *Âjnâ-Chakra* treffen beide wieder zusammen, kreuzen sich in der *Sushumnâ* und werden zum erstenmal umgedreht. Am Kehlzentrum kreuzen sie sich erneut und werden zum zweitenmal umgedreht. Nach einer weiteren Umdrehung im Herzzentrum treffen sie sich schließlich im *Mûlâdhâra*. Auf diese Weise wird der Einweihungsstab geformt. An seiner Spitze, am Kopfzentrum, befindet sich der Einweihungspunkt. Aus diesem Grund wird die

Sonne das rechte Auge *Vishnus* genannt. Die *Purânen* beschreiben die Sonne als eins der drei Augen *Šivas* und beziehen somit alle drei Ströme in die Betrachtung ein. *Šivas* Augen entsprechen dem kosmischen, solaren und lunaren Feuer. Das lunare Feuer gilt auch als Reibungsfeuer. Auf der spirituellen Ebene sind diese Feuer die drei Augen *Šivas,* und auf der Seelenebene bilden sie die drei Augen von *Devî,* der Weltmutter.

Wenn wir die Sehfähigkeit des Menschen betrachten, werden beide Augen gleichermaßen von der Sonne beherrscht. Das Augenlicht ist eine Erscheinungsform des Lichts und die Sonne der Ursprung allen Lichts. Eine ernsthaft angegriffene Sonne im Horoskop beeinträchtigt die Sehkraft. Es ist interessant, dass im Horoskop das zweite Haus für das rechte Auge und das zwölfte Haus für das linke Auge steht. Ist die Sonne im zweiten Haus angegriffen, wirkt sich dies nachteilig auf das rechte Auge aus, und ein angegriffener Mond im zwölften Haus zieht das linke Auge in Mitleidenschaft. Das zugrundeliegende Prinzip ist besser zu verstehen, wenn wir daran denken, dass die Zeichen Stier und Fische dem zweiten und zwölften Haus entsprechen. Spirituell sind Stier und Fische durch ein Sextil miteinander verbunden. Die Füße haben eine Beziehung zum Augenlicht. Im Allgemeinen treten Fußkrankheiten und Augenleiden zusammen auf. Ist ein Mensch daran gewöhnt, bei glühender Sonne barfuß zu gehen, wird sein Augenlicht bald darunter leiden. Auch die Füße werden von den Fischen beherrscht. Die Füße nehmen die zerstörende und die Augen nehmen die schöpferische Kraft der Sonnenstrahlen auf.

In einer Allegorie wird die Sonne eines Sonnensystems als Schwiegersohn von *Višvakarma,* dem großen Geometer des Universums, bezeichnet. *Višvakarma* lässt den Kopf der Sonne rasieren, so dass nur sieben Haarbüschel stehen bleiben. Hierin liegt eine tiefgründige Symbolik. Sie erzählt, wie die alles verzehrende Helligkeit der kosmischen Sonne auf der planetarischen Ebene auf sieben Strahlen beschränkt wird. Um mehr darüber zu erfahren, sollte ein spiritueller Schüler seine Intuition gebrauchen.

Das Symbol und der Schatten oder das Bild sind die Frauen der Sonne. Im Sanskrit heißen sie *Sanjna* und *Châya*. *Yama*, der Herr der Begrenzung, der über die Grenzlinie zwischen der Dunkelheit der Himmel und über die Aura des Sonnensystems wacht, wird als Sohn der Sonne beschrieben. Auch Saturn ist ein Kind der Sonne. *Yama* wird von *Sanjna* und Saturn von *Châyâs* Stellvertreterin geboren.

Verbindet man die Kardinalpunkte der Erde miteinander, entsteht ein Quadrat, das auf der Spitze des Nadirs steht. Es steht auf einer Ecke, nicht auf einer Seite. In dieser Stellung umgibt das Quadrat die Erde. Es wird in einem System als Sonnenwagen bezeichnet. Der Wagen hat ein Rad und wird von sieben Pferden gezogen. Über dieses Bild sollte der Leser meditieren. Es ist die Grundlage aller Sonnenrituale und Einweihungen. Der Fahrer des Wagens ist *Aruna*, der nur aus der oberen Körperhälfte besteht. *Aruna* ist der spirituelle Strahl, der die Erde zur Zeit des Sonnenaufgangs erreicht. Er ist das Blut des Erlösers am Kreuz, wenn die Jahressonne durch das kardinale Zeichen Steinbock wandert, und er ist der spirituelle Wein der Lebewesen dieser Erde.

Vom Sonnenaufgang an wird der ganze Tag in 60 000 Einheiten unterteilt, die von ebenso vielen Gottheiten geführt werden. Sie werden als große Seher beschrieben, die mit dem Kopf nach unten hängen und den Sonnengott mit allen Versmaßen anrufen. Hinter ihnen befinden sich

- die *Rishis*, die Strahlen der Weisheit,
- die *Gandharvas*, suprakosmische Intelligenzen, die die Farb- und Klangkünste leiten,
- und die *Apsarâs*, die als wunderschöne Nymphen oder Wasserträgerinnen beschrieben werden.

Die Sonne verursacht Tag und Nacht, das Aufwärts- und Abwärtsströmen des Äthers und die jährlichen Regenzeiten. Im *Uttarâyâna* verfeinert sie die Materie zu Geist, und im *Dakshinâyâna* lässt sie den Geist in die Materie hinabsteigen. Die ganze Aktivität des Jahres entfaltet sich um die Sonne als Geheimnis, während ihre Entfaltung um die Erde als Zentrum nur ein Ersatzgeheimnis ist.

Das Wissen über den Anfang des Tages verleiht dem Menschen viele Kräfte. Manche sagen, der Tag beginnt mit dem Sonnenaufgang und hat seinen Höhepunkt in der Nacht. Andere behaupten, die Nacht beginnt mit der Abenddämmerung, und sie hat ihren Höhepunkt bei Tagesanbruch. Wie die Begriffe oben und unten sind auch Tag und Nacht relativ und vom Betrachter und seinem Verständnis der Sonne abhängig. „Wer oben ist, nennt es unten, und wer unten ist, nennt es oben", lautet ein mächtiger Satz aus der *Rig Veda*, über den man meditieren sollte. Die Erweiterung der Vision hängt davon ab, wie man sich das Licht vorstellt. „Wer das nicht erkennt … was kann er mit dem Licht anfangen?" heißt es in den *Veden*.

Die Bedeutung des Begriffs Das ist in der doppelten Aktivität der Sonne verborgen. Materie gilt als Ausgangspunkt für den Aufstieg des Bewusstseins zum Geist. Ebenso bezeichnet man den Geist als Ausgangspunkt für den Abstieg des Geistes in die Materie. Der wirkliche Anfangspunkt liegt jedoch in der spirituellen Sonne. Materie wird von den Sehern als Loch oder Hohlraum verstanden, der von *Fohat* in den Raum gegraben wurde. Von jenen, die nicht beide Seiten sehen können, wird der Raum als Leere bezeichnet, obwohl er für die Materie der Durchgang zum Geist ist. Diese Doppelaktivität des Bewusstseins geht von der spirituellen Sonne aus. Sie ist auch der Sitz jener Zahl, die zwischen Null und Eins existiert. Viele verborgene Geheimnisse des Sonnengottes haben die Seher der Weisheit entdeckt.

Für einen gewöhnlichen Menschen ist es unmöglich, in einem Buch wie diesem die Bedeutung jener Geheimnisse aufzudecken und zu beschreiben. Wer versucht, die Weisheit der Sonne in Büchern zu erklären, ist wie eine Ameise, die versucht, den Himmel zu verschlucken. Ein ernsthafter Schüler sollte über die dargelegten Gedanken sorgfältig meditieren und sich mehr intuitiv als intellektuell mit ihnen beschäftigen, denn er strebt nach Erkenntnis und nicht nach Wissen.

D.2 Mond ☽

Obwohl in der GEHEIMLEHRE viel esoterische Weisheit über den Mond ausführlich dargelegt ist, sind manche Leute immer noch davon überzeugt, dass der Mond keinen Einfluss auf den spirituellen Weg hat. Für viele Menschen ist der Mond ein kalter Satellit, der die Erde umkreist. Dieser Satellit ist nur ein Spiegel des großartigen kosmischen Mondprinzips, das die Menschen in alter Zeit erkannten. Unsere Erde ist noch nicht genügend entwickelt, um alle Strahlen dieser kosmischen Gottheit in ihrer ganzen Fülle zu empfangen. Auch unser Sonnensystem ist noch nicht so weit entwickelt, dass es einen Planetenkörper aufnehmen kann, der dieses kosmische Prinzip auf der planetarischen Ebene anzieht und festhält. Somit können wir nur aus den Büchern der alten Weisheit etwas über jenen zukünftigen Planeten unseres Sonnensystems erfahren. Zusammen mit anderen kosmischen Gottheiten beeinflusst die Gottheit des Mondprinzips unser Sonnensystem und leitet seine Entwicklung. Gegenwärtig kann unser Sonnensystem das lunare Prinzip nur als Widerspiegelung wahrnehmen. Daher ist unsere physische Sonne die Widerspiegelung der spirituellen Sonne, und diese Widerspiegelung wurde nur durch den Mond möglich.

Den Mond als Satellit unserer Erde nennen die *vedischen* Seher *Chandra*. *Soma* heißt die leitende kosmische Gottheit. *Soma* wirkt als Denkvermögen unseres Sonnensystems, und *Chandra* ist das Ergebnis dieses Denkvermögens. *Chandra* dient als Sitz des Denkens unserer Erde. Er bildet die eigentliche Materie der Gehirnzellen unserer Erde und herrscht auch über ihren Astral- und niederen Mentalkörper.

Die *buddhische* Ebene unseres Sonnensystems ist die Folge der Wirkung von *Soma* auf den fünfstrahligen Stern dieses Sonnensystems. Als unser Sonnensystem noch nicht geboren war und es die planetarischen Fähigkeiten nur als die fünf Sinne entwickelte, ließ *Soma* das planetarische Merkur-Prinzip entstehen. Am Ende dieser Entwicklung wurde das *buddhische* Bewusstsein geboren, das sich später im Planeten Merkur ansiedelte. Aus diesem geheimen Grund beschreiben die *Purânen* Merkur als Sohn des Mondes, eigentlich als Sohn von *Soma*. Das Spiel des Denkens im Menschen ließ allmählich das höhere Mentale entstehen. Es empfängt losgelöste Eindrücke der höheren Prinzipien im Menschen. Dort befindet sich der Ursprung der *buddhischen* Ebene. Das Verlangen sich zu entwickeln veranlasst die niedere Natur des Menschen, zum *buddhischen* Bewusstsein aufzusteigen.

Man sollte bedenken, dass der Mensch den Höhepunkt der Evolution darstellt und seine Entwicklung ein zweifacher Vorgang ist. Die höheren Prinzipien steigen als Helfer hinab, um die niederen emporzuheben. Angetrieben durch die Aktivität von *Kâma* steigen die niedere Prinzipien auf. Infolgedessen treffen das höhere Denken und die höheren Prinzipien als *Buddhi* zusammen. Zuerst steigen die höheren Prinzipien durch das Wirken Jupiters herab. In der Zwischenzeit werden die niederen Prinzipien durch die Tätigkeit des Mondes emporgehoben. Als Folge davon wird Merkur geboren. Daher stellt er im Menschen die *buddhische* Ebene dar. Darin liegt die Bedeutung der Allegorie, dass der Mond als Jünger zu Jupiter kam und mit Jupiters Frau einen Sohn namens *Budha* zeugte. Der Satellit Mond stellt eine Tarnung dar, die die Weisheit des großen Mysteriums in den oben beschriebenen Phänomenen verbirgt.

Im gegenwärtigen Evolutionsstadium hat *Soma* sein Wirken auf zwei Gruppen verteilt: Die geringeren Pflichten unserer Erde führt er durch den Satelliten Mond aus, die Hauptpflichten für das gesamte Sonnensystem durch Neptun. Für den okkulten Forscher und den Schüler der Symbolik ist darin die Lösung vieler astrologischer Rätsel zu finden. Befruchtung, Schwangerschaft, Keimung, Aufbau der Gehirnzellen, Wirkungen des niederen Denkens sowie die Lenkung der Gezeiten werden vom Satelliten Mond ausgeführt. Neptun belebt das mentale Bewusstsein, so dass es sich ins Seelenbewusstsein entfaltet. Außerdem lässt er die Seele bis zur spirituellen Geburt reifen. Er erbaut einen Teil der *Antahkarana* und verbindet Seelen durch die Macht der Musik mit der Gruppen-Gegenwart. Diese beiden Wirkungsbereiche von *Soma* müssen miteinander verbunden werden, um Seelen auszubilden, damit sie durch die Methode der Beeindruckung Weisheit empfangen können. Unterrichten durch Beeindruckung ist die höchste Form der Ausbildung, die wir kennen. Ohne einen guten Aspekt zwischen Mond und Neptun kann man zu diesen Wegen des Lernens nicht zugelassen werden.

In gewisser Hinsicht gibt es keinen spirituellen Weg ohne die Hilfe des Mondes. Der Mond verkörpert die Natur als Mutter. Anfangs wird der Mensch, wie auch alle Tiere, von Instinkten geleitet. Ein Großteil seiner Tätigkeit geschieht automatisch. Es sollte eine Führung geben, die diese Instinkte und Reflexe antreibt, denn das höhere Denkvermögen hat keine Verbindung zu ihnen. Das vom Mond beherrschte niedere Denkvermögen lenkt diese Reaktionen. Für den kindlichen Menschen arbeitet daher der Mond wie eine unsichtbare Gottheit: als Mutter Natur. Sogar ein neugeborenes Baby nimmt Süßes an und weist Bitteres zurück. Bis seine Urteilskraft erwacht, wird es vom Mond beschützt.

Im Horoskop stellt der Aszendent das Ego dar, das zum Zeitpunkt der Zeugung in die Fortpflanzung herabkommt. Bei der Geburt übernimmt der Mond das Kind, indem er eine Konjunktion oder Opposition mit dem Aszendenten zur Zeit der Zeugung bildet. Außerdem steht der Aszendent bei der Geburt in Konjunktion oder Opposition zur Position des Mondes bei der Zeugung. Durch diese Wechselwirkung bleiben die beiden Aspekte des Aszendenten unter der direkten Leitung der beiden Aspekte des Mondes. Aus diesem Grund reagiert im Horoskop des Durchschnittsmenschen der Geburtsmond stärker auf Transite und auf die Natur der Zeichen als sein Geburtsaszendent.

Hat der Mond seine Pflicht erfüllt und den Durchschnittsmenschen auf den spirituellen Weg vorbereitet, übergibt er die Verantwortung dem Menschen. Mit der zweiten Geburt – der Einweihung oder genauer: mit dem Erwachen des höheren Denkvermögens im Menschen – gewinnt der Aszendent die Vorherrschaft, und der Einfluss des Geburtsmondes schwindet bis zur Bedeutungslosigkeit.

Tatsächlich könnte man den Mond mit Recht als Versprechen Gottes bezeichnen, dass der Mensch den Tag der Befreiung erleben und das gelobte Land erreichen wird. Der Mond ist die Bundeslade, die als Tabernakel Gottes – in seiner Eigenschaft als Gott, der Herr – im Allerheiligsten gegenwärtig ist. Er dient als Widerspiegelung Gottes im Menschen. Das Bild im Allerheiligsten ist von einem Vorhang verhüllt, bis der Mensch imstande ist, ihn selbst beiseite zu ziehen. Aus diesem geheimen Grund ist die Tempelsymbolik vieler Religionen der Schwangerschaft und dem Pfad des menschlichen Aufstiegs nachgebildet. Man sollte bedenken, dass der ganze Fortpflanzungsprozess vom Mond geleitet wird und nur eine Widerspiegelung der höheren Schöpfung durch die Sonne darstellt.

Wie die Sonne die Herrin des Tages ist, so ist der Mond der Herr der Nacht. Daher regiert der Mond beim Durchschnittsmenschen den negativen Aspekt seines Bewusstseins, der auch als aufnehmendes Bewusstsein bezeichnet wird. Die Aufnahmefähigkeit eines Menschen kann aufgrund der Mondposition in seinem Horoskop beurteilt werden. Ist der Mond durch sein Zeichen stark und hat er einen guten Aspekt zu einem der positiven Planeten, wird der Mensch eine gute Aufnahmefähigkeit haben. Aus der Anwesenheit guter Denker und weiser

Menschen wird er das Beste machen. Er wird sein Einkommen leicht verdienen und schnell zu Geld kommen. Von Krankheiten wird er sich rasch erholen, weil er aus den ätherischen Strömungen guten Heilmagnetismus und ganz besonders die Sonnenenergie anzieht. Seine Eindrücke von Menschen und seiner Umgebung sind instinktiv richtig. Ein spiritueller Mensch hat leichten Zugang zum Gruppenkontakt. Ist der Mond angegriffen, so ist die Aufnahmefähigkeit des Menschen unzulänglich. Er wird sehr leicht ungesunde Schwingungen anziehen, und das Leben unter Menschen mit schlechter Gesundheit wird ihn rasch schwächen. Auf dem spirituellen Weg besteht die Möglichkeit, dass er ein Opfer übler Medien wird.

In der Dunkelheit leuchtet das Mondlicht hell. Deshalb symbolisiert es das Licht in der Dunkelheit. Ein guter Aspekt zwischen Mond und Neptun lässt den Menschen das Licht in der Dunkelheit erfahren. Mit Hilfe des richtigen Lehrers kann er mühelos die Sinne unterwerfen, das niedere Denken absorbieren und das Licht der Seele zum Strahlen bringen. Seine Seelenvision wird besser und klarer. Ohne dass sein Verstand dabei mitspielt, offenbart sich dem Menschen die verborgene Seite der Dinge. Für ihn ist es leicht, im Schlaf spirituelle Ausbildung und Unterricht durch Beeindruckung zu erhalten. Die unsichtbaren Ebenen werden für ihn sichtbar. Mühelos kann er die Anwesenheit von Wesen aus der subtileren Welt spüren und inspiriertes Schreiben entwickeln. Trotzdem kann er nichts ohne die Hilfe einer stärkeren Seele erschließen. Um einen Mann mit den subtileren Ebenen zu verbinden, ist die Gegenwart von Frauen förderlich. Für Männer hat sich das Meditieren über weibliche Gottheiten als hilfreich erwiesen, und der Gedanke an die Weltmutter wird einen Mann schnell zum Pfad der Gnade führen.

In den *Purânen* gibt es eine Allegorie, in der der *Prajâpati Daksha* den Mond dazu verflucht, so lange abzunehmen, bis er stirbt. Aber Lord *Śiva* schützt den Mond vor diesem Fluch und trägt ihn als Juwel auf seinem Kopf. Das bedeutet, dass Menschen auf der weltlichen Ebene durch den Einfluss des lunaren Strahls ein Auf und Ab, ein Schwinden und Wachsen der Energien, erleben. Dem vollkommenen *Yogî*, der die Sexualität transzendiert hat, schenkt der lunare Strahl spirituelle Nahrung.

Die Geburt des Mondes wird auf das 'Aufwühlen des Meeres' zurückgeführt, denn daraus wurde *Soma* geboren. Durch den Strudel des Raumes in der Zeit trat das kosmische *Soma*-Prinzip in Erscheinung. Das ist ein äußerst schwer verständliches Konzept. Trotzdem ist erkennbar, dass das menschliche Denken auf der Seelenebene erneut hervortritt, um einem höheren Zweck zu dienen. Zuerst lässt man das niedere Denken während der Meditation in einen subjektiven Schlummer übergehen, um dem Seelenbewusstsein Platz zu machen. Nachdem sich die Seele in ihren Funktionen gefestigt hat, ruft sie das reine Denken zurück, damit es höheren Zwecken dienen kann.

Wenn der Mond im Horoskop über dem Nacht-Horizont steht, hat man bessere Möglichkeiten zur Seelenentwicklung.

Der Mond steht in direkter Verbindung mit dem Hochwasser auf der Erde. Ebbe und Flut der Meere werden von den Lunationen beherrscht. Jeder Fluss tritt in regelmäßigen Abständen über die Ufer, und diese Zeitspannen werden vom Mond regiert. Der weibliche Menstruationszyklus und der Fruchtbarkeitszyklus hängen mit dem Mondumlauf zusammen. In ungefähr 28 Tagen durchläuft der Mond alle zwölf Tierkreiszeichen. Dieser Zeitraum entspricht dem Menstruationszyklus der Frau, und er hat außerdem eine Beziehung zur Fruchtbarkeit der Erde. Für das Wachstum der Pflanzen ist der Mond ausschlaggebend, während die Sonnenstrahlen sie mit Nahrung versorgen. Das monatliche Erscheinen und Verschwinden der Mondscheibe steht in Beziehung zum sichtbaren und unsichtbaren Wachstum der Pflanzen. Bei zunehmendem Mond werden ihre Blätter, Zweige, Blüten und Früchte angeregt. Aus diesem Grund säen Gärtner und Bauern, wenn der Mond zuzunehmen beginnt. Alle Pflanzen, deren fleischige Teile sich in der Erde entwickeln, sollten jedoch zu Beginn des abnehmenden Mondes ausgesät werden. Erdnüsse, Kartoffeln, Karotten, Rote Bete usw. werden nur dann zu voller Größe heranwachsen, wenn man sie zu Beginn des abnehmenden Mondes pflanzt.

Katzen haben eine geheimnisvolle Beziehung zum Mond. Sie ziehen den Magnetismus des Mondes an. Deshalb schreiben einige okkulte Schulen für die Meditation die Anwesenheit einer Katze vor. Aus dem gleichen Grund galten Katzen bei den Ägyptern als heilig. Wenn sich Katzen an Meditationsplätzen aufhalten, führt dies jedoch zu Phänomenen, zum Beispiel zu Träumen, Visionen, medialen Erfahrungen und zur Anziehung kürzlich verstorbener Seelen. Daher ist die Katze für die Hindus ein negatives und nichtheiliges Tier. Die Anwesenheit von Katzen regt eher die psychischen Ebenen als das spirituelle Gewahrsein an. Ein weiterer interessanter Aspekt ist, dass man in den Augen einer Katze alle Mondphasen erkennen kann.

Ein Trigon oder Sextil zwischen Sonne und Mond zur Zeit der Geburt ist für die spirituelle Praxis äußerst förderlich, und ein Quadrat zwischen beiden Himmelskörpern macht das Denken überempfindlich, ruhelos und labil. Alle sieben Tage gibt es einen deutlich spürbaren Stimmungswechsel. Die Gegenwart und Unterstützung einer starken und positiven Person, deren Geburtssonne im Trigon oder Sextil mit dem Geburtsmond eines solchen Menschen steht, ist unbedingt notwendig, um ihn auf den richtigen Weg zu führen und sein Denken im spirituellen Bewusstsein zu verankern.

Obwohl eine Sonne-Mond-Konjunktion im Geburtshoroskop nicht günstig ist, fängt man mit dem Meditieren am besten an einem Neumondtag an. Ein Trigon oder Sextil zwischen Mond und Jupiter ist höchst förderlich, wenn man dem Weg der Rituale und Sakramente folgen möchte. Ein guter Aspekt zwischen Mond und Venus ist günstig, um den Pfad der Hingabe zu gehen. Ein guter Aspekt zwischen Merkur und Mond ist vorteilhaft für den *Jnâna-Yoga*-Pfad. Menschen auf diesem Weg lesen und verstehen die heiligen Schriften, kontemplieren über verschiedene metaphysische Wissenschaften und finden auf diese Weise den rechten Zugang zur Spiritualität. Ihr Grundton ist die rationalistische Methode.

Ein guter Aspekt zwischen Mond und Uranus ist ein sicherer Hinweis auf spirituelle Expansion in diesem Leben. Der Betreffende wird fortschrittliche Ansichten haben und ist offen für die Überzeugungen anderer. Jede Wahrheit, die ihm gezeigt wird, kann er verstehen, richtig einschätzen und sich zu eigen machen.

Ein guter Aspekt zwischen Mond und Saturn verleiht Klugheit, Vorsicht und einen starken, gesunden Menschenverstand. Jedoch reicht das nicht aus, um die Spiritualität zu wecken. Wahrscheinlich wird ein solcher Mensch seinen Fortschritt immer wieder durch weltliche Gelehrsamkeit und selbst geschaffene Begrenzung verlangsamen. Wird er jedoch von einer starken Person, deren Geburts-Uranus ein Trigon oder Sextil zu diesem Saturn bildet, ins Seelenbewusstsein erweckt, kann er die *Antahkarana* sehr rasch und mit besonderer Leichtigkeit und Effizienz erbauen.

D.3 Mars ♂

Nach Sonne und Uranus ist Mars der positivste Planet im ganzen Sonnensystem. In der Spiritualität herrscht er über den Lebenskampf und auf der irdischen Ebene über Kriege. Aus diesem Grund vertreten manche Astrologen die Ansicht, dass dieser Planet auf dem spirituellen Weg nichts zu geben hat. Doch das ist nicht wahr, denn in der Spiritualität ist als Erstes eine positive Mars-Dynamik erforderlich. Mars verleiht unbezwingbaren Mut, Kraft, um eine Situation in den Griff zu bekommen und Selbstbehauptung zur Unterwerfung der niederen menschlichen Natur. Dieser Planet verkörpert den Willen und die Widerstandskraft im Menschen. Im Horoskop eines Durchschnittsmenschen verleiht Mars die Kraft zum Kampf und Widerstand. Durch ihn kommt die Kraft der Persönlichkeit zum Ausdruck. Zu seinen guten Eigenschaften gehören Schnelligkeit, Scharfsinn und Entschlossenheit. Brutalität, Heftigkeit und Unbedachtheit sind seine schlechten Eigenschaften, aber durch spirituelle Erziehung beseitigt der Mensch diese negativen Eigenschaften.

Auf allen Ebenen verleiht Mars der Persönlichkeit Erweiterung und Ausdruckskraft. Ein guter Mars schenkt auch die Kraft, augenblicklich auf etwas verzichten zu können. Vor allem besitzt er den Geist der Opferbereitschaft. Ihm ist das Kämpfen für eine gute Sache eigen, ohne dass er dabei auf die Folgen achtet. Das Opfer eines Soldaten ist von höchstem Rang. „Die Tore des Himmels stehen weit offen, wenn du im Krieg stirbst", sagt Lord *Krishna*.

Die göttliche Seite von Mars stellt sich im Wesen von Lord *Subrahmanya* dar. In seinem Selbstausdruck wird er immer neu geboren, und niemals denkt er an Niederlage. Von Geburt an tötet er die Dämonen. „Durch dein eigenes Selbst musst du dich emporheben", sagt Lord *Krishna*, und dies wird mit Hilfe der marsischen Seite des Menschen möglich.

Karma Yoga ist der Weg dieses Planeten. Aufgrund seiner Entschlossenheit und seines Selbstvertrauens tut er, was er für gut hält. Ein starker Mars im Horoskop macht Menschen zu standhaft Glaubenden oder Nicht-Glaubenden. Wenn Mars in seinem eigenen Zeichen oder in der Nähe des Meridians erhöht steht, deutet dies manchmal auf überzeugte Atheisten hin, die sich jedoch nach kurzer Zeit zu sehr spirituellen Menschen hingezogen fühlen. Rasch schwingt das Pendel zum anderen Extrem, und wir finden in ihnen sehr starke, hingebungsvolle Menschen, die wunderbare, große Leistungen erbringen. Durch ihre Großzügigkeit, ihr Mitgefühl und ihre Opferbereitschaft machen sie unmittelbare Fortschritte, ohne die intellektuelle Methode anzuwenden.

Bei der Vorbereitung auf die Einweihungen der ersten Stufe übernimmt Mars eine wichtige Rolle. Menschen auf der Massenebene, die der grobstofflicheren Hälfte der individuellen Ebene entspricht, werden stark vom Hin- und Herschwingen der Gegensätze beherrscht. Gut und Böse, Schmerz und Freude sowie die Extreme des Berührungssinns und der Sinn für Verständigung gehören zum Mars. Der Mensch ist fest im Griff der Gegensatzpaare, und seine Seele wird von Besitzinstinkten gefangengehalten. Mars gibt starke Impulse und bringt die ganze niedere Seite des Menschen zum Ausdruck. Die Persönlichkeit reagiert heftig auf die niedere Natur. Nur wer über der Persönlichkeitsebene lebt, reagiert nicht auf sie. Menschen auf den niederen Ebenen werden durch Reaktionen ihrer positiven Seite zu Handlungen und Stellungnahmen in Zusammenhang mit diversen sozialen und politischen Problemen geführt, einschließlich jener Konflikte, die es zwischen Nationen, Ländern, einzelnen Menschen und deren Überzeugungen gibt. Falls der Geburts-Mars eines Schülers durch den Mars seines *Gurus* gut aspektiert ist, führt er zur Reinigung der niederen menschlichen Natur. Dadurch werden die animalischen Instinkte abgebaut, und der Schüler überwindet die Versuchungen der Gegensätze.

Im normalen Entwicklungsverlauf durchläuft der Mensch die Stadien der Revolution, der Anarchie, des Blutvergießens und der grausamen Tode, bevor er aus dem Einfluss der Gegensätze herausgehoben wird. Dieser Aufstieg von der untersten Ebene wird durch den Sextilaspekt zwischen Skorpion und Steinbock verursacht. Immer wieder schaffen Mars und Pluto durch das Tor des Todes neue Gelegenheiten, und allmählich gelangt man durch Konflikt zur Harmonie.

Mars herrscht über die Schwingungen der blutroten Farbe und über den Eisengehalt im Blut. Die chemischen Reaktionen des Blutes verursachen sehr starke sexuelle Impulse, und Mars leitet die Entstehung der Fortpflanzungssekrete aus dem Blut. Die Verbindung des Vitalkörpers zwischen dem physischen und mentalen Körper ist eine harte Schale aus Mars-Schwingungen. Da Mars auch die Kraft verleiht, die eigene Vitalität in den Griff zu bekommen, ist der Mensch dazu aufgerufen, das Tierische der Sexualität zu überwinden. So besteht er erfolgreich die 'Prüfungen des Herkules'.

Auf den niederen Ebenen gehören derbe Methoden zur Beherrschung sinnlicher Gedanken und Ablehnung anderer Leute zu den Eigenschaften von Mars. Religiöse Führer, die unter diesem Planeten geboren wurden, schreiben strenge Zölibatsregeln und *Hatha Yoga* vor, um auf diese Weise mit marsischer Unterstützung die animalische Natur des Menschen zu besiegen. Das *Mûlâdhâra* und das Milzzentrum werden von Mars regiert. Alle *Yoga*-Methoden zur Überwindung der niederen Aktivität dieser beiden Zentren, zur Anregung der höheren Aktivität des *Mûlâdhâra*-Zentrums sowie zur Befreiung der *Kundalinî* aus dem Höllenfeuer des Milzzentrums stehen unter der Leitung von Mars.

Auf einer höheren Ebene führt Mars zur Verbindung des Menschen mit der Hierarchie und ihren Jüngern. Auf noch höherer Ebene regiert Mars die Tätigkeit des *Sahasrâra* und die mit diesem Zentrum verbundenen Einweihungen. Dabei arbeitet Mars mit Uranus zusammen, mit dem er gemeinsam den Widder regiert. Der Widder ist im *Sahasrâra* aktiv. Allen Schülern, die diese Ebene erreichen, gewährt der gemeinsame Einfluss von Mars und Uranus die Verbindung mit *Shambala* durch die Hierarchie.

Die gesamte Evolution ist eine Angleichung zwischen Kraft und Schönheit. Auf der weltlichen Ebene der Massen ist die Kraft des Mannes rastlos tätig, und sie wird von der Schönheit der Frau geleitet. Folglich versucht der Mann durch seine Stärke die Schönheit der Frau zu besitzen, um sich mit ihr zu schmücken und sie zu genießen. Es liegt in der Natur der Frau, bei der Stärke des Mannes Schutz zu suchen. Infolgedessen erträgt sie alle Schwierigkeiten und Qualen, die der primitive Mann ihr zufügt. Durch die Nachsicht und Geduld der Frau wird die Stärke des Mannes sanfter. Schließlich kommt auf diese Weise Schönheit durch feinere Formen zum Ausdruck. Die riesenhafte primitive Menschenrasse wird in eine Rasse von engelhafter Schönheit verwandelt. Am Ende finden wir in den menschlichen Formen die harmonischste Verbindung von Schönheit und Kraft.

Diese Geschichte der Rassen ist in der Opposition der von Mars und Venus regierten Zeichen verborgen. Von der Ebene der Disharmonie, auf die Stier – Skorpion hinweist, wird der Mensch zur Harmonie emporgehoben, die durch Widder – Waage zum Ausdruck kommt. Dies ist einer von mehreren Gründen, weshalb die höheren Einweihungen die Anwesenheit einer Frau erfordern.

Den heiligen Zweck des Mars in der spirituellen Entwicklung des Menschen kann man im Sextilaspekt zwischen Jungfrau und Skorpion erkennen. Bevor der niedere Mensch die Gnade der Weltmutter erhält, werden alle seine Beschränkungen und

Leiden durch die Angelegenheiten des sechsten Hauses, des Zeichens Jungfrau, angedeutet. Die ganze leidende Menschheit kann man durch die Rolle des sechsten Hauses, der Jungfrau, und durch die Rolle des zwölften Hauses, der Fische, verstehen. Unwissenheit, Armut, Konkurrenz, Existenzkampf, Begrenzung und selbstgeschaffene Abhängigkeit sind die Eigenschaften dieser beiden Häuser. Als Regent des Skorpions ist Mars durch ein Sextil mit der Jungfrau und durch ein Trigon mit den Fischen verbunden. Außerdem ist der Steinbock, das Zeichen des Erlösers, durch ein Sextil mit den Fischen und durch ein Trigon mit der Jungfrau verbunden. Es ist ein okkultes Geheimnis der Hierarchie, dass Meister Jesus gegenwärtig dafür arbeitet, diese schädlichen Auswirkungen durch den Missionseifer der christlichen Kirchen zu lindern. Das Christentum als Religion wird direkt von Mars beeinflusst. Durch den Dienst der christlichen Kirchen in Waisenhäusern, Mütterheimen, in der Kinderwohlfahrt und im Roten Kreuz wird der vernachlässigte, unbeachtete und unterdrückte Teil der Menschheit aufgerichtet. Diese Menschheitsgruppe wird durch die Pflichten der Kirche in der Entwicklung rasche Fortschritte machen. Das Englische wird sich als Hilfsmittel für gute Arbeit erweisen, denn es ist derzeit nicht nur die Sprache der großen Masse der Menschheit, sondern auch die Sprache der Eingeweihten, die ihr Werk verbreiten und einen Teil der Hierarchie in Erscheinung treten lassen.

Für einen Schüler des Okkultismus, der die Hindernisse der niederen Ebenen überwinden muss, stellen die marsischen Schwingungen eine besondere Hilfe dar. Wenn das Geburtshoroskop oder das progressive Horoskop anzeigt, dass man unter üblen Aspekten von Mars zu leiden hat, ist es am besten, den Pfad von *Shanmukha* zu gehen. Der erhabenste und göttliche Aspekt von Mars ist im spirituellen Weg von *Subrahmanya*, dem *Kumâra*, verborgen. *Subrahmanya* ist der sechsgesichtige kindliche Krieger, der eine Lanzenspitze und das *Ankusa*-Symbol Saturns als Waffen in den Händen hält. Die Lanze weist auf das Durchdringen der dichten, niederen Natur des Menschen hin. *Ankusa* ist ein Symbol der Selbstdisziplin. *Subrahmanyas* sechs Gesichter oder Köpfe sind die sechs Gegensatzpaare im kämpfenden Menschen, die in sechs vereinte Kräfte umgewandelt werden müssen. *Kâma* (Verlangen), *Krodha* (Hass), *Lobha* (Habgier), *Moha* (falscher Eindruck), *Mada* (Brutalität) und *Matsarya* (Rache) sind die sechs Untugenden. Ohne die entsprechenden paarigen Gegenstücke halten sie den Menschen in der Reihe der Gegensatzpaare gefangen.

Meditation über die sechsgesichtige Gottheit und ihre Anrufung durch die sechssilbige Klangpotenz wird es dem Jünger möglich machen, die gegensätzlichen Aspekte zu überwinden und die sechs göttlichen Qualitäten zu beherrschen. Diese sechs Eigenschaften zeigen sich als sechs Arten des Selbstausdrucks durch die sechs *Chakren*, und sie ordnen die Einflüsse des Tierkreises in sechs Zeichenpaaren neu an. Jedes Zeichen verschmilzt mit dem gegenüberliegenden und ergänzt es. Jene sechssilbige Klangpotenz lautet *Sa-Ra-Va-Na-Bha-Va*. Sie ist eins der mächtigsten *Mantren* der Weisen aus früherer Zeit. Man sagt, dass *Agastya*, ein Adept des sechssilbigen *Mantras*, viele seiner Schüler mit Hilfe dieser *mantrischen* Schwingung führte. Der Leser sollte bedenken, dass *Agastya* aus den nördlichen Regionen in den Süden kam, um unterwegs die *Vindhyas* zu unterwerfen.

Dies gewinnt besondere Bedeutung, wenn wir uns daran erinnern, dass Wassermann, das Zeichen von *Agastya*, mit dem Widder, dem orthodoxen Zeichen des Mars, durch ein Sextil verbunden ist. Er hat die Aufgabe, das Zeichen Widder zur Regentschaft des Uranus, dem Herrn des Wassermanns, zu erheben. Man sollte auch bedenken, dass der Wassermann und die *Gurus*, die zu diesem Zeichen gehören, an der heiligen Mission beteiligt sind, mit Hilfe des Löwen eine fortgeschrittene Menschheit hervorzubringen. Ebenfalls sollte man zur Kenntnis nehmen, dass sich das sechssilbige *Mantra* aus Klängen zusammensetzt, die von

- Zwillinge – Trigon zum Wassermann,
- Stier – Trigon zur Jungfrau,
- Waage – Trigon zum Wassermann,
- Löwe – Opposition zum Wassermann
- und Widder, der alle diese Zeichen miteinander verbindet,

regiert werden.

Es gibt ein heiliges Symbol, um über diesen *Kumâra* zu meditieren: das dreidimensionale Kreuz mit sechs Armen, die alle im rechten Winkel von einem Punkt ausgehen. Man nennt es die große Waffe *Shanmukha*. In dem Werk über Rituale wird die volle Bedeutung des Symbols erklärt.

Das *Mantra* hat folgende Bedeutung: Dieser große *Kumâra* wurde auf den Blüten des weißblühenden Schilfs geboren. Zur Zeit seiner Geburt empfing *Agni* den Samen von Lord *Šiva* und übergab ihn dem Fluss. Die Göttin der heiligen Wasser legte den Samen auf die Blüten des weißen Schilfs. Dort wurde *Kumâra* als Kind mit sechs Gesichtern geboren. Dann stillten ihn sechs der Plejaden mit ihrer spirituellen Milch. In dieser Geschichte liegt eine tiefe Symbolik, deren Erklärung ein Buch füllen würde. Sie erzählt vom Eintritt des göttlichen Funkens in das göttliche Ego des Menschen. Man sollte beachten, dass das Wort *Šiva* aus zwei der sechs Silben besteht, die das *Mantra* dieses *Kumâras* bilden.

Der Weg der Tätigkeiten von Mars reicht von der Schwere der Materie bis zur Empfindsamkeit der Vitalkraft. Er herrscht über schwere Waffen mit scharfen Kanten. Die Formen der Lanzenspitze und des dreieckigen Hammers werden vom Mars regiert.

D.4 Merkur ☿

Merkur ist das vermittelnde Prinzip zwischen den höheren und den niederen Welten. Aus diesem Grund wird er als Götterbote, als Wort der göttlichen Wesen und als Schiedsrichter der Engel bezeichnet. Er ist jener Wirkstoff der göttlichen Alchimie, der die unedlen Metalle im niederen Dreieck des Menschen in den König der Metalle verwandelt, der das höhere Dreieck formt. *Mûlâdhâra, Svadhistana* und *Manipûraka* bilden das untere Dreieck, *Sahasrâra, Âjnâ* und *Indras* Geburtsort bilden das höhere Dreieck. Mit dem unteren Dreieck ist das Kehlzentrum und mit dem höheren Dreieck ist das Herzzentrum verbunden. Im Herz- und Kehlzentrum liegt der Wirkungsbereich von Merkur. Die Stimmbänder regulieren den klanglichen Ausdruck, die Lungen führen die Atmung aus, und das Herz ist der Geburtsort des Wortes. Das menschliche Wort geht vom ICH-BIN-Bewusstsein innerhalb des Herzens aus. Von dort gelangt es zum *Âjnâ-Chakra,* wo es in einen Eindruck übersetzt wird. Durch die Kraft von Merkur wird es zu einem Gedanken verarbeitet, und der Gedanke wird in Sprache übersetzt. Dann wird es durch die Stimmbänder ausgesprochen. Auf diese Weise verläuft der Sprechvorgang beim Durchschnittsmenschen.

In dem Eindruck der Astrologen, dass Merkur der Herr der Sprache ist, liegt eine tiefe Wahrheit. Ist Merkur im Geburtshoroskop ernsthaft angegriffen, kann sich der Betreffende nicht gut ausdrücken. Seine Worte können weder befehlen noch die Aufmerksamkeit anderer anziehen.

Während ein Mensch spricht, verursacht sein Ausatmen vom Solarplexus her einen Aufwärtssog. Dies ist die Verbindung von Merkur mit dem unteren Dreieck. Wenn man darauf achtet, dass man meint, was man sagt, kann man durch sein Sprechen jedes Mal vom niederen Pol erhoben werden. Die Verbindung zwischen Denken und Sprechen verleiht den Gedanken und Worten überzeugende Kraft, die die Aktivität des unteren Dreiecks emporhebt. Hierin liegt die wissenschaftliche Wahrheit, dass ein Schüler des spirituellen Wegs seine Sprache beherrschen muss, bevor er bei seinen ersten Schritten auf wirklichen Fortschritt hoffen kann. Das Aussprechen guter Gedanken und das Schweigen über Unnötiges ist der erste wesentliche Schritt. Als nächstes sollte man vermeiden, Gedanken mit Worten falsch darzulegen. Später verzichtet man vollständig auf das Urteilen über andere in Gedanken und Worten. Sorgfältige Gedankenanalyse und Bemühen um passende Worte sind der nächste Schritt. Nur wenn man diese Schritte befolgt, wird das Wort zum *Mantra*. Erst dann beginnt Merkur als Sprachrohr der Götter zu wirken und den Plan zu enthüllen, für den die höheren Intelligenzen arbeiten.

Jedes Wort unseres Sprechens hat seinen Ursprung im kosmischen Willen. Der kosmische Wille entwirft die menschliche Sprache und stimuliert die *buddhische* Ebene des Menschen. Dieser Impuls kommt über das *Âjnâ-Chakra* zum Herzzentrum herab. In jenem Zentrum versucht dann der Mensch, zum Ursprung des Wortes zu gelangen. Durch die Kraft der Atmung stößt er zum Kehlzentrum vor. Inzwischen steigt die Idee des Wortes, das auf der kosmischen Ebene durch das solare und planetarische Bewusstsein erarbeitet wurde, zum *Âjnâ-Chakra* herab und wird auf der *buddhischen* Ebene von Merkur aufgenommen. Hier übersetzt Merkur das Wort und bringt es durch die Kraft, die vorher durch die Atmung und Stimmbänder erzeugt wurde, nach außen. Somit ist erkennbar, dass die Entwicklung des Wortes im Menschen ein zweifacher Vorgang ist, der der menschlichen Evolution sehr ähnelt. Merkur regiert das Aussprechen eines Wortes, das unter der *buddhischen* Ebene liegt. Das höhere Gegenstück des Wortes, das direkt als Eindruck herabkommt, gehört zu Jupiter. Diese Beziehung zwischen der Tätigkeit von Merkur und Jupiter drückt sich in der Opposition zwischen Zwillinge und Schütze aus.

Auf der kosmischen Ebene gibt es ein höheres Gegenüber von Merkur. Es wird als *Nârada* personifiziert. Die Doppelverbindung des höheren und niederen Dreiecks im Menschen, welche das vollkommene Sprechinstrument bildet, wird *Vînâ* genannt. Sie ist *Nâradas* Musikinstrument. Die Verbindungskanäle von Merkur, die sich auf der Vital-, Mental- und *Buddhi*-Ebene befinden, sind die Saiten der *Vînâ*. Mit Hilfe der Luft, durch den menschlichen Atem, werden sie in Schwingung versetzt, so dass sie den musikalischen Aufbau des Gedankens als Wort hervorbringen. *Nârada* soll einen direkten Zugang zu *Nârâyana,* zur siebten Ebene des suprakosmischen Universums haben, sagt man. Von jener Ebene kann *Nârada* bis zur untersten irdischen Ebene hinabsteigen.

Wenn das Wort auf den niederen menschlichen Ebenen aktiv wird, führt dies zu Diskussionen, Meinungsverschiedenheiten und individuellen Vorstellungen. Auf dieser Stufe stellt die Sprache kein geeignetes Verständigungsmittel dar. Jeder Mensch reagiert in seiner Art auf jedes Wort, und seine Reaktion ist von den vorhergehenden Zusammenhängen abhängig. Wenn der Sinn der Worte subtiler wird, vervielfältigen sich ihre Bedeutungsnuancen, und die benutzten Ausdrücke werden abstrakt. Aus diesem Grund wird *Nârada* als *Kalahasana* beschrieben: einer, der Disputen auf den Grund geht. Wird die Sprache für die jupiterhafte Prägung der Worte, das heißt, für die Weisheitsebene benutzt, übernimmt *Nârada* die Rolle des Adepten und teilt den Namen Gottes mit.

Merkur hat keine eigene Botschaft, sondern er überbringt die Mitteilungen aus den höheren Ebenen des Menschen zu den niederen Ebenen. Daher wird ein Mensch, der in seinem Horoskop von Merkur geführt wird, über Motive erhaben sein. Schnell lernt er, auf der reinsten Intuitionsebene zu leben, und er vermittelt seinen Mitmenschen die Weisheit der höheren Ebenen durch Bücher, Vorträge oder Lehren,

Einweihungen und Gruppenunterweisungen. Er wird ein gutes Organisationstalent besitzen.

Wird jedoch ein Mensch der niederen Ebenen im Horoskop von Merkur beherrscht, fehlt es ihm an Zielstrebigkeit. In seinem Leben hat er weder Aufgaben noch Verantwortungen. Er spielt mit seinen intellektuellen Fähigkeiten, indem er Probleme schafft, Dinge falsch darstellt und andere durch seine Schnelligkeit im Jonglieren mit Wörtern durcheinander bringt. Dabei gibt er sich als gereifter Philosoph und Denker.

Auf der weltlichen Ebene wickelt Merkur Geschäfte ab, auf der spirituellen Ebene übermittelt er Weisheit. Zu allen Zeiten waren die Täuschungen der Bildungsaristokratie, durch die es den Menschen möglich war, weniger entwickelte Rassen und Einzelwesen dieser Erde zu übervorteilen, Merkurs Spiel auf der weltlichen Ebene. Unter seinem Einfluss wird so manche Logik als Philosophie und Wissenschaft verbreitet; viel Emotion und Sentimentalität der unteren Ebenen wird als Poesie ausgegeben, und viele, die die Gedanken anderer zusammentragen, werden der Welt als schöpferische Denker präsentiert.

Ein guter Aspekt irgendeines Planeten mit Merkur lässt alle guten Eigenschaften des aspektbildenden Planeten in der menschlichen Persönlichkeit zum Ausdruck kommen. Jener Planet wird im Leben, Denken und Selbstausdruck dieses Menschen richtig dargestellt.

Die zweite Hälfte der Zwillinge wird als 'Frau mit der Lyra' symbolisiert. Befindet sich Merkur in diesem Teil des Zeichens und bildet er ein Trigon mit Neptun, dann empfängt der Mensch durch Merkur die Strahlen von *Nârada*. Seine Gedanken, Worte und Handlungen sind musikalisch. Er ist ein wahrer Jünger des *Bhakti Yoga*. Durch Musik erlangt er Befreiung. Bildet ein solcher Merkur ein Trigon oder Sextil mit Uranus, dann reagiert die betreffende Person auf die höchsten Bereiche wissenschaftlichen Denkens, und ihr werden alle Geheimnisse der Schöpfung offenbart. Sie kann die Symbole der Natur lesen und durch sie die Sprache der Götter entziffern.

Durch entsprechende Einweihungen kann ein solcher Mensch auf den Einfluss der *Aśvins Mitra* und *Varuna* reagieren. Er kann die Zahl des Wassermanns erkennen und auf allen Ebenen Atome erschaffen. Bildet Merkur in der oben genannten Position ein Trigon oder Sextil mit Saturn, kann der Betreffende mit Leichtigkeit die Schwächen und Mängel anderer erkennen und Menschen in kurzer Zeit auf ihren richtigen Weg führen. Er ist ein strenger Lehrer oder Vorgesetzter, aber auch ein guter Organisator, der aus anderen das Beste herausholen kann. Steht oben genannter Merkur im Trigon oder Sextil zu Jupiter, empfängt er die Macht des Wortes. Durch Segen kann ein solcher Mensch andere ermutigen, heilen, magnetisieren und das Dunkel der Unwissenheit vertreiben. Er hat alle Eigenschaften, die zur Rolle eines *Guru* gehören.

Über den Polarstern erreichen die Einflüsse des kosmischen Planeten *Nârada* unseren Merkur. Das Sonnensystem des Polarsterns wurde zur Ebene der Befreiung erhoben, nachdem es durch eine Einweihung, die *Nârada* bewirkt hatte, mit *Nârâyana,* der siebten Ebene der suprakosmischen Welt, verbunden worden war (siehe *Dhruva*).

Merkur leitet das vorgeburtliche Bewusstsein des Menschen. Unter der Leitung des Polarsterns entwickelt das Ego in der Gebärmutter sein Kopfzentrum. Sein Kehlzentrum bildet es unter dem Einfluss Merkurs, der vom vorgeburtlichen Horoskop aus weiterläuft. Eine schwangere Frau kann eine gute Einweihung erhalten, wenn sie heilige Schriften liest oder von einem spirituellen Menschen Unterricht bekommt. Ihr Kind kann diese Einweihung ebenfalls empfangen, wenn Merkur im vorgeburtlichen Horoskop gute Planetenübergänge hat. Nach der Geburt kann es von den ersten Anfängen seiner Erziehung profitieren. Es wird erzählt, dass *Prahlada* von *Nârada* schon im Mutterleib in das Bewusstsein von *Nârâyana* eingeweiht wurde.

D.5 Jupiter ♃

In der Anordnung der Dinge liegt eine Kraft. Es ist die Energie, die das ganze Universum zusammenfügt. Durch sie wird das Universum im Gleichgewicht der Existenz erhalten. Wenn das Gleichgewicht gestört wird, verschwindet das ganze Universum im scheinbaren Nichts. Danach verursacht diese Kraft wieder eine Neugestaltung des ganzen Universums 'in der erforderlichen und klassischen Weise' für die darauffolgende Zeit des Gleichgewichts. Die Kraft, die in der Ordnung verborgen ist, kann mit dem elektrischen Strom in einer Zelle verglichen werden. Kein einzelnes Teilchen der Zelle enthält den Strom, sondern er wird durch die erforderliche Anordnung der verschiedenen Zellteile erzeugt. Diese Kraft in jeglicher Anordnung wird von den Sehern des ritualistischen Weges *Apûrva* genannt: 'vorher nicht existent'.

Aus dem großen kosmischen Ritual von *Purusha* entstand diese Aktivität der gesamten Schöpfung. In unserem Sonnensystem herrscht der Planet Jupiter über eine solche Ordnung. Deshalb ist er der Herr aller Rituale und Sakramente. In der *vedischen* Terminologie wird jedes Ritual, das sakramentalen Wert besitzt, *Kratu* genannt. Das höhere Gegenstück zu Jupiter auf der kosmischen Ebene heißt *Sakra*: 'Herr der tiefen Weisheit'. Alle religiösen Handlungen, alle Formen der Verehrung und die Wissenschaft des Tempelbaus auf dieser Erde werden von Jupiter regiert.

Geld ist das Mittel, mit dem auf der irdischen Ebene eine Ordnung aufrecht erhalten wird. Der Mensch benutzt es, um eine gesellschaftliche Ordnung aufzubauen, denn durch das Geld werden die Besitzverhältnisse der Menschen im Gleichgewicht gehalten. Aus diesem Grund herrscht Jupiter über Reichtum, Schätze sowie über Wirtschaft und Planung in der Welt. Der Austausch finanzieller Überlegungen wird von Merkur gesteuert, während der Wirtschaftsindex unter der Führung von Jupiter steht.

Expansion, Verteilung, Glück, Fülle, Güte, Gerechtigkeit, Gesetz und Ordnung gehören ebenfalls zu Jupiters Wirkungsbereich. Unter seinem Einfluss stehen angesehene Richter und Gesetzgeber. Schütze, Jupiters Haus, ist das Zeichen der Richter. Wenn der Herr zum Jüngsten Gericht mit einem Schwert in seiner Hand auf einem weißen Pferd herabkommt und auf dieser Erde erscheint, wird dieser Tag von einer wichtigen Planetenkonjunktion in der Sternengruppe *Thishya* angezeigt. Sie befindet sich im Zeichen Krebs, in dem Jupiter erhöht steht.

Die Geburt des Raumes für jedes Universum wird auf das Wirken Jupiters auf der suprakosmischen Ebene zurückgeführt. Durch die Kraft des Klangs erschafft er den Raum. Er äußert den Klang *KHAM*, und durch die Schwingungen dieses Klangs erwacht das latente Bewusstsein in den Raum. Im Horoskop regiert Jupiter die Hörfähigkeit. Ein ernsthaft angegriffener Jupiter verursacht ein schlechtes Gehör.

Durch Jupiterschwingungen werden Klänge zu *Mantren*. Viele seiner Namen bezeichnen Jupiter als Herrn der Worte. Während des Sprechvorgangs gelangt das Wort von Jupiter zu Merkur. Der ganze Wortfluss wird *Saraswathî* genannt. Er geht von Jupiter aus und erreicht durch die Aktivität von Merkur die Stimmbänder.

Immer wieder erzeugt Jupiter den Träger von Klang und Wort, der vom Mund durch den Raum zum Ohr gelangt. Eine andere kosmische Intelligenz, die sich in der Konstellation *Hasta* befindet, leitet die Anordnung der Klänge in Gruppen, so dass Wörter und Sätze gebildet werden können. Jenes kosmische Prinzip nennt man *Ganapati*. Er ist der Herr der Gruppierungen. Seine Konstellation hat die Form eines Elefantenkopfes. Diese elefantenköpfige Gottheit wird als Herr des Reichtums und der Weisheit verehrt. Durch Jupiter beeinflusst

Ganapati unsere Erde. Falls Jupiter im Geburtshoroskop oder in der Progression ernsthaft angegriffen ist, kann man negative Auswirkungen vermeiden, wenn man über *Ganapati,* die elefantenköpfige Gottheit, meditiert. Es ist interessant, dass der Elefant unter die Herrschaft von Jupiter fällt.

Die Idee des Dreiecks stellt den Jupiter-Einfluss dar. Ein Trigon mit Jupiter wirkt besonders stark. Bei jedem Menschen hat die Stimme drei Ebenen: die hohe, die tiefe und die normale Ebene. Auf diesen drei Ebenen wird das vierfältige Wort des Menschen gesprochen. Jupiter, der Herr des Klangs, verleiht die Fähigkeit, diese drei Ebenen zu erkennen. Durch angemessene Intonation auf den drei Ebenen wird die heilige Weisheit immer von Mund zu Ohr weitergegeben. Jupiter ist der Herr der heiligen Weisheit, ihrer Vermittlung und auch der Orte, an denen Weisheit übermittelt wird.

Zu Jupiter gehört der Ficus religiosa, der heilige Baum der Hindus. Wenn man unter diesem Baum lebt, ihn verehrt oder seine Wurzeln und Blätter in Ritualen verwendet, kann man die negativen Einflüsse eines angegriffenen Jupiter im Horoskop überwinden. Ein religiöser Ritualist verehrt die Wurzeln des Ficus religiosa. Jeden Donnerstag bereitet er das heilige Wasser zu, indem er die Wurzeln in Wasser einweicht.

Wenn bestimmte Gedanken in einer besonderen Reihenfolge entstehen, wenn dem Denken bestimmte Tatsachen vorgelegt und bestimmte Ereignisse in einer Geschichte erzählt werden, entwickeln sie enorme Kräfte, die den gesamten menschlichen Ausdruck von einer Ebene auf eine andere umgestalten können. Darin liegt das Geheimnis, weshalb Wahrheit und Weisheit durch Allegorien und Symbole vermittelt werden.

Die Zusammenstellung der Epen und Schriften mit einer Vielfalt von Geschichten und Ereignissen enthält die vollständige Wissenschaft von der Anordnung der Dinge. Die Anzahl und Einteilung der Kapitel entspricht bestimmten kosmischen, solaren oder planetarischen Erscheinungsformen. In diesem System liegt der Schlüssel zur Macht der heiligen Weisheitsbücher, die das Denken der Menschen für sich einnehmen und die Stürme der Zeit überdauern. Beispielsweise besteht das *RÂMÂYANA* aus 24 000 Versen. Es wurde im *Gâyatrî*-Versmaß geschrieben, das heißt, jeder Vers enthält 24 Silben, die nach dem Modell der 24 Lunationen im lunaren Jahr angeordnet sind. Das *BHÂGAVATA* besteht aus 12 Büchern, die den 12 Tierkreismonaten des Jahres zugeordnet sind. Im *BHÂGAVATA* beginnt die Geschichte des Herrn mit dem 10. Buch, und sie endet mit dem 1. Buch. Dieser Verlauf entspricht dem himmlischen Vorbild, nach dem die Zeichen vom Jahresmeridian aus berechnet werden. Im 10. Haus des Jahres, in dem die Sonne erhöht steht, setzt der Jahresgott seinen Anfang, und der Zyklus endet mit der Wintersonnenwende, die das eigentliche erste Zeichen des Sonnenjahres ist.

Jupiter leitet jene Einweihungen, die durch die Aktivität des Solarplexus, des Kehlzentrums und des Geburtsorts von *Indra* erfolgen. Vor allem mit Hilfe der Macht des Klangs auf der Seelenebene wird die höhere Brücke erbaut. Hier hilft Jupiter dem Schüler durch die Kraft des Klangs der Stille. Der Geburtsort *Indras* wird nur infolge der Jupiter-Aktivität beim Aufbau der *Antahkarana* erweckt. Jupiter weckt *Indra* mit seinem Wort der Weisheit. Bis das *Âjnâ-Chakra* durch den Lotus im *Brahmâ Randhra,* der sich direkt unterhalb des *Âjnâ-Chakras* befindet, ersetzt wird, ist Jupiter im Horoskop des Schülers auch der Herrscher des Zeichens Fische. Danach übernimmt Neptun die Arbeit, und Jupiter verliert seinen Einfluss auf das Zeichen im Horoskop des Schülers.

Im *Mûlâdhâra* erfüllt Jupiter einen doppelten Zweck. Es wurde bereits erklärt, dass das *Mûlâdhâra* eine zweifache Funktion hat. Während der Entwicklung des unteren Dreiecks herrscht Jupiter über den weltlichen Reichtum des Menschen.

In einem solchen Horoskop geht es bei den Jupiter-Aspekten nur um Geld, Essen, Bequemlichkeit und gesellschaftliches Leben. Wenn das Bewusstsein aus dem niederen Pol erhoben wird, beginnt die höhere Funktion des *Mûlâdhâra*. Die erste Regung der *Sushumnâ* entlang dem *Brahmâ Randhra* wird durch Schwingungen von Jupiter ausgelöst. In diesem Stadium muss der Jünger *Prânâyâma* beherrschen und in *Pratyâhâra* eingetreten sein. Von nun an lenkt Jupiter nicht mehr den weltlichen Reichtum des Menschen. Jeder Transit und jede Progression wirkt am aufwärtsführenden Pfad mit. Die Urteilskraft verschmilzt mit der reinen überpersönlichen Intuition des *buddhischen* Bewusstseins. Ohne jede Vermittlung von außen beginnt sich die Weisheit zu offenbaren. *Rutambharâ,* der Wahrheitsträger, der in der Bibel bei der Rückkehr der sieben Richter zur Erde beschrieben wird, entfaltet sich durch *Viveka,* das Unterscheidungsvermögen. In diesem Stadium sagt Lord *Krishna*: „Überschreite alle Gesetze und unterwirf dich mir, dem Einen."

Nur Jupiter hat die Macht, durch *Pratyâhâra* und *Dhârana* die Vielfalt des Seelenbewusstseins im Jünger mit dem ihm innewohnenden, vereinenden und überpersönlichen Bewusstsein zu verbinden.

Der ganze Vorgang macht deutlich, dass es auf dem Entwicklungsweg zwei Stadien gibt, die die Aktivität von Jupiter erfordern. Alice A. Bailey bezeichnet diese beiden Ebenen als zweite und fünfte Einweihung. Die zweite Einweihung ist ein Ergebnis der vereinten Bemühungen von Jupiter, Neptun und Venus, während die fünfte Einweihung durch die gemeinsame Betätigung von Uranus und Jupiter zustande kommt. Der Grund für Jupiters Doppelrolle in diesem Bereich ist, dass Jupiter die beiden Aspekte Liebe und Weisheit in sich trägt. Sein Liebe-Aspekt ist aktiv, und der Liebe-Aspekt der Venus ist passiv. Jupiter reinigt die Liebe von emotionalen Einflüssen, während Venus die Begrenzung durch Gedankenströme herausfiltert.

D.6 Venus ♀

Auf dieser Erde regiert der Planet Venus über Liebe, Schönheit und Ausgewogenheit. Schönheit auf menschlichem Durchschnittsniveau wird durch Formen erkannt und ausgedrückt. Daher ist die Venus durch Form oder Begrenzung, das heißt durch den niederen Aspekt von Saturn gebunden. Mars regiert die Kraft, die versucht, die Formen zu sprengen, um Expansion zu ermöglichen. Aus diesem Grund wird die Liebe der Venus von marsischer Emotion getrübt. Uranus gestaltet die Formen neu. Also ist Venus mit Uranus verbunden, um bessere Formen zu erschaffen. Venus steht in Beziehung zu Merkur, wenn Liebe durch Intelligenz im Gleichgewicht ist und auf der reinen *buddhischen* Ebene ihren höchsten Stand erreicht. Mit Jupiter verbindet sich Venus, um Schönheit durch die Kraft der Anordnung zu verwirklichen. Schließlich vermittelt die Verbindung von Venus und Neptun die Erfahrungen reiner Liebe, durch die der Mensch im kosmischen Bewusstsein lebt. Deshalb spielt Venus in der Entwicklung der Menschen dieser Erde eine herausragende Rolle. Tatsächlich ist sie nach der Sonne die Herrscherin über die Entwicklung unserer Erde. Von Zeit zu Zeit schickt der planetarische Logos der Venus seine Bewohner auf die Erde, damit sie als Helfer, Führer und *Gurus* arbeiten.

Im gegenwärtigen Entwicklungsstadium ist der Venus-Einfluss sehr selten frei von der Emotion des Mars. Für die meisten Menschen bedeutet Liebe die Reaktion ihres Wunsch- und Mentalkörpers auf Schönheit, die sich durch eine Form ausdrückt. Liebe wird nur als Liebe zu einem Menschen, Gegenstand oder zu einer Idee verstanden. Dies ist ein wesentlicher Faktor in der Entwicklung, denn die Idee der Liebe soll die niederen Träger dazu anregen, die elementare Natur des Menschen umzuwandeln. Die Reaktion auf den niederen Ebenen durch das Mittel der Form ruft die verschiedenen Komponenten der niederen Träger wach, bis die Form den Menschen emporhebt und er die Kraft erkennt, die in der Anordnung der Dinge enthalten ist.

Allein die Gegenwart einer schönen Form führt zur Neuordnung auf den psychischen Ebenen. Die sich daraus ergebende Veränderung ist die gleiche, durch die ein Eisenstück zu einem Magneten wird. Damit sich die innewohnende magnetische Kraft des Eisens manifestieren kann, ist lediglich eine Neuordnung der Atome und Moleküle auf den niederen Ebenen erforderlich. Erst dann erkennt man, dass im Null-Punkt der verschiedenen magnetischen Strömungen reine Liebe existiert. Der reine Strahl der Venus verkörpert diesen Zustand des Gleichgewichts, der die absolute Eigenschaft der Waage ist. Durch den Schönheitssinn im Menschen werden die Kettenreaktionen ausgelöst, die mit einer Neuordnung seiner ätherischen Strömungen beginnen. Der Höhepunkt der Kettenreaktionen ist das Ende im Kampf des Denkens und die Befreiung der Schönheit aus den Fesseln der Form.

Die Persönlichkeit unseres planetarischen Logos setzt sich aus drei Prinzipien zusammen:

- unsere Erde bildet den Vitalkörper,
- unser Merkur bildet den Mentalkörper, und
- unsere Venus bildet den Astralkörper.

Alle drei zusammen machen die Persönlichkeit unseres planetarischen Logos aus. Daher herrscht unsere Erde als Planet durch die Aktivität der Pole über die Funktionen der Zwillinge und des Schützen. Unsere Venus leitet die Aktivität der Doppelfunktionen von Zwillinge und Stier einerseits und von Waage und Steinbock andererseits. Zwischen beiden Funktionen wirkt Merkur als verbindendes Prinzip. Jetzt können wir verstehen, wie umfassend der Einflussbereich der Venus bei der Entwicklung unserer Erde und ihrer Lebewesen ist. Sie spielt wirklich eine entscheidende Rolle.

Solange ein Mensch auf der niederen Ebene von Mars beherrscht wird, ist sein Schönheitsbegriff an physische Formen gebunden. Sobald Merkur bei der Entwicklung mit Venus zusammenarbeitet, wird der Begriff der Schönheit erhoben und auf Gedankenformen übertragen. Das ist der Ausgangspunkt der Meditation. Wenn der Mensch beginnt, sich schöne Formen vorzustellen, ohne dass sie physisch anwesend sind, wird er von den Fesseln der Materie befreit. Doch bevor er sich Schönheit ohne Form vorstellen kann, braucht er die materielle Natur der Schönheit. Tempel und Götterbildnisse aus Steinen und Mörtel dienen zuerst genau diesem Zweck. Die Verehrung im Tempel erhebt den Menschen über die anfängliche Bindung an die Materie. Auf ihren höheren Ebenen bewirkt und beschleunigt Venus diese Erkenntnis.

Der Schöpfungsprozess verläuft von der Gedankenform zur materiellen Form. Umgekehrt führt der Weg der Befreiung von der materiellen Form zur Gedankenform. Eine gedankliche Form bewahrt die Kraft der Schönheit im Denkvermögen. Dadurch wird das Denken allmählich aus der Bindung an die Form zur Ebene der Ideen erhoben. Hier ist die Macht der Schönheit aus der Formbindung befreit. Auf der nächsten Stufe existiert die Kraft der Schönheit als Ausgeglichenheit des menschlichen Bewusstseins. In diesem Stadium gehört Schönheit zu den Eigenschaften der Seele, und auf dieser Ebene finden wir den vollen Ausdruck der Venus. Die Rolle der Frau entspricht der Mission der Venus: die Erhebung des Menschen aus seiner Gefangenschaft in der Materie zur Erkenntnis und Verwirklichung seines Seelenbewusstseins.

Es ist eine okkulte Wahrheit, dass der physische Aspekt der männlichen Spermien von der Venus regiert wird. Während der Abstieg der Egos in die Zeugung durch die Spermien, die als

Träger dienen, zum lunaren Strahl gehört, wird ihr Herabkommen von Mars regiert, der die Anziehung zwischen den beiden niederen Polen verursacht. Sobald der Schönheitsbegriff von der Materie zum Denken erhoben wird, verliert Mars im Laufe der Zeit seinen Einfluss über diese Träger der herabsteigenden Egos. Als Folge dessen opfern sich die Spermien für einen höheren Zweck und werden in eine Kraftsäule verwandelt, die dem *Mûlâdhâra* einen Impuls gibt. Dann erfolgt eine entsprechende Regung im Herzzentrum, wo Schönheit sich als Liebe ausdrückt.

Es dauert lange, bis die Funktionen des Herzzentrums vom Einfluss des Milzzentrums befreit sind. Solange die Spermien unter dem Einfluss von Mars stehen, werden sie vom Milzzentrum beherrscht. Wenn der Schüler sie durch Meditationen über Schönheit ohne Form erlöst, tritt an die Stelle der Spermienproduktion ihre Umwandlung in Kraft. Dann wird das physische Venusgewebe, das vorher zur Herstellung der Spermien verwendet wurde, zu einem Strom vitaler Kraft veredelt, der zum *Mûlâdhâra* gelenkt wird. Dort regt er die *Kundalinî* zum Aufsteigen an. Erneut zeigt sich der Widerhall des Venusprinzips im Herzzentrum, um die *Kundalinî* zu erwecken.

In der dritten Phase kommt der Widerhall des Venusprinzips in der Nähe des *Âjnâ-Chakras* zu Hilfe, um die *Kundalinî* zu diesem Zentrum aufsteigen zu lassen. Hier endet die Aufgabe der Venus als Planet in der menschlichen Konstitution.

Die Arbeit der Venus auf der physischen, mentalen und spirituellen Ebene zeigt sich als Verherrlichung der Schönheit, Liebe zur Schönheit und Liebe als Schönheit. Aus diesem Grund wird von Venus erzählt, dass sie die *Asuras*, die Formen aus Kraft, durch ihr *Mantra Mruthasanjivani* wieder zum Leben erweckte. Diese Allegorie aus dem *MAHÂBHÂRATA* erklärt die Funktion der Venus: Sie nimmt die höheren Prinzipien in den Menschen auf und lässt sie in den niederen Prinzipien durch wiederholte Auferstehungen in Erscheinung treten.

In der Schöpfung können sich die höheren Prinzipien nicht anders als durch die niederen Träger zum Ausdruck bringen. Verwirklichung bedeutet, dass die höheren Prinzipien in den niederen enthalten sind und dass die niederen Formen in den höheren aufgenommen werden. Ihr Gleichgewicht wird das große Opfer genannt, das seit Ewigkeiten von den *Bhrugus,* den Söhnen des Lichts, und den *Angirasas,* den Söhnen des Klangs, durchgeführt wird. Dieselbe Allegorie über *Mruthasanjivani* erzählt von *Kachas* Tod und Auferstehung durch *Šukras* Kräfte. Anschließend wird von *Šukras* Auferstehung berichtet: Der *Guru* wird von *Kacha,* dem *Šishya,* wieder zum Leben erweckt. An dieser Stelle genügt es zu sagen, dass das Ganze aus folgendem Vorgang besteht: Das Höhere kommt zum Niederen herab, um einerseits für sich einen Ausdruck zu finden, durch den es sich begreifbar machen kann, und andererseits drückt sich das Niedere aus, indem es zum Höheren erhoben wird, um sich zu verwirklichen.

Šukra, der Herr der Venus, wird als *Guru* der *Asuras* und *Brihaspati,* der Herr des Jupiter, als *Guru* der *Devâs* beschrieben. *Šukra* ist ebenso göttlich wie Jupiter, und er führt und leitet die *Asuras*. *Šukras* Weg heißt nach seiner Tochter *Devayâni* 'der göttliche, weibliche Pfad'. *Devayâni* bedeutet 'Weg der Götter'. Sie heiratet *Yayâti,* den Pilger, der den göttlichen Funken im Menschen darstellt. *Yayâti* ist der König von *Karmabhûmi*: die Ebenen von Ursache und Wirkung. Doch die Kinder, die sie von ihm bekommt, erben nicht das Königreich. *Devayâni* begründet jedoch ein Geschlecht, das eine Verheißung für die schließliche Inkarnation Gottes als Lord *Krishna* ist.

Diese Allegorie legt dar, dass der Pfad der Venus nur zum schöpferischen Aspekt der *Devâs* gehört und nicht zur Fortpflanzungsfähigkeit der *Asuras,* obwohl die Venus ihr *Guru* ist. Genauso sind auch *Devayânis* Kinder die Vorfahren von Lord *Krishna,* und die Kinder ihrer Magd erben *Karmabhûmi.* Man bedenke, dass die beiden von *Yayâti,* dem göttlichen Funken, gezeugten Kinder getrennte Wege gehen: den *Devayâna* und den *Pitruyâna*. Muss die tiefe Bedeutung noch weiter erklärt werden? Bei einer vergleichenden Betrachtung kann man erkennen, dass das *Mûlâdhâra* zwei Funktionen hat: Eine ist mit dem Milzzentrum verbunden, um Samenflüssigkeit zu produzieren, und die zweite ist durch die *Kundalinî* mit dem höheren Pfad verbunden.

Venus regiert den Farbsinn des Menschen. Auf der ätherischen Ebene ist Farbe die Grundlage der Form. Bevor Licht entsteht, erzeugt der Plan, den der Logos für die ganze Welt entwirft, Farb- und Tonschwingungen. Die Farbe bringt das Licht in die Objektivität hinunter. Daher gehört Venus zu jenen *Deva*-Gruppen, die 'das Licht der Himmel stehlen und es zur Erde bringen'. Venus besitzt die Schwingungen aller Farben, und deshalb ist ihre eigene Farbe milchweiß. Die Reaktion des Menschen auf die weiße Farbe ist Blau. Was wir als Farben bezeichnen, sind nur die Farbwirkungen auf der Mentalebene. Milchweiß können wir nur als Blau erleben. Deshalb gilt Blau als die Farbe des Stiers, und Lord *Krishna* kann man sich nur in Blau vorstellen. Aus diesem Grund wird *Krishna* als Licht hinter der Farbe beschrieben.

Man muss verstehen, dass der menschliche Farbsinn etwas anderes ist als die Lichtempfindungsfähigkeit. Der Farbsinn wird von der Venus und die Lichtempfindungsfähigkeit wird von der Sonne regiert. Jupiter leitet den Gehörsinn, Mars den Tastsinn und Merkur den Geruchssinn. Die Eindrücke aller genannten Sinne werden vom Mond, dem Herrn der Widerspiegelung, regiert, und die Erde als Planet bildet die Leinwand, auf der die Auswirkungen wahrgenommen werden. Wenn man eine Wirkung für die Ursache und das Wahrgenommene für die Wirklichkeit hält, bezeichnet man dies als Objektivität.

Venus lenkt auch die sich entfaltende Natur des Menschen. Daher führt sie zur Entwicklung des Klangs als Stimme und

Musik. Das Zeichen Stier regiert die Stimme. Die Entwicklung der Stimme unterscheidet sich von der Entfaltung des Klangs und seiner Bedeutung. Klang und Bedeutung sind Jupiter unterstellt, während die Absicht und die zugrundeliegende Idee der Worte zu Merkur gehören. Mars herrscht über den Impuls zu sprechen und der Mond über den zum Sprechen benötigten Atem. Wir sehen also, dass die Venus ein allumfassender Planet ist, der in der Schöpfung eine führende Rolle spielt.

Im Horoskop eines Menschen, der sich auf der unteren Ebene befindet, herrscht Venus über die Verblendung durch Schönheit. In einem solchen Fall wird Venus normalerweise von Mars beeinflusst. Wer auf der höheren Persönlichkeitsebene lebt, erhält von der Venus die Liebe zur Schönheit durch Formen und danach – mit Hilfe von Farbkombinationen – durch Ideen. Auf einer noch höheren Persönlichkeitsebene drückt Venus die Liebe zur Schönheit durch Ideen mit Hilfe der Dichtkunst aus, einem subtileren Mittel. Wenn das Bewusstsein auf der Seelenebene erwacht, verwandelt Venus die Liebe zur Schönheit in Liebe als Schönheit um. Liebe als Schönheit ist die erste Erfahrung der Wahrheit.

Das *Mantra* für den Aufstieg durch den Venusstrahl lautet *Amala*. Es bewahrt außerdem – im spirituellen Sinn – vor schädlichen Einflüssen dieses Planeten im Horoskop. *Amala* führt den Jünger über den Sinn, der ihn für Schönheit empfänglich macht, auf die gewünschten Ebenen. Man meditiert das *Mantra* als eine Frau im Lotus, die im Herzen von *Vishnu* sitzt. Durch dieses *Mantra* erkennt der Jünger die Bedeutung der 'Frau im Herzen des Mannes'. Die alten Seher gaben den Klang- und Formschlüssel, der den Schüler aus den Begrenzungen weltlicher Auswirkungen der Planeten befreit.

- Das *Mantra* für Jupiter lautet *Hamsa Šiva Soham,*
- das *Mantra* für die Sonne lautet *Ghrini,*
- das *Mantra* des Mondes lautet *Ambuja,*

- das *Mantra* für Merkur lautet *Sakala* und
- das *Mantra* für Neptun lautet *Ain-Driem*.

Im Symbol der Venus kommt die ganze Bedeutung dieses Planeten zum Ausdruck. Es ist ein Kreis über einem Kreuz. Das Kreuz stellt die Aktivität der vier Kardinalpunkte unserer Erde dar. Darin sind auch die höheren Prinzipien eingeschlossen, die herabkommen, um sich auszudrücken, sowie die niederen Kräfte, die danach streben aufzusteigen, um den Ausdruck zu erkennen. Der Kreis über dem Kreuz stellt die Seele des Menschen dar, die der Träger aller höheren Prinzipien ist. Dabei muss man bedenken, dass unsere Venus die Seele unseres Sonnensystems verkörpert. Die Position des Kreises weist darauf hin, dass die höheren Prinzipien für die niederen arbeiten, ohne von ihnen verschlungen zu werden: *Šukra* ist der *Guru* der *Asuras*. Hierin zeigt sich der geglückte Ausdruck der Herrschaft des Höheren über das Niedere. Dies ist die wahre Beziehung der kosmischen Venus zu unserer Erde, die poetisch als die Heirat von Venus und Erde beschrieben wird. Da Venus das höchste aller kosmischen Prinzipien ist, erreichen ihre Schwingungen unsere Erde durch den Planeten Venus über die Liebe von *Sanat Kumâra*. Jedes Mal, wenn die Venus das Zeichen Fische transitiert, werden alle vorbereiteten Seelen durch das Venus-Prinzip erweckt.

D.7 Saturn ♄

Für das menschliche Denken besteht die ganze Aktivität des Universums aus zwei Phasen: 'wie es ist' und 'wie es wird'. Der zweite Aspekt kennzeichnet eine periodische Abweichung vom ersten, und der erste ist immer vom zweiten überschattet. Ihn kann man nie begreifen. Nur wenn wir unseren Weg anhand der Auswirkungen der zweiten Phase zurückverfolgen, können wir ihn erkennen. Die erste Phase ist in der Symbolik der zweiten verborgen und offenbart sich nur als Gleichnis. Die zweite Phase existiert als notwendige Begrenzung für alle geschaffenen Wesen, egal ob es sich um Menschen, Planeten oder kosmische Wesenheiten handelt. Jene Begrenzung ist die Auswirkung eines Rings, und dieser Ring ist das kosmische Prinzip von Saturn, das im Planeten Saturn verkörpert ist. Das Geheimnis des 'wie es mir erscheint' ist nichts anderes als die Wirkung jener Begrenzung. Was wir als Wahrheit erkennen, ist unser eigener Blickwinkel der Wahrheit. Die geschaffenen Wesen sind hilflos, doch dies dient einem heiligen Zweck. Tatsächlich ist jene Begrenzung so lange ein Schutz für das Niedere, bis es für Höheres geeignet ist. Man kann sie mit der Eierschale für das Küken im Ei vergleichen.

In den *Purânen* wird das kosmische Prinzip, das Saturn und seine Wirkungen hervorbringt, *Lokaloka Parvata* genannt. Das bedeutet: der Knoten zwischen Ebene und Nicht-Ebene. Die Lücke zwischen dem supra-mentalen Bewusstsein eines Geschöpfes und diesem Ring bezeichnet man als Radius einer Schöpfung.

Saturn herrscht über den Ring des Horizonts, der nur für den Betrachter eine Begrenzung ist. Im menschlichen Denken bewahrt Saturn diesen Ring als Barriere, die der Mensch sich selbst auferlegt. Tatsächlich entwickelt er das Bewusstsein innerhalb dieses Ringes und erweitert ihn, wenn sich der Mensch in der erforderlichen Weise entfaltet. Mit Hilfe dieses begrenzenden Rings macht Saturn die Entwicklung unumgänglich. Durch richtiges Verstehen der göttlichen Schöpfung und des 'wie es ist' muss der Mensch den Ring überschreiten. Um über die eigene saturnische Natur hinauszugelangen, muss er sich der letztendlichen Eignung der Dinge anpassen. Auch der menschliche Zeitsinn unterliegt Saturn, und durch seine eigene Begrenzung wird der Mensch dazu gebracht, dass er warten muss.

Verzögerung, Enttäuschung und Hindernisse präsentieren sich seinem Denken infolge des saturnischen Einflusses. Verzögerung ist nichts anderes als eine Dehnung der Zeit, in der man etwas erwartet. Enttäuschung ist das Nicht-Bekommen des Erwarteten. Ein Hindernis ist der eigene Eindruck von einer äußeren Kraft, die den Menschen von dem abhält, was er als Fortschritt betrachtet.

Dadurch macht der Mensch Erfahrungen und lernt zu warten. Er erkennt, dass seine Erwartungen nicht dem entsprechen, 'wie es ist', sondern dem, was er als 'wie es sein sollte' ansieht. Der Abgrund zwischen Erfolg und Misserfolg ist also seine eigene Schöpfung. Dieser Saturn-Effekt setzt eine Zeit fest, aber nicht die Zeit der Erfüllung für alle Dinge. Mars veranlasst den Menschen, die Samen auszusäen, während Saturn die Zeit und Art der Ernte beeinflusst. Saturn hält einen Teil der menschlichen Arbeit zurück und entzieht sie seiner Kontrolle, bis die Dinge ihre höchste Eignung erreicht haben. Der Durchschnittsmensch betrachtet das als Begrenzung durch den Einfluss des grausamen Schicksals.

Saturn regiert den Zeitsinn des Menschen und wird auch Kronos, die Schnecke der Zeit, genannt. In seinem Denken erlebt der Mensch Zeitzyklen, und seine Vorstellung von diesen Zyklen wird immer dichter und enger, je mehr er von der objektiven Welt zurückerwartet. Jene immer enger werdenden Ringe des Zeitempfindens, die aussehen wie bei einer Schnecke, lösen im Menschen zunächst Hilflosigkeit aus, bis er versucht zurückzuschauen und seinen Weg zurückzuverfolgen. Wenn eine Begrenzung durch eine Umkehr der Erfahrung zurückverfolgt wird, führt der Weg zu Erweiterung und Befreiung. Diese unangenehme Aufgabe, den Menschen so lange in die Enge zu treiben, bis er seine innerste Kammer erreicht, ist die einzige Methode, um ihn wachzurütteln, damit er umkehrt und in die entgegengesetzte Richtung geht. Er erreicht dies unter dem Einfluss von Saturn.

Normalerweise versuchen die Menschen, uninteressante, unangenehme und traurige Erfahrungen zu vermeiden. Darin lässt sich die angeborene Schwäche ihrer psychischen und mentalen Ebene erkennen. Der einzige Weg, der aus dieser Schwäche herausführt, ist, den Begrenzungen ins Auge zu blicken und sie zu überwinden. Deshalb wirft Saturn den Menschen in die für ihn notwendige Erfahrung. Sobald ein Jünger bereitwillig den Weg seines Karmas zurückverfolgt und die Reihe notwendiger Erfahrungen in Angriff nimmt, endet die Funktion Saturns im Hinblick auf seine niedere Natur. Bis dahin sorgt Saturn jedoch für die notwendigen Verwüstungen.

Einem weltlichen Menschen bringt Saturn nur in jenen Lebensbereichen Probleme und Schwierigkeiten, durch die er am stärksten betroffen wird. Spielt für ihn das Geld eine zu große Rolle, wird er durch Misserfolge und Hindernisse in seinen finanziellen Angelegenheiten beunruhigt. Hängt er sich sehr an einen anderen Menschen, wird er sich von jener Person trennen müssen. Auf diese Weise wird der Mensch durch Saturn von einem Betätigungsfeld zum anderen gehetzt, bis er über solche gedanklichen Abhängigkeiten hinausgewachsen ist. Saturn ist eine Erscheinungsform von *Yama*, dem Herrn des Todes, der den Sündern entsetzlich, den Gerechten hingegen angenehm erscheint. Jupiter stellt die ethischen Grundsätze auf, und Saturn erzwingt ihre Einhaltung.

Saturn arbeitet sehr langsam, tiefgreifend und mit lang anhaltender Wirkung. Sein Zugriff ist langsam, aber sicher. Er herrscht über Dinge von beständigem Wert und über feste, dauerhafte Pläne. Als langsam wandernder Planet umkreist er den Tierkreis einmal in dreißig Jahren. In der ersten Runde, in der er alle empfindlichen Punkte des Horoskops berührt, bringt er alle Lücken und Hintertürchen des Menschen ans Tageslicht und lässt ihn die entsprechenden Erfahrungen machen.

Im physischen Körper herrscht Saturn über Haut, Zähne, Knochen, Nägel und Haare. Für den Jünger auf dem spirituellen Weg spielt er eine sehr bedeutende Rolle. Zusammen mit Merkur regiert er das Kehlzentrum. Auf den höheren Ebenen der Jüngerschaft wird das Kehlzentrum zum Ausgangspunkt der Haupteinweihungen. Die Beherrschung der Gedanken, Worte und Taten sowie Zufriedenheit, Ausdauer, Erfahrung und fortwährendes Bemühen machen den Menschen reif für den Jüngerschaftspfad und für den Bau seiner *Antahkarana*.

Im Horoskop eines spirituellen Menschen beeinflusst Saturn die Zwillinge. Im Horoskop eines Durchschnittsmenschen herrscht er zusammen mit Mars über den Skorpion. Der Geist steigt auf einem konvergierenden, spiralförmigen Weg im Skorpion herab. Dies zeigt die Art des Todes an. Wenn der Mensch die Richtung des Rades umkehrt und denselben Weg zurückgeht, stößt er auf denselben Serpentinenpfad. Es ist der Pfad des neuen Lebens, und die Windungen dieses Weges werden immer größer. Nachdem die Reise der eingekerkerten menschlichen Seele vom Skorpion zu den Zwillingen in der umgekehrten Richtung beendet wurde, arbeitet Saturn durch die Zwillinge und erbaut die *Antahkarana* des Jüngers. Dann ist die Seele von den Fesseln der Materie befreit und wird über den gleichen spiralförmigen Weg zum Stier geführt. Diesmal ist der Pfad jedoch strahlend weiß und wird als geflügelte Schlange bezeichnet. Durch weitere Umwandlungen wird sie zum Adler. Dabei erwacht das höhere Zentrum, der Geburtsort *Indras*. In den Schriften heißt es, dass *Indra* die gewundene Schlange *Vruthra* erschlug.

Der Aufstieg des Menschen ist auch mit Steinbock verbunden, der ein Trigon zum Stier und ein Sextil zum Skorpion bildet. Unter Saturns Herrschaft wird der Mensch im Steinbock aus den Zyklen von Geburt und Tod befreit. Krebs bringt den Menschen zur Erde herab, wo er sich den Prüfungen und Widerwärtigkeiten stellen und die Lektionen Saturns auf der unteren Ebene lernen muss. Im Steinbock wird dem Menschen ein Bewusstsein verliehen, in dessen Zentrum die Hierarchie steht. Zu dieser Ebene stieg Christus auf und spielte seine Rolle als Erlöser unter dem höchsten Einfluss von Saturn.

Entsprechend dem Verhältnis zwischen dem *Karma* des Einzelmenschen und dem *Karma* der Planeten herrscht Saturn über die physische Lebensdauer aller Wesen. Der physische Tod ist das Versprechen einer neuen Gelegenheit, die für eine bessere Geburt gegeben wird. Durch das Zeichen Skorpion regiert Saturn über den physischen Tod, und die neue Gelegenheit der Wiedergeburt zur Entwicklung der Seele wird durch den Steinbock geschaffen.

Es wurde bereits erklärt, dass Saturn den Zeitsinn des Menschen lenkt. Alle Periodizitäten anderer Planeten stehen in genauem Verhältnis zur Periodizität von Saturn. Der durchschnittliche Weg des Mondes an einem Tag entspricht dem durchschnittlichen Weg von Saturn in einem Jahr. Der durchschnittliche Weg der Sonne an einem Tag entspricht dem durchschnittlichen Weg von Saturn in einem Monat. Mit anderen Worten: Ein Tag der Sonne auf ihrer Ebene entspricht einem Monat auf der saturnischen Bewusstseinsebene oder dem zwölften Teil eines Tages auf der lunaren Bewusstseinsebene. Hierin liegt ein wichtiger Schlüssel zur Entdeckung der Wiedergeburtszyklen eines Menschen, denn der Mond bringt die Seelen zur Erde, und Saturn führt sie durch den Tod wieder weg. Die Sonne vermittelt den Seelen das Leben über Geburt und Tod hinaus. Es gibt ein besonderes Berechnungsverfahren, um vergangene Geburten zurückzuverfolgen, um Geburts- und Zeugungshoroskope von jenen Geburten zu erstellen und die Tendenz der Ereignisse während vieler Leben eines Menschen zu erkennen.

Im physischen Körper des Menschen kontrolliert Saturn die Nervenstränge. Nervosität, Lähmungen und Neuralgien sind dem Saturn-Einfluss zuzuschreiben. Die Verbindung zwischen den Gehirnfunktionen und den motorischen und sensorischen Aktivitäten wird durch den gemeinsamen Einfluss der beiden kalten Planeten Mond und Saturn gesteuert. Durch einen Punkt in der Nähe des Zwerchfells wird die Wärme der Sonne auf der physischen Ebene ausgestrahlt. Sie wird von Saturn behindert, falls er den Mond und die Sonne schlecht aspektiert. Saturn kann durch eine Abnahme der peristaltischen Bewegung von Nerven und Muskeln jedes Organ zum Versagen bringen. Er herrscht über das Alter des Menschen mit all seinen Beschwerden. Eine allmähliche Lähmung der Beine von den Füßen aufwärts findet man normalerweise bei Menschen, deren Saturn angegriffen ist. Wer in seinem Geburtshoroskop einen angegriffenen Saturn hat, erlebt in der ersten Saturn-Runde eine harte Zeit. Ist der Planet im Horoskop gut aspektiert, steigt der Mensch in der dritten Saturn-Runde zu begehrten Positionen auf und hat sehr große Erfolge.

Das Meditieren über drei schwarze Punkte, die ein gleichseitiges Dreieck bilden, und über das *Mantra* von Saturn wird sich auf allen Ebenen wohltuend auswirken. Dadurch wird die niedere saturnische Natur im Menschen rasch überwunden, und an ihre Stelle treten die umfassenden Wohltaten des höheren Saturn-Strahls infolge großer Einweihungen. Das Saturn-*Mantra* ist *ŚAM*. Die Blätter und Wurzeln des Sami-Baums werden die saturnischen Gedankenströme des Menschen schon nach kurzer Zeit für eine rasche Entwicklung neu ordnen.

D.8 Uranus ♅

Erst seit kurzer Zeit spricht die gegenwärtige Unterrasse der Menschheit auf die sehr hohen Schwingungen dieses Planeten an. Die Entdeckung eines Planeten lässt die Empfänglichkeit der Menschheit für dessen Schwingungen erkennen. Es ist eine bekannte Tatsache, dass die Entwicklung eines Sinnesorgans den Zeitpunkt der Entdeckung seines Gegenstücks im Reich der Planeten kennzeichnet. Uranus regiert alle radioaktiven Substanzen dieser Erde. Die Entdeckung des Radiums weist ebenfalls auf die Wirkungen von Uranus im Mineral- und Menschenreich hin. Dieser Planet herrscht über ein Raumbewusstsein, das die Atome aller Ebenen aus Urmaterie erbaut. Die Lücke zwischen Raum und Atom wird von den Wissenschaftlern unserer Zeit, deren Denken von den Uranus-Schwingungen stimuliert wird, durch eine Reihe von Entdeckungen herausgearbeitet und erklärt werden. Da Uranus der Regent des Wassermanns ist, untersteht ihm die verborgene Zahl dieses Zeichens. Durch die Gnade dieses Planeten werden die Wissenschaft des Raums und die *Advaita*-Philosophie vermittelt.

Wenn man bestimmten spirituellen Disziplinen folgt, die von Uranus beeinflusst werden, kann man das Auge *Śivas* wahrnehmen. Man lernt die Naturkräfte auf der kosmischen Ebene durch Klänge anzurufen, indem man dem Weg der kosmischen *Kundalinî* folgt. Zum ersten Mal wurde Meister *CVV* zu Beginn des 20. Jahrhunderts durch den Einfluss des Sterns *Canopus* in diesen Weg eingeweiht.

Expansion ist der Grundton von Uranus. Er bringt eine Bewusstseinserweiterung, die die Menschen mit den kosmischen und sogar mit den suprakosmischen Ebenen verbindet. Im gegenwärtigen Zeitalter leitet der Weise *Agastya* diesen Zweig des *Yoga*. Auf den unteren Ebenen der Gesellschaft führt Uranus zu plötzlichen und weitreichenden Veränderungen. Sein Motto lautet 'Biegen oder Brechen'. Unter uranischem Einfluss werden die Wissenschaftler die kosmischen Strahlen von *Mitra* und *Varuna* entdecken. Für alle, die auf der unteren Ebene leben, bringt dieser Planet sehr schnelle Veränderungen, die in der Gesellschaft Störungen und Unruhen hervorrufen. Politische und gesellschaftliche Umwälzungen, die durch die unteren Schichten der Menschheit unter dem Einfluss von Uranus ausgelöst werden, gefährden die Sicherheit. Beispielhaft dafür sind unübliche Ehen, abnorme sexuelle Wünsche sowie die Entstehung neuer Religionen, die sehr schnell wieder eingehen, nachdem sie die Moral in einigen Bereichen der unteren Ebenen verdorben haben. In spirituellen Kreisen entstehen neue philosophische und religiöse Schulen sowie einige Geheimgesellschaften von sehr hoher ritueller Ordnung. Mehr ist über Uranus zur Zeit nicht offenbart.

D.9 Neptun ♆

Genauso wie Venus die Seele unseres planetarischen Logos darstellt, ist Neptun die Seele unseres solaren Logos. Seine höhere Entsprechung ist *Vena*, der *Gandharva*, die kosmische Seele unseres Universums. Tatsächlich gehört Neptun nicht zu den Planeten. Er bildet das Zentrum einer Hierarchie, die fünf Sonnensysteme ausbildet, welche durch Gruppenkontakt miteinander verbunden sind. Zu dieser Gruppe gehört auch unser Sonnensystem. Jene Hierarchie, zu der Neptun gehört, kann man die musikalische Hierarchie nennen. Sie beschäftigt sich mit Klangwellen und deren Anordnung auf der suprakosmischen Ebene. *Nârada*, *Vena* und *Indra* gehören dieser Hierarchie an. Vorher hatte Neptun durch unseren Jupiter und durch Venus die Klangwellen unseres Sonnensystems in musikalischen Tonleitern geordnet.

Neptun trat in die Objektivität, nachdem eine Gruppe von 24 *Siddhas* in unserem Sonnensystem angekommen war. 24 Jahrhunderte danach zeigte er sich zum ersten Mal den Wesen unseres Sonnensystems. Zuerst wurde Neptun von den Lebewesen auf unserer Venus wahrgenommen, weil sie vorher durch kosmische Gruppenbeziehung in jener *Yoga*-Methode ausgebildet worden waren. Die Schüler dieser Jünger hatten körperliche Verbindungen von und zu unserer Venus. Sie leben in Körpern geflügelter Schlangen, die einen farblosen Glanz ausstrahlen. Ihre Gegenwart verwandelt die Erscheinung der Dunkelheit in die benötigten Lichtformen, und ihre Körper bestehen aus Feuer ohne Brennstoff.

Nach der Venus erhielt Jupiter diesen Gruppenkontakt, und außer Mars bekamen später alle anderen Planeten unseres Sonnensystems diesen Unterricht. Erst nach unserer Erde erhielt ihn auch Mars. Die Herstellung einer Verbindung mit Neptun ist ein besonderer Vorgang. Dazu gehört die Bildung von Satelliten, die als Spiegel für bestimmte Phänomene eingesetzt werden. Gegenwärtig empfängt unsere Erde diese Strahlen als Widerspiegelungen vom Mond. Zur Zeit gibt es nicht viele Menschen auf der Erde, deren Seelenschwingung für den neptunischen Strahl empfänglich ist. Der erste, der ihn ungefähr zur selben Zeit empfing wie die Venus war *Gautama*, der *Buddha*. Er empfing ihn durch Vermittlung von *Sanat Kumâra*.

Am Ende des letzten *Dwâpara Yuga* wurde Lord *Krishna* mit vollendeter Beherrschung des Neptunstrahls geboren. Er stand in vollkommener, enger Verbindung mit den Intelligenzen der musikalischen Hierarchie. Dies ist jedoch nicht mit späteren Einweihungen anderer Seelen in diese Hierarchie vergleichbar. *Nârâyana*, der Logos auf der siebten Ebene der suprakosmischen Welt, kam als Lord *Krishna* direkt auf unsere Erde herunter. Seine Aufgabe war so gewaltig, dass unser solarer Logos zwischen der Erde und *Sweta Dvîpa*, der Ebene von *Nârâyana*, eine besondere spirituelle Verbindung herstellen musste.

Dieser inkarnierende Logos kam unter dem Einfluss der Stier-Konstellation über die Venus auf unsere Erde herab. Kurz bevor Lord *Krishna* die Erde wieder verließ, weihte er den Weisen *Maitreya* ein und gab ihm die Verbindung zu Neptun. Eins der größten Geheimnisse, von dem man im Allgemeinen nichts weiß, ist, dass Lord *Krishna*, der als Prinzip von der siebten Ebene herabstieg, erst noch nach *Sweta Dvîpa* zurückkehren wird. Zur selben Zeit, als er diese Erde oder *Niryana* 'verließ', wurde das Prinzip eins mit Lord *Maitreya*. Zunächst gab Lord *Maitreya* alle Einzelheiten der suprakosmischen Weisheit, die er erhalten hatte, in Form einer Sammlung von Allegorien an *Vidura* weiter. Diese Sammlung allegorischer Erzählungen erhielt den Titel *BHÂGAVATA*. Da der erste Eingeweihte Lord *Maitreya* war, ist *Gautama Buddha* genau genommen der Zweite auf dieser Erde, der die Verbindung durch Neptun erhielt.

Gegenwärtig lenkt Neptun die unterbewussten Ebenen des planetarischen Logos unserer Erde. Gelegentlich finden wir das Aufblitzen neptunischer Wahrnehmungen in Form von Visionen, Träumen und medialen Erfahrungen von sehr hohem Rang. In der Zukunft wird die 'Musik der Gedanken' durch Neptun allgemein erkannt werden. Bis jetzt kennen nur sehr wenige eingeweihte Musiker die 'Musik der Gedanken'. Die Verwendung von Musik als Nahrung und Heilmittel wird sich allgemein verbreiten. Seitdem die musikalische Hierarchie in die Objektivität trat und Neptun für unser Sonnensystem wahrnehmbar wurde, bestimmt er maßgeblich die Musik dieser Erde, während der Einfluss der Venus auf diese Kunst abnimmt. Venus lenkt jedoch poetische Gedanken und Farbkombinationen. Durch das Erscheinen von Uranus wird auch Jupiters Einfluss allmählich abnehmen. Er wird seinen Einflussbereich auf die Kraft der Anordnung von Dingen beschränken.

Ein starker Neptun-Einfluss im Horoskop eines fortgeschrittenen Menschen ermöglicht durch das Seelenbewusstsein den Kontakt mit unsichtbaren Wesen auf anderen Ebenen. Infolgedessen wird es inspirierte Schriften, Visionen und plötzliche Offenbarungen kosmischer und suprakosmischer Wahrheiten geben. Fortgeschrittene Menschen erhalten Unterricht, während sie schlafen. Sie werden die ihnen zugewiesenen Rollen im Schauspiel des Lebens so genau und wahrhaftig spielen, wie sie in den Lebensereignissen von Lord *Krishna* verkörpert wurden. Die Musik der Seele wird zu ihrem eigenen und zum Wohlergehen anderer angewandt. Etwa vom 21. Lebensjahr an werden die Menschen kein Verlangen mehr nach schwerem Essen haben. Dann werden sie schnell lernen, von Wasser, Milch und sehr leichter, nahrhafter Kost zu leben. Die sogenannten Wunder der göttlichen Natur werden die normalen Ereignisse ihres Lebens sein, und ihr soziales Bewusstsein wird altruistisch sein.

Ein stark angegriffener Neptun im Horoskop ist die Folge 'spiritueller Verbrechen' und sich daraus ergebender Verwünschungen der *Gurus*. Ein solcher Aspekt kann bei dem Betreffenden die *karmischen* Folgen zum Ausdruck bringen, etwa in Form von spiritistischem Medientum, psychischen Abnormitäten, ritueller Magie des linken Pfades, unheilbarer Drogen- oder Alkoholsucht sowie sexueller Abnormität. Neptuns Einfluss auf die Wissenschaft zeigt sich mehr auf den psychischen als auf den physischen Ebenen. Man wird den Bereich des Unbewussten, außersinnliche Wahrnehmung, Telepathie, Hexerei und Dämonenlehre untersuchen und erforschen. Botanische und zoologische Erscheinungsformen wird man durch musikalische Klänge steuern können, und dies wird weite Verbreitung finden. Über das Sternbild Leier wird mit einigen fortgeschrittenen Seelen der musikalischen Hierarchie auf den kosmischen Ebenen eine regelmäßige Gruppenverbindung aufgebaut werden.

D.10 Die Mondknoten ☊ ☋

Für einen Schüler der Symbolik und des spirituellen Weges ist ein besonderes Studium der Mondknoten absolut notwendig. Die Knoten sind die beiden Zentren, an denen sich die Wege von Erde und Mond kreuzen. Sie sind die Zentren des dreifachen magnetischen Stroms von Erde, Sonne und Mond. Jeder Planet, der scheinbar eine Konjunktion mit einem der Knoten bildet, wird die Erde in besonderer Weise beeinflussen. Die Schwingungen des Planeten werden in ihrem negativen und positiven Ausdruck verstärkt. Ein Planet in Konjunktion mit dem aufsteigenden Mondknoten erweist sich als äußerst positiv und förderlich. Eine Konjunktion mit dem absteigenden Mondknoten intensiviert den negativen und schädigenden Einfluss des jeweiligen Planeten.

In den Knoten liegt eine tiefere Symbolik. Sie wirken wie die beiden Äquinoktien. Im Horoskop eines spirituellen Menschen bietet die Konjunktion eines Planeten mit einem der Knoten, sei es im Geburtshoroskop oder in der Progression, eine gute Möglichkeit, sein Bewusstsein anzuheben und die Richtung des Rades umzukehren. Sogar eine Sonnen- oder Mondfinsternis bietet einem fortgeschrittenen spirituellen Schüler diese Möglichkeit. Eine Konjunktion zwischen der Sonne und dem aufsteigenden Knoten führt zu einer Bewegung im *Sahasrâra*, während eine Konjunktion mit dem absteigenden Knoten sich auf das *Mûlâdhâra* auswirkt. Die Zirbeldrüse wird durch eine Konjunktion zwischen Mond und aufsteigendem Knoten angeregt und das Milzzentrum durch eine Konjunktion zwischen Mond und absteigendem Knoten.

Im Horoskop eines Durchschnittsmenschen wird eine Konjunktion zwischen dem aufsteigenden Knoten und Venus, Jupiter oder Neptun den Betreffenden unwillkürlich vergeistigen und ihm ermöglichen, nützliche Unterweisungen aus geheimnisvollen Quellen zu empfangen. Das Studium von Symbolen, Zeichen und das Alphabet der Sprachen der Eingeweihten werden seine Aufmerksamkeit anziehen, und große Wahrheiten werden ihm offenbart.

Ergibt sich im Horoskop eines Durchschnittsmenschen eine Konjunktion zwischen dem absteigenden Knoten und Mars, Saturn, Sonne oder Uranus, kann dies schwere nervliche Störungen zur Folge haben. Im gesamten Nervensystem wird es zu ernsten Störungen der Reflexvorgänge kommen, auf die wahrscheinlich Krankheiten wie Epilepsie, Chorea bzw. Veitstanz folgen werden. Wenn man über eine Schlange meditiert, die auf ihrem Schwanz steht, und einen Talisman trägt, der die Haut einer schwarzen Kobra enthält, können diese üblen Auswirkungen abgewehrt werden.

Es mag von Interesse sein, dass die Symbolik der beiden Mondknoten, die sich im Tierkreis rückläufig bewegen, alle jene Sprachen regiert, die von rechts nach links geschrieben werden. Die Eier vieler Schlangenarten werden unter dem Einfluss des absteigenden Knotens ausgebrütet. Nach dem Gesetz der Entsprechungen hat der absteigende Mondknoten viele Eigenschaften der Waage, während der aufsteigende Mondknoten Widder-Merkmale aufweist.

Meister EK

Anhang I

Tabelle 1: Entsprechungen zu den 12 Tierkreiszeichen

Zeichen	Sanskrit	Symbol	Farbe	Klang	Mineral	Zahl
Widder	*Mesha*	♈	Rot	H	Eisen	9
Stier	*Rishabha* o. *Vrishabha*	♉	Blau	R	Kupfer	6
Zwillinge	*Mithuna*	♊	Grün/Blau	S	Quecksilber	5
Krebs	*Kataka* o. *Karkataka*	♋	Grün	M	Silber	2
Löwe	*Simha*	♌	Goldgelb	N	Gold	1
Jungfrau	*Kanyâ*	♍	Spektrum	–	Radium	7
Waage	*Thulâ*	♎	Karmesinrot	V	magn. Eisen	4
Skorpion	*Vrišchika*	♏	Schwarz	P	Blei	8
Schütze	*Dhanus*	♐	–	F	Zinn	3
Steinbock	*Makara*	♑	Indigo	–	Uranium	10
Wassermann	*Kumbha*	♒	Dunkelblau bis Violett	–	–	*Pûrnam*
Fische	*Mîna*	♓	Himmelsfarbe	Ph+F	Magnesium	7

Tabelle 2: *Nakshatra*-Tierkreis (Mondkonstellationen)

Der Tierkreis wird in 27 gleiche Sektoren von je 13° 20' geteilt.

Sektoren	*Nakshatra*	Sektoren	*Nakshatra*
1	*Krittika*	15	*Anurâdha*
2	*Rohini*	16	*Jyeshtha*
3	*Mrigašîra*	17	*Mûla*
4	*Ârdra*	18	*Pûrvâshâdha*
5	*Punarvasu*	19	*Uttarâshâdha*
6	*Pushyami o. Thishya*	20	*Šravana*
7	*Âšlesha*	21	*Dhanishtha*
8	*Magha*	22	*Šatabhishak*
9	*Pûrvaphalguni*	23	*Pûrvabhâdra*
10	*Uttaraphalguni*	24	*Uttarabhâdra*
11	*Hasta*	25	*Revati*
12	*Chitra*	26	*Ašvini*
13	*Svâti*	27	*Bharani*
14	*Višâkha*		

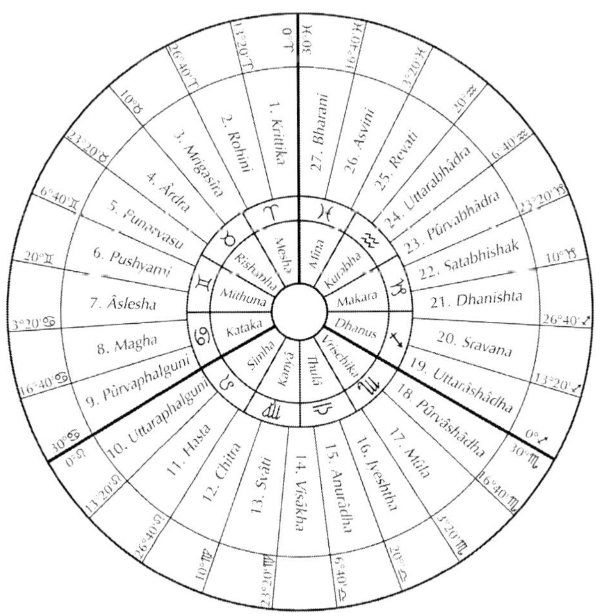

Tabelle 3: *Tidhis* (Mondphasen)

Jede Phase (*Tidhi*) dauert so lange, wie der Mond braucht, um einen scheinbaren Winkel von 12° mit der Sonne zu bilden.

Nr.	Winkel zwischen Sonne u. Mond	Bezeichnung des *Tidhis*	Entsprechung zum *Manu*
1	0° o. 360°	*Amâvâsya* (Neumond)	–
2	12°	*Pratipath*	1. *Manu*
3	24°	*Dvitîya*	2. *Manu*
4	36°	*Tritîya*	3. *Manu*
5	48°	*Chaturdhi*	4. *Manu*
6	60°	*Panchami*	5. *Manu*
7	72°	*Shasthi*	6. *Manu*
8	84°	*Saptami*	7. *Manu*
9	96°	*Ashtami*	8. *Manu*
10	108°	*Navami*	9. *Manu*
11	120°	*Dašami*	10. *Manu*
12	132°	*Ekâdaši*	11. *Manu*
13	144°	*Dwâdaši*	12. *Manu*
14	156°	*Trayodaši*	13. *Manu*
15	168°	*Chaturdaši*	14. *Manu*
16	180°	*Pûrnima* (Vollmond)	–
17	192°	*Pratipath*	14. *Manu*
18	204°	*Dwitîya*	13. *Manu*
19	216°	*Tritîya*	12. *Manu*
20	228°	*Chaturdhi*	11. *Manu*
21	240°	*Panchami*	10. *Manu*
22	252°	*Shasthi*	9. *Manu*
23	264°	*Saptami*	8. *Manu*
24	276°	*Ashtami*	7. *Manu*
25	288°	*Navami*	6. *Manu*
26	300°	*Dašami*	5. *Manu*
27	312°	*Ekâdaši*	4. *Manu*
28	324°	*Dvâdaši*	3. *Manu*
29	336°	*Trayodaši*	2. *Manu*
30	348°	*Chaturdaši*	1. *Manu*

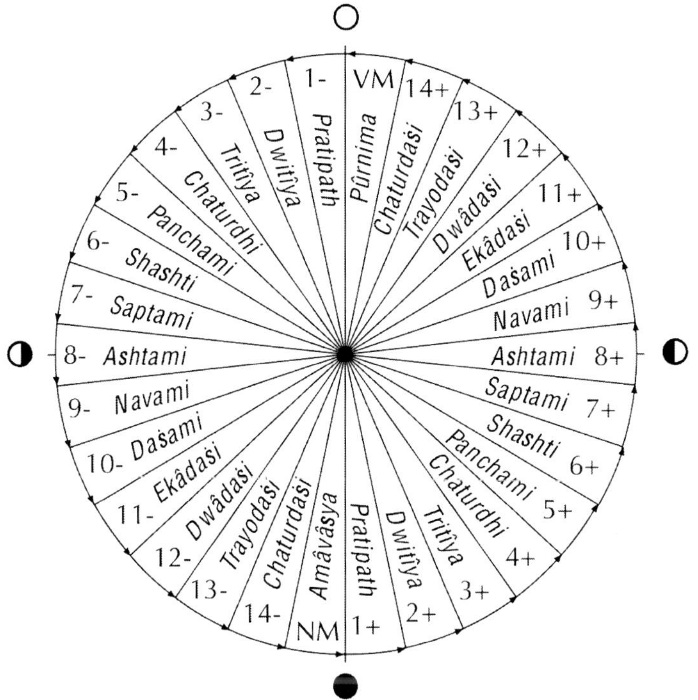

Die *Tidhis* (Mondphasen)

Anhang II

Glossar der Sanskrit-Begriffe

Für die Aussprache der im Buchtext kursiv geschriebenen Sanskrit-Begriffe sind die folgenden Regeln zu beachten:

- Die Vokale *â* (= aa), *î* (= ii, englische Schreibweise = ee) und *û* (= uu, englische Schreibweise = oo) sowie die Diphthonge *e, o, ai* und *au* sind immer lang;
- *j* wie „dsch“:
  Jîva („Dschiiwa“),
  aber *jn* wie „gnj“:
  Jnâna („Gnjaana“), *Âjnâ* („Aagnjaa“);
- *y* wie „j“:
  Yoga („Joga“), *Jaya* („Dschaja“);
- *v* (manchmal auch *w* geschrieben) wie „w“:
  Veda („Weda“), *Saraswathî* oder *Sarasvatî* („Ssarasswathii“);
- *c* (meist ch geschrieben) wie „tsch“:
  Chakra oder *Cakra* („Tschakra“), *Kacha* („Katscha“);
- *s* als dentaler Zischlaut (Zahnlaut) wie „ss“ oder „ß“:
  Simha („Ssimha“), *Hamsa* („Hamssa“);
- *š* (häufig auch *sh* geschrieben) als palataler Zischlaut (Gaumenlaut) zwischen „sch“ und „s“ wie in „Stein“:
  Šiva oder häufig auch *Shiva* geschrieben (zwischen „Ssiwa“ und „Schiwa“), *Âšlesha* (zwischen „Aasslescha“ und „Aaschlescha“);
- *sh* als lingualer Zischlaut (Zungenlaut) wie „sch“:
  Shambala („Schambala“), *Krishna* („Krischna“);
- *h (bh, ch, dh, gh, jh, kh, ph, th)* als deutlich hörbarer Hauchlaut:
  Buddha („Budd-ha“), *Samâdhi* („Ssamaad-hi“);

A

Abhaya Mudrâ Eine Geste der Furchtlosigkeit, die durch die Handhaltung (▸ *Mudrâ*) dargestellt wird. 88

Abhithat Ältestes ▸ *vedisches* ▸ *Mantra*. Es bedeutet 'So sei es'.219

Aditi Die Mutter der Götter oder Intelligenzen, welche die Schöpfung zum Licht führen. Sie repräsentiert den östlichen Horizont. Von ihr wird in der GEHEIMLEHRE als 'Ursubstanz' gesprochen. *Aditi* ist dasselbe wie ▸ *Mûla Prakriti*: die Urnatur, aus der die drei Qualitäten hervorkommen. Im ALTEN TESTAMENT wird sie 'die Tiefe' genannt. 119

Advaita Eine Schule der ▸ *Vedânta*-Philosophie, von ▸ *Sankaracharya* gegründet. Sie lehrt, dass alle Geschöpfe in ihrem Wesen vollkommen gleich mit dem absoluten *Parabrahman* sind. Der Begriff bedeutet 'nicht zwei', das heißt, ▸ *Jîva* ist eins mit *Parabrahman*. 192, 305

Agastya Ein großer Weiser auf der Erde, auf der solaren Ebene ein Stern namens Canopus und ein erhabenes Prinzip auf der kosmischen Ebene. Auf allen Ebenen weist es auf das Emporheben der niederen in die höheren Prinzipien hin. Im Tierkreis wird das Zeichen Wassermann von diesem Prinzip regiert.

Die ▸ *Purânen* beschreiben, daß *Agastya* die Gewässer der Meere austrinken musste, um einige Dämonen zu töten, die sich darin versteckt hatten. Im Mikrokosmos befindet sich dieses Prinzip im Herzzentrum, das durch Liebe die niederen Prinzipien des Menschen zu den höheren emporhebt.

Einst wurde ein König mit Namen ▸ *Nahusha* auf die Ebene von ▸ *Indra*, dem König der Götter, erhoben. Er arbeitete als ▸ *Indras* Stellvertreter. Im Laufe der Zeit wurde ▸ *Nahusha* bösartig. Daraufhin verfluchte *Agastya* ihn, als Schlange auf die Erde hinunterzufallen. Diese Allegorie aus den ▸ *Purânen* beschreibt den Fall des Menschen. 134, 160, 192, 195, 197, 207, 276, 305

Agni Feuer. In den ▸ *Veden* und ▸ *Purânen* wird *Agni* als jene große Gottheit beschrieben, die durch das kosmische Opfer die gesamte Schöpfung in das Feuer der Objektivität führt. 62, 120, 253, 277

Agni Yoga Der Pfad des ▸ *Râja Yoga*, der von den großen theosophischen Meistern für die Menschheit vorgeschrieben wird. Dieser Weg hat ein mehr kosmisches als individuelles Ziel. 168

Ain-Driem Das ▸ *Mantra* für Neptun. 297

Aithareya Der Name eines Kommentars zur ▸ *Rig Veda*. Tatsächlich bezeichnet der Name den mythischen Autor dieses Werkes. Derartige Namen sind nur symbolisch zu verstehen. *Aithareya* bedeutet 'Objektivität' oder 'das Ergebnis der Objektivität'. 254

Âjnâ Das Brauenzentrum; ▸ *Chakra*. 21, 46, 48ff, 91, 95f, 100, 102, 104, 133, 144, 147, 150ff, 165, 200, 209, 222, 234, 247, 258, 278f, 287, 293

Âkâsha-Chronik Die Einprägungen der Weisheit aus dem gesamten Universum, die als Eigenschaften im Raum verborgen sind. Durch spirituelle Projektion auf diese Ebene, die das Gedächtnis der Natur genannt wird, kann ein ▸ *Yogî* alle Einzelheiten darin lesen. 210

Aksharam Unzerstörbar. Der Begriff bezeichnet *Parabrahman*, das höchste Prinzip, sowie die Buchstaben im Alphabet einer jeden Sprache, weil alle geschaffenen Wesen mit den Buchstaben der großen Äußerung 'des Wortes' verglichen werden, das Gott war und das der Logos genannt wird. 68

Amala Das ▸ *Mantra* für den Aufstieg durch den Venusstrahl . . 296

Ambuja Das ▸ *Mantra* des Mondes 296

Anâhata Das Herzzentrum; ▸ *Chakra* 47, 117, 129, 247

Ananta Die Ewigkeit gilt als eine Erscheinungsform des Herrn. Man nennt sie auch die 'große Schlange mit Tausenden von Köpfen'. Ihre Köpfe erhalten das Gleichgewicht innerhalb der gesamten Schöpfung aufrecht. Sie wird auch ▸ *Šesha* genannt, das Schlangenbett, auf dem der Herr schläft. 87, 93, 99

Anasûya Die Frau des großen Weisen ▸ *Atri* und ein Stern in der Nähe der Plejaden. *Anasûya* ist die Mutter von Lord ▸ *Dattâtreya*, der über die ▸ *yogische* Weisheit auf dieser Erde herrscht. 147

Angirasa Name eines göttlichen Weisen. Der Begriff bedeutet die 'Essenz des Wortes' und wird auch als Attribut für ▸ *Brihaspati* verwendet. 294

Ânjaneya Ein großer Held im ▸ *RÂMÂYANA*. Ein Nachfolger ▸ *Râmas*, der sich dem lebenslangen Zölibat weihte. Seine kosmische Ergänzung erscheint als eine der Funktionen des Luftelements. 249

Ankusa Stachelstock für Elefanten; Symbol für Selbstdisziplin. *Ankusa* und Lanzenspitze sind ▸ *Subrahmanyas* Waffen . . 275f

Annamaya Die materielle Hülle des Menschen, die seine physische, ätherische und astrale Ebene einschließt 47

Antahkarana Die Brücke zwischen dem normalen, bewussten Denkvermögen und den höheren Ebenen, zu denen sich das Gewahrsein eines ▸ *Yogîs* entwickeln muss. 104, 120, 123, 127, 131, 149, 152, 156f, 188, 190, 199, 200, 203, 233, 247, 265, 287, 301

Anugraha Die Gnade Gottes 139

Apâna Eine der Pulsierungen, die Ausatmung 76, 151

Apsarâs Eine Gruppe von Nymphen. Es heißt, dass sie ▸ *Indras* Residenz schmücken. Sie sind solare Prinzipien, die über die Bildung der Wassertropfen durch die Sonnenenergie wachen. Der Begriff bezeichnet das Fließen des Wassers. 260

Apûrva Wörtlich: Nie zuvor 284

Ardhanarîsvara Das Paar, das über der Geschlechtlichkeit steht. Der göttliche Androgyn. 49, 101

Arka Die weiße Calotropis, eine Pflanze mit kreuzgegenständiger Blattanordnung; sie wird auch Pflanze des Sonnengottes genannt. 255

Aruna Ein Sohn, den ▸ *Vinata* von ▸ *Kašyapa* bekam; ▸ *Garuda*. 260

Ârya, ârisch Arier, Prototyp eines spirituell entwickelten Menschen 90

Âsana Eine ▸ *Yoga*-Haltung im ▸ *Hatha Yoga*. Im ▸ *Râja Yoga* bedeutet der Begriff, Frieden und Ausgeglichenheit zu erreichen und das ruhespendende Zentrum des Bewusstseins zu entdecken. 127

Âshram Der Wohnort göttlicher Wesen; eine subjektive Verschmelzung von Seelen, die zu Dienstzwecken versammelt wurden 46, 81, 97, 135, 174, 180, 190

Âšlesha Schlange. Der Name einer ▸ *Nakshatra,* wenn der Tierkreis in 27 gleiche Teile unterteilt wird. Traditionell ist *Âšlesha* der 9. Abschnitt, aber nach einer älteren und rationaleren Tradition ist *Âšlesha* der 7. Abschnitt. Jeder Abschnitt umfasst 13° 20′. *Âšlesha* endet bei 30° Krebs. Außerdem gibt es eine entsprechende Sterngruppe, die denselben Namen trägt: die Schlangen-Konstellation. 121

Asuras Dämonen; wörtlich: *a* = nicht, *sura* = göttlich 32, 293f, 297

Ašvamedha Das berühmte Pferdeopfer in den ▸ *vedischen* Ritualen.. 178

Ašvattha Der heilige Baum 'Ficus religiosa', in dem das Pferd (das Lebensfeuer) eingebettet ist. In Indien wird er seiner Natur entsprechend in der Einfriedung großer Tempel verehrt. . . 177f

Ašvins Die Zwillingsgötter, die über die Paare in der Schöpfung wachen. Das geflügelte göttliche Pferdepaar. Sie werden auch als die göttlichen Heiler und als Boten der Zeit beschrieben. 193, 282

Ašvini, Ašwani Pferdekopf. Der Name einer ▸ *Nakshatra,* wenn der Tierkreis in 27 gleiche Teile unterteilt wird. 54f

Âtma Das ICH BIN eines jeden Wesens und jedes Universums. Das Wort bedeutet 'Selbst'. 182

Atri Wörtlich: 'nicht Drei'. Das, was über die Drei hinausgeht, das reine Bewusstsein hinter der Schöpfung. *Atri* und ▸ *Ânasûya* sind die Eltern von ▸ *Dattâtreya.*

Auch das Aufrühren des Meeres. Einst rührten die ▸ *Devâs* (Götter) und die ▸ *Asuras* (Dämonen) das Meer auf, um das Lebenselixier zu bekommen. Zum Aufrühren benutzten sie den großen Berg *Mandhara* als Stab, die große Schlange ▸ *Vasûki* als Seil und die große Schildkröte als nach außen gewölbte Schale, auf der der Berg gedreht werden konnte. Durch dieses Aufrühren kamen ▸ *Soma,* das kosmische Mondprinzip, und die Göttin ▸ *Lakshmî* sowie weitere wertvolle, göttliche Erscheinungsformen hervor. 147

Avidyâ Unwissenheit 132

Ayanamsa Der Grad-Abstand zwischen dem Frühlingsäquinoktium und einem festgelegten Punkt, der einen Anfangspunkt des Tierkreises bildet. Verschiedene astrologische Schulen in Indien richten sich nach ihm. Er verändert sich jedes Jahr mit der Präzession der Äquinoktien. 56

B

Badabagni Das Feuer, das im Meer verborgen ist. Jedes Mal, wenn das Meer aufgewühlt ist, lodert das Feuer empor und verschlingt die Umgebung. 116

Banyan Heiliger Baum 'Ficus Bengalensis' mit Luftwurzeln. Er trägt die Energie des 1. Strahls und ist besonders für Feuerrituale geeignet.. 63

Bhagavad Gîtâ Das Lied des Herrn; umfassende Lehre von Lord ▸ *Krishna*; eine Synthese von ▸ *Brahma Vidyâ, Yoga Vidyâ* und den ▸ *Upanishaden*. Die BHAGAVAD GÎTÂ besteht aus 18 Kapiteln und ist im 6. Buch des ▸ *MAHÂBHÂRATA* enthalten. Sie offenbart die wahre Natur des Menschen, seine Stellung im Kosmos und seine Beziehung zu Gott. 99, 140, 154, 174, 177, 228

BHÂGAVATA PURÂNA, auch ***BHÂGAVATA(M) (ŠRÎMAD)*** Schrift von ▸ *Vyâsa* über das Leben Lord ▸ *Krishnas*. Diese altindischen Schriften (▸ *Purânen*) lehren das Gewahrsein der Gegenwart Gottes in jedem Wesen und in allem während der täglichen Routine eines Jüngers. . . 46, 60, 99, 106, 135, 183, 257, 287

Bhagîratha Ein solarer König. Durch sein intensives feuriges Streben brachte er ▸ *Gangâ* vom Himmel zur Erde herunter und befreite dadurch seine verstorbenen Vorfahren. 207

Bhakti Der Weg der Hingabe, der seinen Höhepunkt in der völligen Selbstaufgabe des Schülers und im Hervorstrahlen der Gnade des Herrn erreicht. Dieser Weg gilt als der größte aller spirituellen Pfade. 101f

Bhakti Yoga Der Weg des hingebungsvollen Dienstes des Schülers, bis er vollkommene Unpersönlichkeit erreicht hat.. . 208, 281

Bhogavathi Die Göttin mit der Schlangenhaube 207

Bhrugu Ein großer ▸ *Rishi* auf dieser Erde und ein kosmisches Prinzip, dessen Prototyp die Reihe jener ▸ *Rishis* bildet, die *Bhargavas* genannt werden. Der Begriff wird auch für das kosmische Ebenbild der Venus benutzt (▸ *Šukra*). 61, 188

Bhrugus Die Söhne des Lichts 294

Bodhi Der Baum der Weisheit. Er stellt den heiligen Baum 'Ficus religiosa' dar. Es heißt, ▸ *Gautama Buddha* habe unter diesem Baum die Erleuchtung erlangt. 178

Brahmâ Der dritte Logos; er steht für den Aspekt der intelligenten Aktivität. Er ist einer der ▸ *Trimûrtis,* die Trinität von ▸ *Brahmâ,* ▸ *Vishnu* und ▸ *Śiva,* welche die Prinzipien von Schöpfung, Erhaltung und Zerstörung symbolisieren.

Der Zyklus einer Schöpfung umfasst 100 Jahre *Brahmâs,* wobei 1 Jahr *Brahmâs* = 360 ▸ *Kalpas* = 14 x 360 ▸ *Manvantaras* = 14 x 360 x 72 ▸ *Mahâ* ▸ *Yugas* entspricht. 60, 62, 68, 100, 106, 109f, 138, 163

Brahman Der absolute Gott, aus dem alle Stadien der Schöpfung hervorkommen und in den sie wieder münden. Er ist die höchste Vorstellung von Gott, die ein erschaffenes Wesen erfassen kann. 100

Brâhmanas Ritualistische Kommentare zu den ▸ *Veden*. Nach den ▸ *Mantren* sind sie die ältesten Aufzeichnungen der ▸ *vedischen* Literatur. Sie handeln von der umfassenden Symbolik der ▸ *Veden*. 62

Brahmâ Danda Der heilige Stab, den die Weisen benutzen, wenn sie meditieren. Eigentlich steht der Stab für die vertikale Richtung des Bewusstseins, das von der Basis der Wirbelsäule bis zum Scheitel aufsteigt. 46, 86, 89f

Brahmâ Randhra Das Loch oben im Kopf. Es ist die Öffnung, durch die das göttliche Bewusstsein zum Menschen fließt und auch von ihm ausgeht. Jene Öffnung existiert im Äther und im Mentalkörper zwischen Gaumenbogen und Scheitel. 67, 82, 149f, 167f, 176ff, 209, 287f

Brahmâ Vidyâ Spirituelle Weisheit, die Weisheit des Logos. Der Ausdruck wird auch für die Weisheit der ▸ *Veden* benutzt. 175

Brahmi Die Pflanze 'Hydrocotile asiatica' 191

Brihaspati Der Lehrer der Götter. Er herrscht über den Klang und dessen Funktionen im Raum. *Brihaspati* ist die leitende Gottheit der spirituellen Weisheit. ▸ *Chandra* kam als Schüler zu

Chandra Der Mond, der Satellit unserer Erde.......... 28, 263

Chandrasekhara Lord ▸ *Šiva*. Das Wort bedeutet 'der Herr, der den Mond auf seinem Kopf trägt'. Es verkörpert die verborgene Form des Herrn, die durch das solar-lunare Bewusstsein dargestellt wird und die Wesen eines Sonnensystems führt. Der Mond steht für das Denken und die Sonne für das Zentrum oder das ICH BIN einer jeden Schöpfungseinheit. 103

Chaturbhuja Der Herr mit vier Armen. Er wird symbolisch mit vier Händen dargestellt, die einen Diskus, eine Muschel, ein Zepter und eine Lotusblüte halten. Sein Symbol ist die Form des Kreuzes mit vier gleich langen Armen. Es gilt als Symbol jenes Gleichgewichts innerhalb der Schöpfung, das wir 'Existenz' nennen. 41

Châya 'Schatten'; die Frau der Sonne, wie auch ▸ *Sanjna* . . . 260

Chetas Die Grundlage des höheren Denkens, die alle Aufzeichnungen der vergangenen Leben bewahrt.............. 232

CVV Der Meister des Wassermannzeitalters 5, 191, 305

D

Daksha Einer der ▸ *Prajâpatis* und Schwiegervater von Lord ▸ *Šiva*. Zur Ausführung des Jahres-Rituals lud er ▸ *Šiva* nicht ein. Seine Tochter nahm daran teil, ohne dass sie dazu eingeladen war. Sie verbrannte ihren Körper in dem spirituellen Feuer, weil sie von ihrem Vater beleidigt worden war. ▸ *Šiva* wurde wütend. Er vernichtete das Opfer und schnitt *Daksha* den Kopf ab. Die anderen Götter ersetzten den Kopf durch den Kopf eines Widders und vollendeten das Opfer. Dann beschwichtigten sie ▸ *Šiva*, der daraufhin in einer friedlichen Form erschien, die ▸ *Dakshinâmûrthi* genannt wird........... 87, 189, 267

Dakshinâyâna Der absteigende Pfad (▸ *Uttarâyâna*). . . 134, 261

Dakshinâmûrthi Eine Form von Lord ▸ *Šiva*. Er wacht durch Schweigen über die Bedeutung des Einweihungswortes.... 189

Damaru Die Trommel von Lord ▸ *Šiva*. Nach jedem kosmischen ▸ *Pralaya* kommen alle Klänge der ganzen Schöpfung aus ihr hervor. 200

Dânavas Die Dämonen, die Söhne von ▸ *Diti*. 61

Dattâtreya Ein große Seher, der die Weisheit des ▸ *Yoga* auf dieser Erde leitet. Er setzt die drei Prinzipien ▸ *Brahmâ,* ▸ *Vishnu* und ▸ *Šiva* ein. *Dattâtreya* hat drei Köpfe. Ihm folgen die vier ▸ *Veden* (die vier Stadien der Äußerung des Wortes) in der Gestalt von vier Hunden (▸ *Anasûya*). 129, 147

Deva, Devâs Ein göttliches Wesen. Tatsächlich wird mit diesem Titel jede schöpferische Intelligenz bezeichnet. 61, 67, 102, 116, 173, 185, 189, 199ff, 294f

Devayâna Göttlicher Pfad als Weg zur Sonne, den die Kinder von ▸ *Devayâni* gehen (▸ *Pitruyâna*). 295

Devayâni Die Tochter von ▸ *Šukra*. Sie heiratete ▸ *Yayâti,* einen König aus dem lunaren Geschlecht. ▸ *Yayâti* verfluchte *Devayânis* Söhne, das Königreich nicht zu erben. Eines von *Devayânis* Sklavenmädchen bekam ebenfalls Kinder von ▸ *Yayâti,* und diese Kinder erbten das Königreich. 294

Devî Göttin 258f

Dhârana Die sechste Stufe des von ▸ *Pantanjali* vorgeschriebenen achtfachen ▸ *Yoga*-Pfades. Der Vorgang umfasst die Identifizierung der eigenen mentalen Fähigkeiten mit dem Objekt der Meditation. 75, 288

Dhruva Ein großer Prinz, der durch sein feuriges Streben den Status eines ewigen Sterns erreichte: des Polarsterns. *Dhruva* war der Sohn von *Uttânapâda* und *Sunîti*. Er wurde von seiner Stiefmutter *Suruchi* tief gekränkt und zog sich deshalb in die Wälder zurück. Dort weihte ▸ *Nârada* ihn in den Weg von Lord ▸ *Nârâyana* ein. 60, 282

Dhyâna Meditation. Die siebte Stufe des von ▸ *Pantanjali* vorgeschriebenen achtfachen ▸ *Yoga*-Pfades.. 75

Diti Die Mutter der Dämonen, der dunklen Kräfte. *Diti* stellt den westlichen Horizont dar, in dem das Licht entschwindet und aus dem die Dunkelheit aufsteigt. Sie repräsentiert die ursprüngliche Dunkelheit, die die Tiefe erfüllt, und bildet den Gegensatz zur anderen Tiefe, die die Mutter der Götter ist. Die 'Tiefe' ist die Mutter des Lichts, aber 'die Dunkelheit, welche die Tiefe erfüllt', ist die Mutter der zerstörenden Kräfte. Die Mutter des Lichts bildet den Anfang der Schöpfung, während

Diti den Ursprung des Denkens und der Materie als die notwendigen Übel der Schöpfung darstellt. *Aditi* (Tiefe) und *Diti* (Dunkelheit) werden als die östliche und westliche Frau des Sehers beschrieben, der das Himmelsgewölbe ist. 119

Durgâ Eine Form der Göttin der Macht. Sie sitzt auf einem Löwen. *Durgâ* stellt die Macht der Liebe dar, die alle Dämonen mit besitzgierigem Wesen tötet. 141

Dwâpara, Dvâpara Das dritte der vier ▸ *Yugas*. Es wird das Kupferzeitalter genannt und dauert doppelt so lange wie das ▸ *Kali Yuga*. 98, 308

F

Fohat Der 'Erbauer der Bauelemente', der auf der kosmischen Ebene hinter allen Manifestationen wie Licht, Wärme, Klang, Adhäsion usw. ist, wie auch der 'Geist' der Elektrizität, die das Leben des Weltalls ist (HP Blavatsky: DIE GEHEIMLEHRE – KOSMOGENESIS Band I, Seite 163); ▸ *Takshaka*. 261

G

Ganapati Die elefantenköpfige Gottheit 285f

Gandharva Die Gruppe kosmischer Gottheiten, die über den musikalischen Sinn der Welten wachen. Sie leiten auch die romantische Muse der geschaffenen Wesen. . 199ff, 248f, 260, 307,

Gangâ Der heilige Fluss Ganges in Nordindien. Symbol für Synthese in der Bewegung, um Glückseligkeit zu erfahren. . . 207

Garbha Die Erdkugel; der Globus aus Atomen 29

Garuda Der große Adler, das Gefährt von Lord ▸ *Vishnu*. Die Geschichte seiner Geburt wird folgendermaßen erzählt: Der ▸ *Prajâpati Kašyapa* hatte zwei Frauen, ▸ *Vinata* und ▸ *Kadruva*. *Vinata* bekam zwei Söhne, ▸ *Aruna* und *Garuda*. ▸ *Aruna* besaß keinen Unterkörper. Er wurde der Wagenlenker des Sonnengottes. *Garuda* kam aus einem großen Ei hervor. Er brachte das Lebenselixier von ▸ *Indra* auf die Ebene der Schlangen herunter und erlöste damit seine Mutter aus der Sklaverei. 91, 119

Gaurî Eine Gottheit in den ▸ *Purânen* 258

Gautama Ein Verkünder der Weisheit 32, 146, 308

Gautama Buddha Name eines ▸ *Avatârs* des erwachten, geistigen Menschen 209, 308

Gavâmayana Ein großes ▸ *vedisches* Ritual von erheblicher astronomischer Bedeutung. Es ist dem Sonnengott geweiht, der das Jahr regiert. *Gavâmayana* bedeutet 'der Pfad der Lichtstrahlen'. 103

Gâyatrî Eines der wichtigsten Versmaße in den ▸ *vedischen* Hymnen. Es umfasst drei Zeilen von jeweils acht Silben. *Gâyatrî* ist ein Symbol des lunaren Jahres mit seinen vierundzwanzig Lunationen. Der Begriff *Gâyatrî* bezeichnet auch ein großes ▸ *Mantra*, das im selben Versmaß aufgebaut ist. Dieses ▸ *Mantra* ist eine Anrufung des Herrn der Allgegenwart. Von einem ▸ *Brahmanen* wird erwartet, dass er es dreimal am Tag meditiert. 68, 138, 287

Ghati Ein Sechzigstel des Tages = 24 Minuten 80

Ghî Gereinigte Butter 99, 120, 134

Ghrini Das ▸ *Mantra* für die Sonne 296

Guru Meister; spiritueller Lehrer, der das kosmische Bewusstsein vertritt und durch Beeindruckung unterrichtet 6, 9, 18, 46, 48, 62, 77, 95, 97, 106, 109, 112, 123f, 129ff, 152, 157, 162, 172ff, 179f, 197f, 200, 206, 212, 224, 233f, 272, 277, 282, 290, 294, 297, 310

H

Hamsa Schwan. '*Hamsa* ▸ *Šiva Soham*' ist das ▸ *Mantra* für Jupiter 296

Hari Universales Bewusstsein; Gott in der Schöpfung; der innewohnende Gott in allem, was ist 106

Hasta Elefantenrüssel. Der Name einer ▸ *Nakshatra*, wenn der Tierkreis in 27 gleiche Teile unterteilt wird. 285

Hatha Yoga Ein System der ▸ *Yoga*-Praxis, das sich hauptsächlich mit der Ausbildung des physischen Körpers und seinen Funktionen beschäftigt. Diese Methode bildet jedoch keinen Hauptaspekt des ▸ *Yoga*-Pfades der ▸ *Rishis* und Meister. 273

Hayagrîva Der Herr mit dem Pferdekopf. Er repräsentiert den Herrn aller Weisheit. 177, 178

Hekate Eine Hexe, die über die niederen Welten herrscht. . . 133

Himâlaya Name des Gebirges in Nordindien, wörtlich: 'Wohnort des Schnees'; Geburtsort des ▸ *Gangâ* 28, 145

Hiranyakasipu Ein großer Dämonenkönig, der Vater von *Prahlâda*. Er wurde vom Herrn in dessen Inkarnation als Mensch-Löwe getötet. 135

I

Idâ Das lunare Pulsieren auf der linken Seite der Wirbelsäule. 46, 90, 258

Indra Das Denkprinzip. Der König aller ▸ *Devâs*. Im Mikrokosmos ist er der Herr aller aktiven Zentren und ihrer Intelligenzen. Auf makrokosmischer Ebene herrscht er über die Götter des Raumes. 50, 88, 91, 96, 102, 147, 160, 166, 171ff, 208ff, 278, 287, 302, 307

Indraprastha Eine Stadt, die von Göttern erbaut wurde und in der Geschichte des ▸ *MAHÂBHÂRATA* den fünf Söhnen des Lichts als Hauptstadt dienen soll. Sie ist der Wohnort von ▸ *Indra* und im Menschen die Zirbeldrüse. 171

Indra Yoni Der Geburtsort von ▸ *Indra*, die Zirbeldrüse. . . 50, 88

Itihâsas Eine Allegorie, die eine ▸ *vedische* Wahrheit zum Ausdruck bringt. 62

J

Jaimini Ein großer Weiser und Jünger von ▸ *Vedâvyasa*. Er gab die ▸ *Sâmaveda* heraus und verfasste eine große Abhandlung über Astrologie in Form von Aphorismen. 62

Jara Die Göttin, die das alte Zeitalter darstellt. 105

Jarâsandha In der Geschichte des ▸ *MAHÂBHÂRATA* ein mächtiger, grausamer König. Im Menschen bezeichnet *Jarasandha* den lateralen Sinn und den Orientierungssinn. 105, 150

Jatâyu In den alten heiligen Schriften der Name eines großen Vogels. Er stellt einen der größeren Zeitzyklen und seine Berechnungen dar. Man sagt, dass der Vogel immer im Kreis

Kâma Das Verlangen; auch ein Impuls für ▸ *Sankalpa,* die erste Ursache der Schöpfung. 23, 186, 264, 276

Kapila Ein ▸ *Siddha,* ein kosmisches Prinzip, das über das Bewusstsein von Zahl und Form herrscht. In den ▸ *Purânen* wird erzählt, dass *Kapila* seine Mutter nach dem *Sânkhya* System in die Weisheit der ganzen Schöpfung einweihte. Er unterrichtete sie, während er in ihrem Mutterleib heranwuchs. 66

Karma, karmisch Die Kettenreaktion der gesamten Schöpfung. Auch die vom Menschen ausgehenden Kettenreaktionen. 8, 30, 36, 66, 81, 93f, 102, 121, 124, 177, 218, 226, 228ff, 236ff, 245, 256, 302, 310

Karma Yoga Der Pfad der Aktivität. Er wird von der Vorstellung des Herrn als Schafhirte regiert. 208, 272

Karmabhûmi Die Ebenen von Ursache und Wirkung 294

Kašyapa Eine Verkörperung des Himmelsgewölbes. Der Bogen zwischen Steinbock und Krebs. Seine beiden Frauen sind ▸ Aditi und ▸ Diti. 119

Kirana Der Lichtstrahl. 90

Koša Die Hüllen der menschlichen Konstitution, von denen es im wesentlichen fünf gibt:

1. ▸ *Annamaya* (physischer und ätherischer Körper),
2. ▸ *Prânamaya* (Vitalkörper, der den Astral-, Wunsch- und niederen Mentalkörper mit einschließt),
3. *Manomaya* (höherer Mentalkörper),
4. *Vijnânamaya* (höherer Mentalkörper und untere ▸ *Buddhi*-Ebene),
5. *Ânandamaya* (die Seele und die Prinzipien oberhalb der Seele). 120

Kratu Jedes Ritual von sakramentalem Wert 284

Krishna Der achte ▸ *Avatâr* von Lord ▸ *Nârâyana*. Vor langer Zeit, als die Erde die Last der Sünder nicht mehr tragen konnte, betete sie zu Lord *Nârâyana*. Er kam als *Krishna* auf die Erde herab und führte den ▸ *Mahâbhârata*-Krieg, um die Sünder zu beseitigen. 95f, 98, 161, 166, 178, 192, 211f, 271, 288, 294f, 308f

Krittika Schere. Der Name einer ▸ *Nakshatra,* wenn der Tierkreis in 27 gleiche Teile unterteilt wird. Die Konstellation der Plejaden. 54, 57, 87

Krodha Hass, Abneigung 276

Kshîrasâgara 'Das Milchmeer'. Es bildet die Milchstraße und ist der Wohnort der Schlange ▸ *Šesha*. 60

Kulapati Einer, der die ewige Weisheit unterbreitet und die Verantwortung für die Gruppenbildung von mindestens 10.000 Jüngern auf sich nimmt 179

Kumâra Das unbefleckte Kind von Lord ▸ *Šiva*. Es verkörpert den Ursprung des Geistes in der Schöpfung. Das Wort *Kumâra* bezeichnet auch eines der sieben Wesen, die die spirituelle Evolution führen. . . . .
. . . . . . 42, 49f, 58, 87, 97ff, 103, 163, 173, 249, 275, 277

Kumbha Das Zeichen Wassermann. *Kumbha* bedeutet Topf.. . . .
. . . . 198

Kundalinî Der zusammengerollte spirituelle Funke, der schlafend am Basiszentrum der Menschen liegt. Er wird von einem ▸ *Yogî* zu den Ebenen seines Kopfzentrums emporgehoben.

Die kosmische *Kundalinî* ist der Südpol des Raumglobus, der den Sternenstaub in der Form eines Kegels ausströmt. Die kosmische *Kundalinî* ist der Kraftstrom, der dazu führt, dass die latente kosmische Kraft als wahrnehmbare Sonnenenergie nach außen tritt.. . . . . 60, 90, 93, 165, 167f, 171f, 177, 191, 247, 273, 293, 295, 305

Kurukshetra Das Schlachtfeld, auf dem der ▸ *Mahâbhârata*-Krieg geführt wurde. 170

L

Lagna Der Aszendent. 23

Lakshmî Die Göttin des Wohlstandes und des Gedeihens. . . . . .
. . . . 101f, 187, 258

Lalitha Die Göttin der Schönheit und Gnade. Die höchste Vorstellung von der Weltenmutter.. 147

Laya Verschmelzen 40, 201

Laya Yoga Eine spezielle ▸ *Râja Yoga*-Übung, besonders geeignet für Menschen mit Schütze Aszendent. 171

Lingam Das Doppelsymbol von Lord ▸ *Šiva* 50

Lobha Habgier 276

Loka Eine Ebene. Die Schöpfung besteht aus sieben Ebenen:

1. *Bhu* (Ausstrahlung),
2. *Bhuva* (Bildung, Formung),
3. *Svar* (Erfahrung),
4. *Mahar* (Glanz),
5. *Jana* (Fortpflanzung),
6. *Tapa* (Belebung),
7. *Satyam* (Existenz oder Verwirklichung).

Der Begriff *Loka* bezeichnet auch die sieben Ebenen des menschlichen Bewusstseins, die sieben Ebenen der Ausstrahlung, des Klangs usw. 63, 180

Lokaloka Parvata Das kosmische Prinzip, das Saturn und seine Wirkung hervorbringt 298

M

Mada Brutalität 276

Madhyama Das Wort als Sprache; ▸ *Vâk*. 137

MAHÂBHÂRATA Ein großes Epos, das von ▸ *Vedavyâsa* in 18 Büchern verfasst wurde. Die ▸ *BHAGAVAD GÎTÂ* ist ein Teil des *MAHÂBHÂRATA*. 61, 105, 132, 150, 165, 170, 178, 193, 195, 206

Mahâdeva Der große Herr, der über die Schöpfung und ihre Einheit herrscht. 171, 200, 201

Mahâparanirvâna, mahâparanirvânisch Die siebte und höchste der suprakosmischen Ebenen. Sie wird *Sweta Dvîpa*, die weiße Insel, genannt, und sie ist der Wohnsitz von Lord ▸ *Nârâyana*. . . .137f

Mahat Das Denkvermögen im Raum.. 182

Mahâ Kalpa Das größere ▸ *Kalpa*, das größer als ein Tag *Brahmâs* ist. Es umfasst die ganze Lebensspanne eines ▸ *Brahmâ*. 30, 218

Mahâ Yuga Ein Zeitzyklus von 10 ▸ *Kali Yugas*. Alle vier ▸ *Yugas* (▸ *Krita*, ▸ *Tretâ*, ▸ *Dwâpara* und ▸ *Kali)* zusammen werden *Mahâ Yuga* (Großes ▸ *Yuga*) genannt. 72 *Mahâ Yugas* sind ein ▸ *Manvantara* 54, 80, 191, 248

Maheŝvara Der große Herr der Einweihung im ▸ *Sahasrâra* oder Kopfzentrum 109

Maitreya Der Weltlehrer Lord *Maitreya;* im Westen als Christus verehrt 81, 147, 195, 209, 308

Makara Das Zeichen Steinbock. 140, 184, 186f

Makara Thorana In indischen Tempeln der Bogen über dem Kopf einer Gottheit. Er steht für das Zeichen Steinbock, weil es der Sonnenaufgang der Götter ist. Aus diesem Grund finden wir in den Tempeln auf dem *Makara Thorana* die Abbildungen von Krokodilen. 188

Manas, manasisch Das Denkvermögen, die dritte Ebene der Existenz.. . . . . 73, 96, 182

Mandakini Das sanfte Fließen des Wassers 207

Manipûraka Das Nabelzentrum oder der Solarplexus; ▸ *Chakra.* 47, 165, 278

Mantra, Mantren, mantrisch Eine Klangformel, die aus einer Reihe von Silben besteht. Wenn sie richtig intoniert werden, manifestieren sich die beabsichtigten Energien. 91f, 109f, 123, 125, 128, 177f, 180, 183, 276, 277, 279, 285, 293, 296f, 303

MANTRA PUSHPA Alte Handschrift. 254

Manu Der Vater einer Menschenrasse auf dieser Erde. Es kommen 14 *Manus* hervor, die 14 verschiedene Menschheitsgattungen erschaffen. 62f, 186f, 195, 216

Manvantara Die Zeitspanne eines ▸ *Manu*. Sie umfasst 72 ▸ *Mahâ Yugas*.. . . . . 30, 54, 63f, 216f, 219f

Mara Der Engel des Wunschdenkens. Im Buddhismus ist er als Engel des Abstiegs bekannt. In der Symbolik der alten indischen Schriften verkörpert er das Wunschdenken. Dieses ist eine wesentliche Voraussetzung für die Erschaffung eines Universums oder eines Menschen. Daher wird *Mara* das Kind von ▸ *Vishnu* genannt. 187

Mârkandeya Ein großer Weiser und das Urbild eines kosmischen Prinzips. Er leitet jenes Bewusstsein, das zwei größere ▸ *Pralayas* miteinander verbindet. 201, 249

Maruts Die ▸ *Rishis* unserer Erde kamen durch den Pfad des Lichtes als die sieben Flammen des heiligen Feuers herab. Von ihnen gingen die sieben Atemzüge unseres Universums hervor, und sie nahmen die Gestalt der sieben *Maruts* an. 62

Matsarya Rache 276

Matsyâvatâra Die Inkarnation von Lord ▸ *Vishnu* als Fisch. 186, 204

Mâyâ Illusion; wörtlich: *Mâ* = nicht, *Ya* = DAS; zu Täuschungszwecken für Menschen erschaffen, die sich den Sinnen hingeben 13, 33, 76, 140, 153, 155

Meru Heiliger Berg im ▸ *Himâlaya,* Wohnsitz der Götter . . . 143

Meru Devî Die Mutterkraft, die in der Rotationsachse dieser Erde existiert. 143

Minâkshi Ein Aspekt der Weltenmutter. Der Begriff bedeutet: die Frau, die die beiden Fische des Fische-Zeichens als Augen hat. Ihr Blick ist ein Symbol spiritueller Gnade. 50

Mitra Ein Sonnengott in den ▸ *Veden*. Er herrscht über die Morgendämmerung mit all ihren Bedeutungen. In den ▸ *vedischen* Ritualen repräsentiert er das Licht im Osten, das die Weisheit ist. Der Begriff bedeutet 'der Herr aller Maße'. 115, 192f, 200, 207, 282, 306

Moha Falscher Eindruck 276

Mruthasanjivani Das ▸ *Mantra,* durch das die toten Seelen zum Leben erhoben werden. Das Geheimnis der Auferstehung. Das ▸ *Mantra* wird von ▸ *Šukra,* dem Lehrer der ▸ *Asuras,* verwendet, um jene ▸ *Asuras,* die im Krieg von den Göttern getötet wurden, ins Leben zurückzubringen. *Kacha,* der Sohn von ▸ *Brihaspati,* kam zu ▸ *Šukra* und lernte das ▸ *Mantra* von ihm. 293f

Mudrâ Eine symbolische Handhaltung; die verschiedenen Siegel des Menschen 77, 188

Mûla Wurzel. Der Name einer ▸ *Nakshatra,* wenn der Tierkreis in 27 gleiche Teile unterteilt wird. Eine Sterngruppe am Anfang des Zeichens Schütze, auch ein Sternhaufen im Schützen. Er hat eine direkte Entsprechung zum ▸ *Mûlâdhâra*. . . . 168, 177

Mûlâdhâra Das Basiszentrum; ▸ *Chakra* 46, 71, 165, 167f, 177f, 182, 258, 273, 278, 287f, 293, 295, 311

Mûla Prakriti Ursprüngliche Materie und die Gottheit, die über sie herrscht. Alles, was wir Materie nennen, ist nur eine sekundäre Erscheinungsform der *Mûla Prakriti*. . . . 63, 99, 103, 125

N

Nâga Eine Schlange. Sie steht auch für einen Eingeweihten, der die Weisheit in sich trägt. 99, 165

Nahusha Name eines Königs im ▸ *MAHÂBHÂRATA* (▸ *Agastya*). 160

Nakshatra Ein System zur Einteilung des Tierkreises. Nach den ▸ *vedischen* Astrologie-Schulen wird der ganze Tierkreis in 12, 27, 28, 30, 360 oder 720 gleiche Teile unterteilt. Jede Art der Einteilung dient einem bestimmten Zweck und wird *Nakshatra* genannt. Die orthodoxen Schulen der Hindu-Astrologie benutzen nur das System, bei dem der ganze Tierkreis in 27 gleiche Teile geteilt wird. Jedem Abschnitt werden bestimmte Eigenschaften und eine Gottheit zugeordnet, die ihn regiert (siehe Anhang I, Tabelle 2). 54, 123

Namaskârams Eine Begrüßung 5

Nara Der Mensch, das menschliche Bewusstsein im Menschen. Im ▸ *MAHÂBHÂRATA* hieß der dritte der fünf Söhne des Lichts *Nara*. 170, 178

Nârada Der übermenschliche Lehrer und Meister aller Meister. Er repräsentiert den Pfad der Hingabe. 106, 124f, 190, 195, 199, 249, 280ff, 307

Naramedha Das Menschenopfer des ▸ *vedischen* Rituals. Es ist ein höchst symbolisches Ritual, und alle seine Geheimnisse sind in der ▸ *Purusha Sûkta* und den jeweiligen Kommentaren verborgen. 185

Narasimha Der vierte ▸ *Avatâr* von ▸ *Vishnu*: Er hat einen Löwenkopf und einen menschlichen Körper. Diese Form nahm der Herr an, um ▸ *Hiranyakasipu* zu töten und dessen Sohn ▸ *Prahlâda* zu retten. Der ▸ *Avatâr* wird mit den Funktionen des Doppelzeichens Löwe-Wassermann gleichgesetzt. . . 136

Nârâyana Der absolute Herr, der sich nicht von ▸ *Parabrahman* unterscheidet. 170, 174, 183, 187, 208, 280, 282f, 308

Nâsatyas Die 'nicht unwahren Wesen' 193

Naza Die weiße Schlange 165

Nimlochani Die Stadt ▸ *Varunas.* Sie liegt im Westen Indiens. *Nimlochani* bedeutet 'Abhang' oder 'Schräge'. 119

Nirayana Die Methode zur Berechnung der geographischen Länge der Planeten in ihrem Verhältnis zu einem fixen Tierkreis. Sie wird von den meisten modernen Astrologen Indiens angewandt. In diesem System wird der gesamte Tierkreis entlang der Grenzen der Sternbilder aufgezeichnet. 56

Nirguna Jenseits aller Eigenschaften 186

Niryana Die Erde 308

Niyama Die zweite Stufe des achtfachen ▸ *Yoga*-Pfades. Sie enthält die ▸ *yogische* Disziplin, die zur Verbesserung der Persönlichkeit führt: Reinheit, Zufriedenheit, eifriges Streben und die Anwendung der heiligen Schriften, um die eigene Persönlichkeit ganz dem Bewusstsein des Herrn zu weihen. 127

Nyâsa, Nyâsa Vidyâ Die Wissenschaft der Übertragung. Von dem, der sie anwendet, wird erwartet, dass er die höheren Prinzipien auf die entsprechenden Teile seines Körpers überträgt. . 48, 110

P

Pându Der weiße König oder der König des Lichts, der Vater der fünf Brüder (*Pândus*) im *MAHÂBHÂRATA*.. 169

Pankthi Eines der Versmaße der ▸ *vedischen* Metrik (Prosodie), mit 10 Silben als zwei Paare von je 5 Silben. Esoterisch bedeutet es die fünffältigen Gruppierungen in der Schöpfung, wie beispielsweise die 5 Sinnesorgane oder die Teilung des Tierkreises in 5 Sektoren. 42

Pâpa Purusha Der Begriff bedeutet 'Mensch der Sünde' oder besser 'der Sünder im Menschen'. Der Begriff wird in einem bestimmten Sinn gebraucht, um die Gesamtheit der Unreinheiten des Menschen in seinem Äther-, Astral-, Wunsch- und niederen Mentalkörper zu bezeichnen. ▸ *Tantrische* Übungen schreiben ein bestimmtes Verfahren vor, um diesen Aspekt im Schüler auszubrennen.. 167

Parâ Das Höchste, die Wahrheit, das ▸ *Tat* (DAS); das Wort als Äußerung (▸ *Vâk*). 192

Param Das Höchste. Wird als Beiname des höchsten Herrn gebraucht, der über dem kosmischen Logos steht. 68

Paramâtma Das höchste Selbst; das Gleiche wie *Parabrahman* oder ▶ *Nârâyana*. 181

Parâsara Ein großer Weiser, Vater von ▶ *Vedavyâsa*; Verfasser der *VISHNU PURÂNA* und einer Gesetzessammlung. . . 62, 206, 235

Parašu Eine Axt. Die furchtbare Waffe von *Parašurâma*, der sechsten Inkarnation ▶ *Vishnus*. 61, 200

Parjanya Der Herr, der den Zyklus der Gewässer leitet. Er lässt die Wolken entstehen und herabregnen. *Parjanya* bedeutet 'allgeboren', denn jedes lebendige Wesen entsteht allein durch das Wasser. 173

Pašyantî Das Wort als Begriff (▶ *Vâk*) 137f

Patanjali Verfasser des ▶ *YOGA SÛTRA*. 127, 151

Pavaka Eine Form des Feuers: das Feuer als Reiniger. 92

Pingalâ Der solare Strom, der im rechten Wirbelsäulenkanal pulsiert (▶ *Idâ*). 46, 90, 258

Pitris, Pitrus Eine Gruppe von ▶ *Devâs*, die die Fortpflanzung in der Schöpfung leiten. Es gibt viele Gruppen von *Pitris* (*Pitrus*). Einige gestalten die Formen des Universums, andere wachen über das Zahlenbewusstsein, und noch andere lenken die Eigenschaften von Materie, Denkvermögen und Raum.. . . . . 42, 110, 116, 220

Pitruyâna Kreisförmiger Pfad als Weg zum Mond, den die Kinder von ▶ *Yayâti* und dem Sklavenmädchen gehen (▶ *Devayânî*) 295

Prahlada Sohn von ▶ *Hiranyakasipu*. Ein großer Verehrer von Lord ▶ *Vishnu* (▶ *Narasimha*). 282

Prajâpati Ein Herrscher auf der kosmischen Ebene. Der Begriff bezeichnet jene intelligente Gruppe von Wesen, die die verschiedenen Zeitenrunden regieren und die unterschiedlichen Funktionen der kosmischen, solaren und planetarischen Evolution leiten. In gewissem Sinn entsprechen sie den Patriarchen der Bibel. In den ▶ *Veden* wird das Jahr *Prajâpati* genannt. 60, 62, 87, 133, 187, 267

Prakriti Natur. 125, 154

Pralaya Auflösung, eine Ruhezeit für die Schöpfung. 40, 78, 200f, 216

Prâna Das Leben, das vitale Prinzip, der Vitalkörper, der Sauerstoff. 47f, 73, 76, 96, 111ff, 115, 117, 128, 151, 168, 191

Prânamaya Der Vitalkörper. In der funktionalen Anatomie einer okkulten Schule wird der Mensch in fünf ▸ *Košas* oder Hüllen eingeteilt. 47, 65, 77

Pranava Das Bewusstsein des Herrn, das durch *OM* geäußert wird und das ICH BIN eines jeden Lebewesens darstellt. 42, 178

Prânâyâma Die Methode zur Beherrschung der vitalen Impulse des Menschen durch die Kunst des Atmens. 7, 12, 75ff, 79, 108, 110, 117, 127, 151f, 168, 221, 227, 288

Pratyâhâra Die fünfte Stufe des achtfachen ▸ *Yoga*-Pfades von ▸ *Patanjali*. Sie hat das Abrunden der mentalen Aktivität zum Inhalt, um sich auf die ▸ *Buddhi*-Ebene einzustimmen. 75, 152, 288

Purâna, Purânen, purânisch Heilige Schriften in Sanskrit, die in 18 Haupt-*Pûrânen* und 18 Neben-*Pûrânen* über das göttliche Wirken auf der Erde berichten. 38, 50, 59, 62f, 68, 78, 80, 82, 87, 91, 102, 119, 123, 128, 135, 138, 140f, 172, 181, 183, 187, 191, 195f, 201, 204, 206f, 216f, 220, 249, 258f, 264, 267, 298

Pûrnam Erfüllung, Vollkommenheit, jegliche abgerundete Entwicklung; die positive Null der alten Mathematiker im Gegensatz zu *Sunya*, der negativen Null, die man in der modernen Arithmetik kennt. 198, 200

Purusha Der Ausdruck bezeichnet allgemein eine Person auf der mikrokosmischen und makrokosmischen Ebene. Speziell ist damit das erste Hervortreten Gottes als Person gemeint. 86f, 92, 99, 125, 128, 138, 140, 154, 185, 254, 284

Purushakâra Die Vorbereitung, die einem Menschen von der Natur gegeben wird, damit er in der Lage ist, das Bewusstsein des Herrn zu erreichen. 138

Purushârtha Das Streben des Menschen, um eines der 4 Ziele zu erreichen: ▸ *Kâma* (Wunscherfüllung), *Artha* (Wohlstand erwerben), *Dharma* (nach dem Naturgesetz leben und Pflichten erfüllen), *Moksha* (Befreiung von der Unwissenheit). 31

Purusha Sûkta Eine Hymne aus der ▸ *Rig Veda*, die die kosmische und suprakosmische Form des ▸ *Purusha* preist. Die Hymne bildet den Hauptteil beim Ritual des Opfers des Menschen. Sie beschreibt, dass der ▸ *Purusha* von der höchsten Ebene aus sich selbst heraus als seinem eigenen Ursprung herabsteigt. Danach kamen aus den verschiedenen Teilen seines Körpers alle Götter hervor. Sie opferten ihn und entwickelten aus seinen Geweben die gesamte Schöpfung. Die Hymne legt auch dar, dass jeder Mensch sich selbst, das heißt, sein Menschen-Bewusstsein opfern und es durch ▸ *Purusha*, das Gott-Bewusstsein, ersetzen muss. 29, 43, 86, 95, 99, 140

Pymandaris Der große Geometer des Universums 108

R

Râjarshi Ein Königseingeweihter; ein König, der auch ein Hohepriester ist. 133

Râja Rajesvari Name der königlichen Mutter ▸ *Mûla Prakriti*, mit dem Mond als Kopfschmuck 103

Râja Yoga Königlicher ▸ *Yoga*, den ▸ *Patanjali* in seinen ▸ *Sûtras* verfasste . . . .
12, 102ff, 109, 117, 121, 130, 152ff, 158, 171, 224, 248

Râma Ein ▸ *Avatâr* ▸ *Vishnus*. 61, 124, 125, 172

Râmânuja Ein großer Weiser, der jenes philosophische System begründete, das als 'eingeschränkter Nicht-Dualismus' bezeichnet wird. Diese geistige Richtung stellt die Beziehung der Schöpfung zum Schöpfer als Teil des Ganzen dar. 138f

Râmânujachârya Ein Seher wie ▸ *Sankarachârya*, der im 12. Jahrhundert in Südindien gelebt hat 183

RÂMÂYANA Ein großes episches Gedicht, das von ▸ *Vâlmîki* verfasst wurde. 106, 172, 287

Rig Veda Die erste der vier ▸ *Veden* und die älteste zugängliche Schrift der Welt. 181, 254, 261

Rishabha Ein großer König, der über die früheste Menschheit herrschte. *Rishabha* bezeichnet auch den Stier, das zweite

S

göttlichen Bewusstsein lebte. Viele große Einweihungen und göttliche Wunder sind ihm zuzuschreiben.. 129

Sakala Das ▸ *Mantra* für Merkur 297

Sakra Der 'Herr der tiefen Weisheit' auf der kosmischen Ebene als höheres Gegenstück zu Jupiter 284

Sâlokya Eins mit dem Blick des Herrn. 138

Samâdhi Die achte ▸ *Yoga*-Stufe des von ▸ *Patanjali* vorgeschriebenen achtfachen ▸ *Yoga*-Pfades; der letztendliche Zustand der Glückseligkeit 26, 75, 172, 174, 197, 211

Samâna Eine der fünf Pulsierungen des Vitalkörpers. Sie dient als ein zentrierendes Prinzip und hilft, Ausgeglichenheit in den Vitalkörper und den Mentalkörper zu bringen. 76

Samâna Vâyu Die innere Körperluft, welche die Ausgeglichenheit reguliert 150

Sampathi Ein Vogel, der sich in den Himmel erhebt 172

Samskâras Eindrücke; Gedankenverbindungen. 74

Samudra Die Ansammlung von Wasser 77

Sanat Kumâra Der bekannteste der sieben *Kumâras*. Er ist die vierte der sieben mentalen Ausstrahlungen des viergesichtigen ▸ *Brahmâ*. Auf kosmischer Ebene gehört er zu den sieben hohen Intelligenzen, die nicht auf die grobstofflichen Ebenen der Schöpfung herunterkommen. Auf mikrokosmischer Ebene gehört er zu einer der Ebenen höherer Fähigkeiten des Menschen, die durch subtilere Methoden der ▸ *yogischen* Praxis erweckt werden. Seine Prototypen existieren auf allen Schöpfungsebenen. Auf dieser Erde ist er ein großer Weiser, der in jedem Zeitalter die Weisheitsschulen führt. Er hat eine geheimnisvolle Verbindung zu den planetarischen und kosmischen Gottheiten der Venus.. . 81, 87, 124, 190, 195, 248, 297, 308

Sanat Sujâta Einer der sieben ▸ *Kumâras*, der mentalen Ausstrahlungen von ▸ *Brahmâ* (▸ *Sanat Kumâra*). Dem *MAHÂBHÂRATA* zufolge vermittelte er die höchste spirituelle Weisheit an ▸ *Vidura* und *Dhrutarâshtra*. 163

Sanjna Ein Symbol, ein Name der Frau des solaren Gottes. Der Begriff bezeichnet das Zentrum der spirituellen Weisheit des Sonnenlogos und der menschlichen Seele.. 260

Sankalpa Der Wille zur Tat, der erste Impuls der ganzen Schöpfung, die erste Bestätigung des Schöpfers, die wahre Bedeutung der Invokation 'So sei es'. 23, 137, 199, 249

Sankarâchârya Ein Seher, der Begründer der ▸ *Advaita*-Philosophie und Lehrer vieler alter Wissenschaften. 183, 192

Sapta Tanthu Das große Ritual des Tierkreises mit sieben gleichen Sektoren. 42

Sapta Sapthi Die kosmische Sonne als 'das Vielfache von sieben' 253

Saraswathî, Sarasvatî Die Göttin der Sprache, die im Mikrokosmos und Makrokosmos über das Hervorkommen 'des Wortes' herrscht. *Saraswathî* wird als Frau des viergesichtigen ▸ *Brahmâ* dargestellt. Auch der Name eines Flusses, der in *Prayâga* mit den beiden anderen Flüssen ▸ *Gangâ* und *Yamunâ* zusammentrifft.. . . . . .100, 106, 110, 138, 175, 258, 285

Sarpa Eine Schlange 99, 165

Sarpa Yâga Das große Schlangenopfer, das im MAHÂBHÂRATA beschrieben wird. 61

Sârûpya Eins mit der Gestalt des Herrn. 138

SATAPADHA BRAHMAN Ein Kommentar zum kosmischen Plan über die ganze Schöpfung auf der Erscheinungsebene 27

Sattva Gleichgewicht, Ausgeglichenheit 121

Satya Wahrheit, die als Gesetz der Existenz zum Ausdruck kommt. 218

Satyavân Der Ehemann von ▸ *Sâvitrî*. Er ging mit ▸ *Sâvitrî* in einen Wald und starb dort. ▸ *Yama* führte *Satyavans* Leben in die Unterwelten. ▸ *Sâvitrî* folgte ▸ *Yama* und brachte *Satyavân* ins Leben zurück. 163

Satyavatî Die Mutter von ▸ *Vedavyâsa* (in spirituellem Sinn). Sie wird als Tochter des großen Königs ▸ *Vasu* beschrieben (der Reichtum des gelben Strahls, der einen Zweig der solaren Weisheit repräsentiert). *Satyavatî* wurde vom König der Fischer im Bauch eines großen Fisches gefunden. Von ▸ *Parâsara* empfing sie ihren Sohn ▸ *Vedavyâsa*.. 206

Savita Das Erschaffende oder Ausstrahlende; der solare, zweite Klang *U* im *AUM* 253

Sâvitrî Die Frau von ▸ *Satyavân* 163

Sayujya Eins mit der Einheit des Herrn 138

Šesha Eine große göttliche Schlange, die als Bett Lord ▸ *Vishnus* dient. Ihr Wohnort ist 'das Milchmeer' ▸ *Kshîrasâgara*. Von ihr wird gesagt, dass sie die ganze Herrlichkeit der Erscheinungswelt auf ihren Köpfen trägt. 60

Shambala Ein Ort im ▸ *Himâlaya*. Er existiert noch, jedoch nur auf den feinstofflicheren Ebenen. In ihm wohnen die höheren Wesen, die die Menschen in der Spiritualität unterrichten. *Shambala* wird in die Objektivität treten. Es ist prophezeit, dass der ▸ *Kalki Avatâr* in diesem Ort wohnen wird. 81, 87f, 92, 97, 123f, 131, 146, 209, 235, 257, 274

Shanmukha Der Name des sechsgesichtigen Gottes. Er ist Lord ▸ *Subrahmanya*, der Sohn ▸ *Šivas* und der größte der ▸ *Kumâras*. Im Okkultismus steht dieser ▸ *Kumâra* in direkter Verbindung mit den sechs Sternen der Plejaden.

Shanmukha bezeichnet auch den Namen eines Gerätes, das bei Ritualen verwendet wird. Es besteht aus sechs miteinander verbundenen Stäben, die alle rechtwinklig zueinander stehen. 275, 277

Siddha Eine Person, die sich im ▸ *Yoga* vervollkommnet hat 40, 307

Siddhâsana Die Meditationshaltung eines ▸ *Yogi*. 167, 221

Simha Löwe; das Tierkreiszeichen Löwe 77

Simhâsana Als Thron oder Sitz des Löwen wird so die Höhle oberhalb des Zwerchfells bezeichnet 77

Simsumara Chakra Das ganze sichtbare Sternenzelt, das man von unserer Erde aus sehen kann. Es wird mit dem Rücken einer Schildkröte verglichen. 60

Sirsha Der Kopf 87

Šishya Schüler, Jünger 48, 132, 175, 294

Sîtâ Tochter von ▸ *Janaka*, Ehefrau des Sonnengottes ▸ *Râma*, repräsentiert im ▸ *RÂMÂYANA* die Seele im Körper (▸ *Lankâ*) . 172

Šiva Der erste Logos; der 'Zerstörer'; er steht für den Macht- und Willensaspekt. Er ist einer der ▸ *Trimûrtis*, die Trinität von ▸ *Brahmâ*, ▸ *Vishnu* und ▸ *Šiva*, welche die Prinzipien von

Sweta Dvîpa Die weiße Insel, der Wohnsitz Lord von ▸ *Nârâyana*. Sie ist die siebte Ebene ▸ *Mahâparanirvana*. 308

T

Taittiri Der Vogel der Einweihung, der die rituelle Weisheit der ▸ *Veden*, die ▸ *Yajur Veda*, als seinen eigenen Gesang verkündet. Es ist der ▸ *Yajur Veda Taittirîya*-Weg zur ▸ *Yajur Veda*. . 176

Taittirîya Upanishade Der Zweig des ▸ *Yajur Veda*, der durch den Vogel *Tittiri* in der Welt eingeführt wird. 176, 188

Takshaka Der Name eines Schlangenkönigs im *MAHÂBHÂRATA*. Der Ausdruck bedeutet Stecher oder Kupferstecher und entspricht dem tibetischen ▸ *Fohat*, der für die Schöpfung Löcher in den Raum gräbt. *Takshaka* gilt als männliche Form der kosmischen Energie. 166, 173

Tantra, tantrisch Das Arbeiten mit ▸ *Mantra* (Klang) und ▸ *Yantra* (Symbol) in einer rhythmischen und ritualistischen wissenschaftlichen Methode. 31, 177, 200, 203

Thishya Eine lunare Sterngruppe im Zeichen Krebs. Auch der Name eines geheimnisvollen Sternbildes, in dem eine wichtige Konjunktion mehrerer Planeten stattfinden wird. Sie zeigt das Ende des ▸ *Kali Yugas* an. 285

Tidhi Der dreißigste Teil eines lunaren Monats. Die Dauer eines jeden *Tidhis* entspricht einem scheinbaren Winkel von 12° zwischen Sonne und Mond (▸ Tabelle 3 über *Tidhis* im Anhang I). 63, 216

Tittiri Ein Vogel, von dem es heißt, er habe ▸ *Yajur Veda*, die zweite ▸ *Veda*, hervorgebracht. Esoterisch ist *Tittiri* der Vogel des Lebens, denn er kann der ganzen Lebensspanne eine rituelle Struktur geben. 176

Trayî Vidyâ Die Weisheit der ▸ *Veden*; die dreifache Entwicklung 'des Wortes'. Über die 'dreifältige Weisheit' (*Trayi Vidyâ*) hat Graf Saint Germain das Buch *TRINOSOPHIA* verfasst. 68, 120, 253

Tretagni Die drei Feuer (▸ EINE ABHANDLUNG ÜBER KOSMISCHES FEUER von Alice A. Bailey.. 92

Tripadhaga Ein Fließen in drei Richtungen 207

Trivrit Dreifaltig 68

Tumbura Ein Gott der ▸ *Gandharva*-Ebene, der zur musikalischen Hierarchie gehört. 199

Twashtâ Einer der ▸ *Prajâpatis* der Schöpfung. Er wirkte an der Erschaffung einer Gruppe von Weisen mit und gehört zu jenen, die über die Schöpfung der niederen Reiche herrschen. 60, 62f

Tyâgarâja Ein Seher, der die höchste Ebene des Gottesbewusstseins erreichte. 124

U

Upanishaden Philosophische Teile der ▸ *Veden*, wie beispielweise die *Îšâ Vâsya Upanishade*. 177f

Uttâna Pâda Geometrisches Zentrum der Erde, an dem die Schwingungen solarer Energie ausgehend vom Polarstern und von der Sonne rechtwinklig zusammentreffen und verstärkte Strömungen entstehen 256

Uttarâyana Der nördliche, aufsteigende Pfad der Sonne (▸ *Dakshinâyana*). 134, 197, 261

V

Vaikharî Das Wort als Begriff; ▸ *Vâk*. 137

Vairâgya Nicht-Verhaftetsein. 164

Vaivasvata Manu Der ▸ *Manu* der gegenwärtigen Menschheitsrasse, der siebte ▸ *Manu*, zu dem wir gehören. 186, 194

Vâk, auch ***Vâc*** Das Wort auf allen seinen Ebenen. Die vierfältige Weisheit der ▸ *Veden* und ▸ *Purânen* beschreibt die vier Stadien, in denen das Wort ausströmt:

1. ▸ *Parâ* (das Wort als der Äußernde),
2. ▸ *Pašyantî* (das Wort als Idee),
3. ▸ *Madhyama* (das Wort als Sprache) und
4. ▸ *Vaikharî* (das Wort als stimmliche Äußerung).

Diese vier Stadien sind Gleichnisse für die Äußerung der ganzen Schöpfung durch den Schöpfer. In diesem Zusammenhang werden die vier Stadien auch als die vier Köpfe ▸ *Brahmâs* beschrieben. 138, 175, 192

Vâkpathi Der Herr des Sprechens und des Ausdrucks. In der Astrologie wird er Jupiter genannt. 175

Vâlmîki Ein großer Weiser, der das gewaltige Epos ▸ *RÂMÂYANA* geschrieben hat. Er wurde von ▸ *Nârada* eingeweiht. 106, 125

Varâha Der große Eber, der dritte ▸ *Avatâr* von ▸ *Vishnu*. In der Inkarnation als großer Eber tötete Lord ▸ *Vishnu* den mächtigen Dämon ▸ *Hiranyaksha* und erschuf aus den Ebenen der ewigen Gewässer das ganze Universum in Form eines Globus. Diese Geschichte erzählt in symbolischer Form von der Geburt der objektiven Ebenen aus dem halbsubjektiven Schlummer. . 191

Varâhamihira Ein großer Astrologe und Astronom der Gupta Zeit. Verfasser des *BRIHAT JATHAKA, BRIHAT SAMHITA, PANCHA SIDDHANTIKA, YATRA GRANDHA* und einiger kleinerer Werke. Er entdeckte die Methode einer mathematischen Berechnung, die man das System der Neuner-Unterteilungen nennt. . . 62, 240

Varuna Ein großer kosmischer Gott der ▸ *Veden*. Er herrscht über das Phänomen des täglichen Sonnenuntergangs. *Varuna* ist einer der bedeutenden ritualistischen Götter der ▸ *Veden*. Auf den solaren und planetarischen Ebenen manifestiert sich sein Einfluss durch Neptun und Uranus. 79, 115, 119, 186, 188, 192f, 200, 207f, 282, 306

Vasishtha Ein großer Weiser, der Lehrer der solaren Rasse der Könige und der Name eines großen kosmischen Prinzips. Sein Einfluss erreicht unser Sonnensystem durch einen der Sterne des Großen Bären. 115, 192, 195

Vâsudeva ▸ *Krishna*. Das Wort bedeutet auch 'der Herr, der in allem lebt'. 183

Vâsuki Name einer göttlichen Schlange, die als Seil benutzt wurde, um die Meere aufzuwühlen. Sie schmückt Lord ▸ *Šiva* als Halsband. 60f, 99, 165

Vâyu Der ▸ *Deva* der Luft. 109

Veda, Veden, vedisch Unpersönliche Weisheit, die jedem von Menschen geschriebenen Buch vorausgeht. 50, 54, 57, 61ff, 68, 78, 80f, 91, 109, 119f, 123, 128, 138, 175ff, 180, 183, 186, 192, 195, 198f, 258, 261, 263, 284

Vedânta Jener Teil der ‣ *vedischen* ‣ *Mantren* in dem das Wissen von ‣ *Brahmâ* mitgeteilt wird.. 76

Vedavyâsa, auch **Vyâsa** genannt Der Sohn von ‣ *Parâsara*, Verfasser der 18 ‣ *PURÂNEN* und des ‣ *MAHÂBHÂRATA*. *Vedavyâsa* stellte auch die ‣ *BRAHMÂ SÛTRAS* zusammen. 62, 206

Vena Ein ‣ *Gandharva* 199ff, 248, 307

Vidura Ein Stiefbruder von ‣ *Pându* und *Dhritarâshtra* aus dem *MAHÂBHÂRATA*. Der erste Jünger von Lord ‣ *Maitreya*. 308

Vidyut Funke, Explosion, Elektrizität, Blitz.. . . . . 68, 92

Vighatis Der sechzigste Teil eines ‣ *Ghati*. 80

Vimâna Die unermesslichen Maße des göttlichen Atems als Zeit und Raum 193

Vînâ Ein Musikinstrument. 280

Vinata Die Mutter der Vögel. Symbolisch die Mutter der Lichter, die am östlichen Horizont aufgehen. Sie ist ein Aspekt der Tiefe (‣ *Aditi*). 119

Vindhya Gebirgskette zwischen Hindustan in Nordindien und Dakhin im Süden 276

Vîrabhadra Ein Sohn von Lord ‣ *Šiva*. Er herrscht über die Übergangsperiode zwischen der Zerstörung eines vorangegangenen Universums und dem Auftauchen des nächsten. *Virabhadra* tötete ‣ *Daksha* und seine Anhänger, während Millionen von Helden aus den Poren seiner Haut hervortraten. 50

Vishnu Die kosmische Form der Natur; das alles durchströmende Prinzip Gottes; der zweite Logos; der 'Erhalter'. Er steht für den Aspekt der Liebe-Weisheit. Er ist einer der ‣ *Trimûrtis*, die Trinität von ‣ *Brahmâ*, ‣ *Vishnu* und ‣ *Šiva*, welche die Prinzipien von Schöpfung, Erhaltung und Zerstörung symbolisieren. 61f, 101, 109, 165, 183, 187, 203, 258f, 296

Višuddhi Das Kehlzentrum; ‣ *Chakra*. 31, 46, 48f, 91, 98, 100, 111

Višvâvasu Ein ‣ *Gandharva*. Ein kosmisches Prinzip, das über den Sinn für Musik und romantische Empfindungen in den Geschöpfen herrscht. Er wird als die leitende Gottheit bei Hochzeiten beschrieben. Jede Jungfrau dieser Erde wird zuerst von ‣ *Soma*, dann von ‣ *Visvâvasu* und erst danach von ihrem

Ehemann entführt. Die Allegorie bezieht sich auf die verschiedenen psychischen Ebenen einer Frau, während sie ihre Pubertät erreicht. 248

Viŝvakarma Der göttliche Architekt, ein kosmisches Prinzip, das über das Formbewusstsein der Schöpfung herrscht. Kosmisches ▸ *Karma*. 259

Viveka Unterscheidungskraft. Durch diese Fähigkeit fällt der Schleier, den ein Jünger bei seinen höheren Einweihungen durchdringen muss. 107, 288

Viyat Gangâ Das Wasser der Himmel. 207

Vruthra Ein großer Dämon, der von ▸ *Indra* getötet wurde. Die Geschichte wird in der ▸ *Rig Veda* und den ▸ *Purânen* ausführlich erzählt. 91, 302

Vyâsa Derselbe wie ▸ *Vedavyâsa*. 106, 190, 206

Y

Yagna Opfer; die natürliche, unpersönliche Arbeit für den Dienst des Einen 19

Yagnardha Opferbereitschaft. 31

Yajur Veda Die ▸ *Veda* der Rituale. 176

Yama Der Herr der Begrenzung und des Todes; ein Sohn der Sonne. *Yama* wurde von ▸ *Sanjna* geboren. Im ▸ *Mahâbhârata* erscheint Sirius als Hund und folgt ▸ *Yudhishtira*, dem ältesten der fünf Söhne von ▸ *Pându*, fast bis zum Himmel und gibt sich dann als ▸ *Yama* zu erkennen. . . . .

Auch der Name des ersten Schrittes auf dem achtfachen ▸ *Yoga*-Pfad von ▸ *Patanjali*. Er umfasst die Beherrschung der physischen, ätherischen, astralen und niederen Mentalebene des Jüngers. 127, 260, 300

Yayâti Ein König des lunaren Geschlechts. Er heiratete ▸ *Devayâni*. *Yayâti* verfluchte ▸ *Devayânis* Söhne, das Königreich nicht zu erben. Eines von ▸ *Devayânis* Sklavenmädchen bekam ebenfalls Kinder von *Yayâti*, und diese erbten das Königreich.. 294

Yoga, yogisch Wörtlich: Verbindung; der Vorgang, sich mit Gott zu verbinden; Synthese, Eins-Sein, Vereinigung. Die Ausübung der Meditation als ein Mittel, um spirituelle Befreiung